# 基于软实力理论视角下的国家文化建设研究

李姗姗◎著

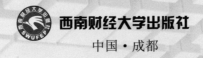
西南财经大学出版社
中国·成都

**图书在版编目(CIP)数据**

基于软实力理论视角下的国家文化建设研究/李姗姗著.—成都:西南财经大学出版社,2023.10

ISBN 978-7-5504-5788-1

Ⅰ.①基… Ⅱ.①李… Ⅲ.①中国特色社会主义—文化事业—建设—研究 Ⅳ.①G12

中国国家版本馆 CIP 数据核字(2023)第 090059 号

**基于软实力理论视角下的国家文化建设研究**

JIYU RUANSHILI LILUN SHIJIAO XIA DE GUOJIA WENHUA JIANSHE YANJIU

李姗姗 著

策划编辑:乔雷　冯梅
责任编辑:乔雷
责任校对:高小田
封面设计:墨创文化
责任印制:朱曼丽

| | |
|---|---|
| 出版发行 | 西南财经大学出版社(四川省成都市光华村街 55 号) |
| 网　　址 | http://cbs.swufe.edu.cn |
| 电子邮件 | bookcj@swufe.edu.cn |
| 邮政编码 | 610074 |
| 电　　话 | 028-87353785 |
| 照　　排 | 四川胜翔数码印务设计有限公司 |
| 印　　刷 | 四川五洲彩印有限责任公司 |
| 成品尺寸 | 170mm×240mm |
| 印　　张 | 11.75 |
| 字　　数 | 265 千字 |
| 版　　次 | 2023 年 10 月第 1 版 |
| 印　　次 | 2023 年 10 月第 1 次印刷 |
| 书　　号 | ISBN 978-7-5504-5788-1 |
| 定　　价 | 68.00 元 |

# 前　言

　　"文化之盛衰，民族之兴亡系之"，文化是一个国家最深厚的根基，是维系国家稳定和民族团结的重要基础。文化建设是国家提高综合国力，增强国际竞争力的重要内容。世界文化大国对国家文化软实力的高度重视也使国家文化建设问题变得更加突出。国家文化建设问题事关国家总体发展，与执政党的执政能力紧密联系在一起，因而加强国家文化建设与提高中国共产党的文化执政能力具有内在一致性。中国共产党高度重视国家文化建设，从新中国成立至今形成了一系列国家文化建设的政策措施。

　　国家文化建设的基本理论是研究国家文化建设的逻辑起点。现有的关于国家文化建设的研究中，对"国家文化建设"概念的界定存在争议。"文化"的概念纷繁复杂，众说不一，因此文化建设内容也极为宽泛，涉及范围较广。但是，基于软实力理论视角下的国家文化建设内容则有具体的、限定的范围。软实力理论是美国学者约瑟夫·奈的经典理论，它是基于对"美国衰落论"的反驳而提出来的，因而软实力理论更多侧重于国家行为和国际关系。为了避免研究内容的泛化，本书讨论的国家文化建设中的"文化"是与国家、民族和社会制度相对应的具有鲜明的民族观念、文化心理和意识形态特征的个性文化，而非泛化意义上的文化。"个性文化"视角下的国家文化建设具有丰富的内涵，其内容构成一个"实质—中心—外围"三层框架系统。"实质—中心—外围"三层框架系统内部的文化要素在不同的文化建设主题和文化建设环境下始终处于"超稳定—稳定—变动"的状态。笔者主要分析了处于"超稳定—稳定"状态中的文化要素，由于"变动"状态的文化要素在不同的文化建设主题和文化建设环境下或显或隐地存在，因此本书只在显性意义上对其进行分析和阐述。同时，国家文化建设的理论基础是在吸收、借鉴古今中外学者关于文化建设相关思想的基础上形成的。马克思和恩格斯的文化建设思想是国家文化建设的直接理论来源。马克思和恩格斯虽然从未明确提出过"文化建设"的概念，但是，马克思和恩格斯也对文化建设问题进行了研究和探索。文化建设思想在马克思和恩格斯的理论体系中并非一个独立、完整的部分，而是蕴含在其关于文化问题和意识形态问题的相关论述中。西方学者对国家文化建设问题的相关论述，以及中国传统文化蕴含的与国家文化建设相关的思想，都对本书具有重要的借鉴价值。

探究新中国成立以来国家文化建设的历史环境是对内部文化建设环境和外部文化建设环境的研判。历史基础是维护国家文化建设首先要考虑的因素，而国内外文化环境是对国际文化格局和国内思想状况进行研判的基础，只有清楚地了解国内外文化环境的发展演变及文化建设状况，才能更好地根据外在条件的变化采取相应的对策。

不同时期的国际文化格局及国内外文化环境决定了不同的国家文化建设，也促使国家文化建设不断变化。新中国成立以来，国家文化建设经历了从积极斗争型到开放防御型，到内在发展型，再到主动走出去型，最后到总体建构型的演变。从新中国成立至改革开放，面对封建思想残余，西方资本主义文化渗透，多元文化思潮并存的社会状况，我国高度重视国家文化建设问题，巩固了马克思主义意识形态的指导地位，与资本主义文化渗透积极斗争，形成积极斗争型文化建设。从党的十一届三中全会至党的十四大，面对改革开放后国内思想文化领域的混乱局面，我国在开放的环境中积极防御资产阶级自由化思潮，因而这一时期形成开放防御型文化建设。从党的十四大到党的十六大，国家文化建设的重心在于增强"内力"，以壮大自身文化实力作为文化建设的主要目标，因而这一时期形成了内在发展型文化建设。从党的十六大至党的十八大，我国在增强内在文化实力的基础上"主动出击"，积极实施文化走出去战略，因而这一时期形成了主动走出去型文化建设。党的十八大以来，在以习近平同志为核心的党中央的带领下，我国采取内部与外部相结合，积极防御与内在建设共举，以多层次、宽领域、全面出击的方式进行国家文化建设，因而在这一时期形成由内及外、防建结合的总体建构型国家文化建设。总之，国家文化建设的发展变化呈现出越来越清晰化、全面性、战略性的趋势。

新中国成立以来国家文化建设的基本内容包括国家文化建设的基本规律、基本经验和基本特征，以及国家文化建设的未来展望。国家文化建设的基本规律包括：维护国家文化利益是国家文化建设的根本，意识形态建设是国家文化建设的核心，维护国家文化主权是国家文化建设的起点，民族文化建设是国家文化建设的基础。国家文化建设的基本经验包括：强化国家文化建设的根本保障，夯实国家文化建设的物质基础，占领国家文化建设的制高点，推动国家文化建设的法治进程，坚守国家文化建设的舆论阵地，确立国家文化建设的纲领指南六个方面。国家文化建设的基本特征包括：继承性与创新性的统一，阶段性与总体性的统一，绝对性与相对性的统一，独立性与交融性的统一，动态性与稳定性的统一。国家文化建设的未来展望包括总体部署、具体举措。

李姗姗

2023 年 5 月

# 目　录

**1　导论** / 1

    **1.1　问题的缘起与研究意义** / 1

    **1.2　文献综述** / 3

    **1.3　逻辑框架与研究方法** / 10

    **1.4　创新之处与不足之处** / 12

**2　国家文化建设的基本理论问题** / 14

    **2.1　软实力理论的基本内容** / 14

    **2.2　国家文化建设的基本内涵** / 19

    **2.3　软实力理论视角下的国家文化建设框架系统** / 21

**3　国家文化建设的理论来源** / 25

    **3.1　马克思主义经典作家关于国家文化建设的相关思想** / 25

    **3.2　西方学者关于国家文化建设的相关理论** / 41

    **3.3　中国传统文化中与国家文化建设相关的思想** / 44

**4　国家文化建设的历史环境** / 48

    **4.1　国家文化建设的历史基础** / 48

4.2　国家文化建设的国际环境 / 57

4.3　国家文化建设的国内环境 / 66


5　基于软实力理论视角下的国家文化建设发展脉络 / 77

5.1　积极斗争型国家文化建设 / 78

5.2　开放防御型国家文化建设 / 83

5.3　内在发展型国家文化建设 / 94

5.4　主动走出去型国家文化建设 / 106

5.5　总体建构型国家文化建设 / 114


6　基于软实力理论视角下的国家文化建设基本内容 / 132

6.1　新中国成立以来国家文化建设的基本规律 / 132

6.2　新中国成立以来国家文化建设的基本经验 / 143

6.3　新中国成立以来国家文化建设的基本特征 / 153

6.4　国家文化建设的未来展望 / 159


参考文献 / 169

# 1 导论

国家文化建设是一项全局性、战略性工作，国家文化建设塑造了良好的文化发展环境，是维护总体国家安全的重要保障。中国共产党是中国进行国家文化建设的核心力量，研究中国的国家文化建设问题必然要考察中国共产党维护中国国家文化建设的政策及战略。本书在厘清中国国家文化建设基本理论问题的基础上，研判新中国成立以来中国国家文化建设面临的国际环境和国内环境，进而明晰新中国成立以来中国国家文化建设的发展脉络，在此基础上概括、归纳中国国家文化建设的基本内容，即从基本规律、基本经验和基本特征，以及中国国家文化建设的未来展望入手分析。

## 1.1 问题的缘起与研究意义

### 1.1.1 问题的缘起

国家文化建设是确保国家安全的重要组成部分，也是对党执政能力的重大考验。国家文化建设问题是任何国家历来都非常重视的问题，也是执政党非常关心的问题。《德意志意识形态》指出，在阶级社会中"占统治地位的思想不过是占统治地位的物质关系在观念上的表现。"[①] 统治阶级在掌握社会物质力量的话语权的同时也掌握着思想文化的话语权，统治阶级一旦失去了思想文化的领导权和话语权，就会危及政权和政党生命，因此，国家文化建设问题直接关系到国家的生死存亡，而国家的生死存亡又

---

① 马克思，恩格斯. 马克思恩格斯全集：第3卷 [M]. 中共中央马克思恩格斯列宁斯大林著作编译局，译. 北京：人民出版社，2002：52.

与该国执政党的生死存亡紧密联系在一起。国家文化建设与中国的兴衰存亡具有内在一致性，这种内在一致性决定了当代中国国家文化建设的发展规律。"文化"的概念内容丰富，但是基于软实力理论视角下的国家文化建设是一个具有丰富内涵的框架系统，因此本书对研究内容进行了聚焦和凝练。软实力理论视角下的国家文化建设的理论、观点、政策、策略和对不同阶段国内外文化环境的判断共同构成了本书的研究内容。

### 1.1.2　研究意义

本书具有重要的理论意义和现实意义。

第一，理论意义。马克思主义经典作家对于国家文化建设的论述大多针对其中某一个方面。本书对新中国成立以来的中国国家文化建设进行梳理，力图体现中国共产党对马克思主义国家文化建设思想的发展和完善。现有的对国家文化建设问题的研究缺乏系统性和理论性，并未建立起对国家文化建设的构成因素分析和历史比较研究，因此本书研究中国共产党的国家文化建设思想，对文化建设领域的基础研究有充实和深化作用。本书对国家文化建设问题的研究拓宽了思想政治教育的研究领域。思想政治教育作为一项促进社会与人的全面发展的灵魂工程，不仅要关注人的思想行为等微观领域问题，而且要关注政治发展和文化发展等宏观领域问题。在全球化时代，我们要积极培养大学生的文化自信，把国家文化建设问题纳入思想政治教育的主题范畴。因此，研究国家文化建设问题拓宽了思想政治教育的研究领域，有利于构建具有宏大视野的现代思想政治教育体系。

第二，现实意义。研究国家文化问题是反对西方文化霸权和提升主导意识形态话语认同的客观需要，既是执政党话语转型和遵循文化发展规律的客观需要，也是提升执政党应对复杂文化局势的需要。研究国家文化建设问题有利于更好地挖掘文化执政资源，提升执政党驾驭复杂国家文化建设局面的能力，制定更加科学、准确反映未来趋势的国家文化建设战略，保障国家总体安全。

## 1.2　文献综述

虽然马克思、恩格斯没有明确提出文化建设的概念，但是他们的经典著作中蕴含着丰富的文化建设思想①。比如，马克思在《<政治经济学批判>序言》中详细阐述了社会存在和社会意识之间的关系②，在《共产党宣言》中阐述了精神文化生产的全球化趋势，在《德意志意识形态》中阐述了丰富的意识形态思想。马克思、恩格斯的唯物史观也是研究文化建设的重要理论前提和理论基础。

### 1.2.1　国外研究现状

国家文化建设是一个国际性问题，但是处于强势文化地位的西方大国对国家文化建设的论述多以"文化多样性（cultural diversity）"和"文化例外（cultural exception）"等形式出现。

国外学者对"国家文化建设"的研究可以参见亨廷顿的《文明的冲突与世界秩序的重建》、福山的《历史的终结及最后之人》、约瑟夫·奈的《软实力》等著作。国外学者对这个问题的研究体现出维护西方国家文化霸权和倡导文化优势理论的倾向。

法兰克福学派从工具理性的批判角度入手，阐述了文化工业与科学技术之间的关系，认为文化通过大众传媒等科学技术催生了消费主义，文化产品甚至是科技本身都是意识形态传播的工具。法兰克福学派不仅对西方国家内部的文化霸权进行批判，同时也对不发达国家的文化统治进行批判。萨义德的《东方学》试图减轻东西方政治及文化的对立，作者希望把"东方学"理解为一种持有多元文化主义的观点，而不是坚持排外孤立的

---

① 限于历史条件和社会条件，马克思和恩格斯在其论著中较少使用"文化"一词。据学者统计，在126处马克思、恩格斯关于文化及文明的论述中，真正使用"文明""文化"的只有13处（约占10%）。另外，经典作家使用"文化建设"这样的直接概念更少，可能没有。（参见黄力之、张春美所著《马克思主义文化哲学与现代性》，上海三联书店2005年版第27页。）但是，这并不能说马克思和恩格斯没有对文化建设问题进行思考，不能说马克思主义没有关于文化建设的科学原理和方法论。意识形态问题是马克思和恩格斯在整个理论探索中十分关切的问题，他们对意识形态问题的阐述中包含了丰富的文化建设思想。

② 马克思，恩格斯. 马克思恩格斯选集：第2卷 [M]. 中共中央马克思恩格斯列宁斯大林著作编译局，译. 北京：人民出版社，2012：32.

民族中心主义观点。但具有不同文化背景和政治背景的人对《东方学》做出了不同的解释，有的评论家明确提出：萨义德＝反西方主义＝提倡民族主义等①。萨义德的另一本著作《文化与帝国主义》认为所有的文化都是千差万别的，简单化的一种描述注定是要失败的②。汤林森的《文化帝国主义》则充满了浓厚的西方中心主义，以一种消解文化帝国主义的话语表达方式出现，但实际上却是维护西方的文化霸权和文化殖民主义。福山的《历史终结论》有鲜明的西方中心论倾向，认为资本主义的民主和自由是人类政治最后的，也是最佳的选择形式。亨廷顿的《文明的冲突与世界秩序的重建》认为世界的冲突是文化差异，模糊地掩盖了深层的社会经济根源，坚持文明的差异，实际上弱化了不同文明之间平等融合与交流的作用，暗含了文化帝国主义思想③。

国外学者对国家文化建设的直接研究不多，他们对国家文化建设的间接研究多集中在对中国领导人的研究，对中国革命道路的研究，对中国政治的研究，对中华人民共和国历史的研究等方面。综上所述，国外学者从中国领导人的生平事迹、马克思主义中国化的发展历程等角度来研究中国的国家文化建设。这几个研究角度虽然看似和中国的国家文化建设没有直接关系，但是却有间接关系。

国外现有的研究成果为国家文化建设研究提供了丰富的思想和理论，但国外对国家文化建设的研究明显存在一些不足：一是在分析国家文化建设问题时没有运用马克思主义阶级分析理论，未能揭示国家文化建设问题产生的实质根源；二是从"西方"的视角出发，没有认识到西方文化帝国主义对其他国家的国家文化建设造成的威胁，研究者本身存在的西方文化中心主义使其认为西方文化才是世界上最先进的文化，因此提倡文化霸权主义；三是一些西方研究者试图制造一种"合法"的理论，让其他国家的人民"认同"这种理论，以西方国家的立场来看待国家文化建设问题，站在这个立场上而产生的理论注定与中国的国情不符。

---

① 萨义德. 东方学 [M]. 王宇根，译. 北京：生活·读书·新知三联书店，1994：5.
② 萨义德. 文化与帝国主义 [M]. 李琨，译. 北京：生活·读书·新知三联书店，2003：10.
③ 亨廷顿. 文明的冲突与世界秩序的重建 [M]. 周琪，等译. 北京：新华出版社，2009：12.

### 1.2.2 国内研究现状

我国学术界对于国家文化建设问题的关注始于 20 世纪 50 年代，以万斯年为代表的学者关注苏联的国家文化建设工作为我国提供的经验和教训，他们集中探讨了苏联经济建设和国家文化建设的经验。20 世纪 60 年代，我国学术界开始关注国家文化建设问题，重点探讨国家文化建设成就。龚祚首先认识到精神文明建设的重要性，陈兆德首先认识到国家文化建设和思想建设的关系。21 世纪初，我国学术界开始集中讨论国家文化建设问题，笔者对相关文献的梳理主要有以下几个方面：

一是从国家文化安全的视角来探讨国家文化建设问题。俞睿的《加强先进文化建设是国家文化安全的关键》、胡惠林的《国家文化安全法制建设：国家政治安全实现的根本保障——关于国家文化安全法制建设若干问题的思考》都是从文化安全的视角讨论国家文化建设问题。王海霞、崔卫峰在《毛泽东与邓小平国家文化安全观的内在逻辑演进》一文中指出，毛泽东的国家文化建设观和邓小平的国家文化建设观，在内在逻辑演进上具有一致性和差异性①。

二是从文化软实力的视角来探讨国家文化建设问题。张西立的《加强文化建设提高国家文化软实力》②、姚迎春的《论马克思主义大众化与国家文化软实力》③ 注重从文化软实力的视角来探讨国家文化建设问题。

三是从文化发展的视角来探讨国家文化建设问题。李怡、谢文新的《中国共产党文化发展战略思想的系统构成与研究规范结构探讨》对领导人的文化发展战略思想进行了较为系统的梳理④。宋军、李怡的《中国共产党文化发展战略思想演进逻辑研究》⑤，邓显超的《建国以来中国共产党

---

① 王海霞，崔卫峰. 毛泽东与邓小平国家文化安全观的内在逻辑演进 [J]. 淮海工学院学报（社会科学版），2010（6）：1-3.

② 张西立. 加强文化建设提高国家文化软实力 [J]. 马克思主义与现实，2007（12）：13-17.

③ 姚迎春. 论马克思主义大众化与国家文化软实力 [J]. 科学社会主义，2010（2）：88-91.

④ 李怡，谢文新. 中国共产党文化发展战略思想的系统构成与研究规范结构探讨 [J]. 社会主义研究，2015（2）：40.

⑤ 宋军，李怡. 中国共产党文化发展战略思想演进逻辑研究 [J]. 华南理工大学学报（社会科学版），2011（8）：61-65，79.

国家文化发展战略的演进与创新》① 对中国共产党的文化政策和文化理论进行了分阶段考察，较为系统和完整。

四是从意识形态建设的视角来探讨国家文化建设问题。刘先春、敖小茂的《中国共产党意识形态话语的转型与启示》②，以中国共产党的意识形态工作为研究对象，将意识形态工作与国家的经济、政治、文化、社会、科学技术、外交以及党的执政安全等问题相结合，并对党的意识形态工作的历史经验进行了较为全面的分析和科学合理的评价。王永贵的《新中国60年社会主义意识形态建设的基本经验》一文认为，坚持正确方向、把握舆论动向、创新方法机制、注重科学发展是维护意识形态安全的基本经验③。石云霞的《当代中国文化发展中的意识形态安全问题》把国家文化建设和意识形态安全上升到国家安全战略的高度④。

五是从文化领导权的视角来探讨国家文化建设问题。张士海的《中国共产党文化领导权建设：进程、经验与启示》从中国共产党文化领导权的理论与实践的历史发展历程来探讨国家文化建设问题⑤。杨昕的《中国共产党意识形态话语权研究》对中国共产党意识形态话语权的理论基础、面临的挑战及应对策略等做了详细分析⑥。

六是从面临的威胁和挑战的视角来探讨国家文化建设问题。如许加梅的《论20世纪50年代美国"和平演变"政策的产生》⑦ 从决策过程层面来剖析美国人的国际政治观如何影响其具体的对华文化政策。

七是从具体内容的视角来探讨国家文化建设问题。沈壮海的《大学文化建设与国家文化软实力》将大学文化建设作为国家文化建设的一部分⑧。

① 邓显超. 建国以来中国共产党国家文化发展战略的演进与创新 [J]. 长白学刊，2010 (1)：149-153.

② 刘先春，敖小茂. 中国共产党意识形态话语的转型与启示 [J]. 山东行政学院学报，2014 (2)：1-4，44.

③ 王永贵. 新中国60年社会主义意识形态建设的基本经验 [J]. 江海学刊，2009 (5)：33-38，238.

④ 石云霞. 当代中国文化发展中的意识形态安全问题 [J]. 中国特色社会主义研究，2012 (4)：33-38.

⑤ 张士海. 中国共产党文化领导权建设：进程、经验与启示 [J]. 中国会议，2011 (5)：685-695.

⑥ 杨昕. 中国共产党意识形态话语权研究 [D]. 天津：天津师范大学，2014.

⑦ 许加梅. 论20世纪50年代美国"和平演变"政策的产生 [J]. 东北师大学报（哲学社会科学版），2008 (3)：87-91.

⑧ 沈壮海. 大学文化建设与国家文化软实力 [J]. 思想理论教育，2008 (9)：11-19.

王健的《大运河国家文化公园建设的四大转换》将文化公园建设纳入国家文化建设的范畴①。刘晓玲的《社会主义核心价值体系在国家文化软实力建设中的地位》也将社会主义核心价值体系纳入国家文化建设的范畴②。董晓萍的《新时期民俗学研究与国家文化建设的基本问题》将民族文化、民俗学也纳入国家文化建设的范畴③。马建辉的《着力打造中国学术话语体系　推进国家文化软实力建设》将学术话语体系构建纳入国家文化建设的范畴④。

八是从文化建设思想史的视角来探讨国家文化建设问题。张耀元的《建国十七年中国共产党的文化建设研究》⑤对中国共产党的国家文化建设发展历程做了详细梳理。

上述著作，无论是对某位领导人的分析，还是对某代领导集体的分析，都是从国家文化建设的举措入手进行分析，对于不同领导人国家文化建设思想的逻辑关系分析也大多分为起点、基础、发展和创新几个阶段，按时间段划分或者依照领导人进行划分。虽然在发展演变的内容分析和阶段划分上有细微差别，但是这些论述都共同存在的一个问题：没有将"中国共产党"作为一个人格化的整体进行分析，而是将其支离破碎地分为几个领导人的思想综合，从而在发展演变上缺乏连贯性。

### 1.2.3　文献综述的总体评析

1.2.3.1　中西方关于"国家文化建设"研究的总体评析

中西方在国家文化建设方面的研究深度和研究广度存在较大差异。

首先，西方学者把文化因素引入国家安全研究领域，理论研究的风气比较浓厚，对基本概念也进行了深入的探讨，形成了"软实力理论""历史终结论""文明冲突论"等理论，为西方国家文化霸权的全球扩张奠定了理论基础。

①　王健. 大运河国家文化公园建设的四大转换 [J]. 唯实, 2019 (12)：64-67.

②　刘晓玲. 社会主义核心价值体系在国家文化软实力建设中的地位 [J]. 高校理论战线, 2008 (5)：8-9.

③　董晓萍. 新时期民俗学研究与国家文化建设的基本问题 [J]. 西北民族研究, 2013 (2)：5-15, 34.

④　马建辉. 着力打造中国学术话语体系　推进国家文化软实力建设 [J]. 湖南社会科学, 2012 (4)：6-8.

⑤　张耀元. 建国十七年中国共产党文化建设研究 (1949—1966) [D]. 大连：辽宁师范大学, 2014.

我国学者对国家文化建设的研究重点多集中在对文化霸权的批判、对文化软实力的重视和对民族文化的保护，以国家文化建设问题的现象描述及对策研究为主，在翻译西方学者的理论著作的基础上没有形成自身的国家文化建设理论体系，甚至没有真正意义上的国家文化建设著作。

其次，在研究方法上，西方学者非常注重利用各种统计数据，擅长采取个案研究和定量分析的研究方法，研究结果客观可信，可操作性和应用性比较强，对政府的国家文化建设战略制定起到了很好的决策咨询作用，但目前我国学者的大部分研究成果还处于描述性研究阶段，提出的方案缺乏可行性。

再次，目前我国一些学者对于国家文化建设问题的研究，仍习惯从中西方文化及制度的差别出发，过多强调文化的多样性而较少分析文化的普遍性，这种观点具有比较明显的东西方文化对立论和文化相对主义色彩，基本上还是一种被动的、消极的、防御性的国家文化建设观。

最后，西方学者对国家文化建设的研究也有明显的缺陷，他们从西方的国家战略和利益出发，构建自己的理论，为西方国家的国家文化建设政策辩解或诠释的色彩比较浓厚，比如亨廷顿的"文明冲突论"基本上延续了西方的冷战思维，为美国继续称霸世界创造了理论依据。

1.3.2.2　中西方关于"中国共产党国家文化建设思想"研究的评析

国外学者对"中国共产党国家文化建设"的研究多是间接研究而非直接研究，多是碎片化研究而非系统研究，同时并未直接提到我国的国家文化建设问题，而是从中国共产党的建设政策和改造政策的变化中进行间接展现。比如费正清对于中国历史的研究大多聚焦中国共产党的发展历程，看中国共产党在建设中国和改造中国的过程中主要采取了什么政策。沈大伟的《中国共产党的收缩与调适》是从外国的视角来看中国共产党为了实现各种思想的整合而进行的理论创新和自我完善。尽管国外对此问题的研究视角并没有直接与中国的国家文化建设相关，但这些研究成果间接体现了中国共产党的国家文化建设思想，并且这些研究成果在一定程度上带有意识形态色彩。国外学者更多将研究重点放在政策评论、历史叙述等方面。国外学者从西方的理论基础入手，不受中华民族情感以及历史因素的影响，因此国外学者对"中国共产党国家文化建设问题"的研究与中国学者不尽相同，但是其研究成果和研究方法对国内研究有较大的借鉴意义。西方学者所处的历史环境与中国学者不同，同时对中国的研究资料掌握的程度有限，因而其研究结果容易受到先入为主的主观因素影响，可能从本国的政治立场以及价值判断出发，但是他们在研究中所表现的创新精神以及对于多学科、多种方法的交叉运用值得我们学习。

国内学者对"中国共产党国家文化建设问题"的研究，从单纯的内容分析向寻求理论根源、总结经验规律转变，从与中国共产党国家文化建设思想紧密相关的中国共产党文化安全思想、文化发展战略思想和文化领导权等研究视角出发，逐渐从表层的发展脉络研究走向里层的理论逻辑深化研究。当然，国内学者对"中国共产党国家文化建设问题"的研究成果也存在一些关键性问题，具体分析如下：

现有的研究成果未将中国共产党作为一个人格化的整体进行研究，有些文章题目形式上是将中国共产党作为一个人格化的整体，但在具体行文时却将其拆分成几代领导人的国家文化建设思想，因此，这些文章在实质意义上并未将中国共产党作为一个人格化的整体来对待，与其他研究单个领导集体的国家文化建设思想并无太大区别。现有的文献对"中国共产党文化建设思想"的研究和对"中国共产党文化领导权"的研究都未把中国共产党作为一个人格化的整体进行研究，而是将其拆分为几代领导集体或者是几个时间序列进行研究。现有研究成果基本都是按照这种模式进行叙述，这种叙述模式容易导致叙述内容基本类似，难有创新和突破，一些观点和结论略显得空洞甚至随意，缺乏厚重感和历史感。因此，我们需要将中国共产党作为一个完整的人格化的整体来对待，这样才能再现中国共产党"这个人"在思想上的成长和进步历程。将中国共产党作为一个思想主体意味着需要确定其制定的核心问题是什么，"中国共产党"的政党性质直接决定了其关注的核心问题，从这个角度推进，研究中国共产党的国家文化建设思想不能仅仅对党的政策文件、重大文化事件进行历史梳理，还要根据中国共产党的性质来看其所面临的国家文化建设问题，即长期处于社会主义社会初级阶段，且在无产阶级专政的条件下一直贯穿的国家文化建设问题。面对在半殖民地半封建社会的时代背景下建立起的社会主义国家，中国共产党首先要解决的就是怎样根除封建思想残余，以及在没有经历资本主义充分发展的情况下，如何正确处理资本主义文化体系和社会主义文化体系之间的关系。这两大战略性问题在不同的时代背景下具体的表现方式不同，这种具体表现的差异构成了中国共产党国家文化建设思想的发展历程。另外，在研究文化建设问题和文化安全问题时应该有所侧重，文化安全问题侧重于底线性的、生存性的问题，而文化建设问题则侧重于发展性的、新变化的问题，这两类问题虽然无法分开，但是应当有所侧重。本书力求做到客观深入，理论研究和实践研究相结合，在吸收已有对中国共产党国家文化建设思想相关研究成果的基础上，力图对中国共产党国家文化建设的研究有所突破。

## 1.3　逻辑框架与研究方法

总体来看，本书按照问题介绍→来源分析→背景考察→脉络归纳→内容探究的思路进行研究。针对西方文化霸权的现实性及开展国家文化建设问题的紧迫性，本书着重从理论之源、环境之变、脉络之维、内容之思四个方面展开研究。

### 1.3.1　逻辑框架

逻辑框架是文章基本"骨骼"的分布，本书的研究框架总体上包含了四个方面，即国家文化建设的基本理论问题和理论来源、国家文化建设的历史环境、国家文化建设的发展脉络、国家文化建设的基本内容。以往的研究多数依次阐述新中国的历任领导人对于国家文化建设的认识及对问题的分析和解决，本书力图跳出以往研究框架的局限。本书从国家文化建设的理论以及马克思、恩格斯的国家文化建设思想入手，根据新中国成立以来中国国家文化建设所面临的国际文化格局和国内文化环境，梳理中国国家文化建设的发展脉络，同时归纳中国国家文化建设的基本内容。本书从理论之源、环境之变、脉络之维、内容之思四个方面展开论述。

首先，理论之源。任何科学理论的产生和形成都有其特定的理论来源，理论来源是研究的逻辑起点。本书对国家文化建设的基本理论问题进行分析，得出了软实力理论的基本内容，以及软实力理论视角下的国家文化建设的基本要素。通过梳理国家文化建设的理论来源，本书发现马克思、恩格斯的国家文化建设相关思想是国家文化建设研究的直接理论来源，西方经典学者以及中国传统文化中的国家文化建设思想也具有借鉴意义。

其次，环境之变。不同时期的历史文化背景影响着国家文化建设。只有对历史基础、国际文化环境和国内文化条件的变化进行具体的考察评估，才能真正合理地分析出国家文化建设的发展脉络。封建思想残余在一定程度上依然存在、世界范围内资本主义文化处于强势地位以及社会主义文化体系建设处于一个不断完善的历史过程，这些都是我国进行国家文化建设首先应该考虑的历史基础。国际文化环境和国内文化条件在不同的历史阶段也具有不同的发展变化，这对国家文化建设也有一定的影响作用。

再次，脉络之维。不同时期的国际文化格局和国内文化环境，决定了不同的国家文化建设问题，也促使国家文化建设不断发展变化。因而，从新中国成立至今，在纵向的时空领域里，国家文化建设的发展脉络呈现了五次转型，从"积极斗争型"到"开放防御型"和"内在发展型"，再到"主动走出去型"，最后是"总体建构型"。中国国家文化建设在威胁和挑战的不断变化中发展，也呈现出越来越清晰化、全面化、战略化的发展趋势。

最后，内容之思。本书从横向的内在逻辑分析维护国家文化建设的基本内容，即从基本规律、基本经验、基本特点、未来展望入手分析。

### 1.3.2 研究方法

本书以马克思列宁主义、毛泽东思想、邓小平理论、"三个代表"重要思想、科学发展观和习近平新时代中国特色社会主义思想为指导，综合运用马克思主义理论、政治学、党史党建学、文化学等学科相关的理论知识，采用多种分析方法。

首先，文献研究法。

文献研究是各类学科研究最常用，也最为基础的方法，其在搜集、鉴别和整理文献的过程中，通过对文献的研究形成对事实的科学认识，积累必要的知识储备。本书在研究过程中，充分利用图书馆学术著作、电子期刊、报纸等多种途径查阅、搜集国家文化建设的相关资料，阅读国内外相关论文、期刊和专著，研读马克思主义经典著作，新中国成立以来的重要文献选编等。正是基于对以往研究成果的阅读和分析，本书才弄清了当前这个问题的发展趋势以及理论前沿，从而发现了其中存在的盲点和薄弱点。

其次，多学科交叉的方法。

国家文化建设问题是一个跨学科问题，因而本书在研究过程中不可避免地要综合借鉴党史党建学、国际政治学、历史学等相关专业的基础理论和研究方法，发挥多学科的优势，并在使用过程中注重学科方法的侧重及统筹协调。

最后，历史和逻辑相统一的方法。

历史和逻辑相统一的方法强调在认识事物的过程中，将对历史过程的分析同对内部逻辑的梳理紧密结合在一起。逻辑的梳理必须基于历史的分析，而历史的分析则应依据逻辑的梳理。只有二者达到统一，才能全面、客观地反映事物的本质和规律。

## 1.4　创新之处与不足之处

本书的研究创新主要体现为研究视角创新和研究内容创新。本书的不足之处主要体现为文献资料抽象及归纳能力的欠缺，知识结构和语言表达有待进一步完善。

### 1.4.1　创新之处

首先，研究视角创新。

本书的研究视角创新主要集中在两个方面，一是对于国家文化建设概念的界定，二是对于国家文化建设问题的主体核心力量的界定。从目前的研究现状看，界定"国家文化建设"概念存在两个问题，一是对国家文化安全中的文化界定过于泛化，从而导致研究内容宽泛而无法聚焦；二是将国家文化建设界定为具体的概念，从而在内容研究上容易陷入具体因素研究，而忽略整体系统安全。本书将国家文化建设放在软实力理论视角下进行分析，以软实力理论的语境将国家文化建设的范围限定于个性文化层面，即国家文化建设研究的是与民族、国家和社会制度相对应的，带有民族观念、社会心理和意识形态特征的个性文化的发展情况。本书认为国家文化建设是一个包含多重文化要素的框架系统，其内容构成"实质—中心—外围"的框架系统。这个框架系统内部的文化要素在不同的文化环境、文化格局以及文化建设主题下处于"超稳定—稳定—变动"的状态。对于国家文化建设问题主体核心力量的界定，现有研究成果多是从国家视角或者是全球化的视角来阐述国家文化建设问题，但是对国家文化建设问题的核心力量并未作出明确界定和研究，而现有的对中国共产党相关思想的研究大多是将其分为几代领导集体、领导人或是按照某些时间划段来进行阐述，而本书正是将执政党——中国共产党作为国家文化建设问题的主体，将中国共产党作为一个人格化的整体，尝试以人格化的整体作为分析视角。

其次，研究内容创新。

本书对于发展脉络的研究属于内容创新。对于国家文化建设发展脉络的研究，本书将中国共产党作为一个人格化的整体，再现"这个人"在新中国成立以来的时间序列中，她的国家文化建设思想的发展演变历程，从积极斗争到开放防御，到内在建设，再到主动走出去，最后到总体建构，构成了国家文化建设的基本脉络。

### 1.4.2　不足之处

本书运用党史、国际政治研究、安全研究、文化研究等专业的相关理论知识分析国家文化建设问题，但是由于笔者知识水平以及能力的限制，尚有诸多不足之处：

第一，文献资料抽象及归纳能力。研究国家文化建设问题除了对现有的党史文献资料进行阅读和整理外，还必须实现对文献资料的清晰把握和理论抽象，笔者的文献资料抽象及归纳能力还有所欠缺。

第二，知识结构和语言表达问题。基于知识结构的欠缺和语言表达能力的限制，笔者对文章的阐述及理论的深度和广度方面还有所欠缺，在本书中也留有一些未得到解决的问题，在今后的学习中会继续深化研究。

# 2 国家文化建设的基本理论问题

## 2.1 软实力理论的基本内容

### 2.1.1 软实力的概念

美国哈佛大学教授约瑟夫·奈率先提出"软实力"的概念，并在《美国注定领导世界？——美国权力性质的变迁》一书中对这一概念做了阐述和说明。后来，他又在《硬实力和软实力》《软力量：世界政坛成功之道》等著作中进一步对软实力理论进行了分析和阐述。

从学理层面看，软实力的概念是从权力系统中提取出来的。当然，权力本身也是一个颇有争议的概念，人们对于某种定义的接受程度直接反映了其不同的价值观。"实力"可以理解为通过影响他人而获得自己想要的结果的一种能力。马克斯·韦伯认为权力是"交往中的行为者即使遇到抵抗的情况也可以实现其意志的可能性。"彼得·巴克拉克和莫顿·巴拉兹提出的"力量的第二面"理论认为，权力必须与其他要素相结合才能真正实现其功能。约瑟夫·奈在认可这一理论的同时指出，这就是与经济、军事相关的软实力，软实力在国际政治中软力量的作用越来越大。安东尼奥·葛兰西最先关注并阐述了软实力的内容，他指出资本主义国家政权最有效的统治工具是意识形态和文化，争夺政治权力的关键就是争夺文化的社会共识和认同。约瑟夫·奈也认为文化是软实力的重要组成部分，并指出文化在国际政治领域的重要性。20世纪30年代，爱德华·卡尔提出的"文化权力观"也是约瑟夫·奈软实力理论的重要理论来源。摩根索的国家权力理论区分了"有形权力"和"无形权力"，而约瑟夫·奈将无形权力发展为软实力，强调一个国家如果只采用硬实力处理国际纠纷将会给国际社会带来更多灾难。肯尼迪的"大国兴衰论"强调大国地位的确定与其所处的国际环境息息相关。尼克松的"不战而胜理论"强调美国意识形态在全球要获得统治地位，就必须强化舆论宣传和文化传播，以达到不战而胜的效果。约瑟夫·奈在借鉴他们观点的基础上，指出软实力所具有的吸引力会形成共享的价值观念，引发更多国家的认同。因此，美国的外交政策需要进行调整，改变原有的军事行动策略，以温柔的霸权主义提升美国的国家形象。软实力理论是在吸收、借鉴前人相关理论的基础上形成的，"软实力"概念的提出使得"权力"的概念内涵有所改变，权力不再依附于军事、领土等硬性指挥力量，软性文化制度、凝聚力等同化力量在国家权力中的地位也越来越重要。软实力理论深刻揭示了软实力对国家的重要作用。

约瑟夫·奈认为一个国家的综合国力既包括硬实力也包括软实力，软实力来自意识形态和政治制度的吸引力。软实力表现为塑造国际规则的能力、国际政治议题的话语权、民族凝聚力和良好的国家形象，因此，软实力相比硬实力具有更少强制性、更多无形化的特点。在实现某个既定的长期目标时，硬实力无法解决的问题软实力可以解决，但是软实力也并非可以解决任何问题，软实力和硬实力二者相互补充、相互配合，可以起到事半功倍的效果。恰当地使用软实力可以使国家花费更少的资源就能达到预期的目标。文化软实力的作用包括内外两个方面，对内具有凝聚力和吸引力，对外具有竞争力和扩张力。约瑟夫·奈指出，软实力的三个来源包括文化、政治价值观和外交政策，其中文化能够吸引他国并产生作用，政治价值观可以在世界范围内得到真正实践，外交政策被视为具有合法性及道德性①。随着国家文化战略在国家综合实力中的地位的上升，学界从约瑟夫·奈的软实力概念中引申出文化软实力这一概念，学者的目光从关注有形的硬实力，如军事、领土等，转向关注无形"软实力"，如文化制度和价值观念。文化软实力对于国家文化建设具有重要作用。

### 2.1.2 软实力与硬实力

约瑟夫·奈从实力施动者与受动者的方面区分了硬实力和软实力，认为软实力就是一种抽象物性的同化式权力（co-optive power），因而软实力

---

① 奈.软力量：世界政坛成功之道 [M].吴晓辉，钱程，译.北京：东方出版社，2005：11.

来自文化、政治价值观及外交政策等。随着全球化程度的加深和全球各国相互依赖的深入，硬实力在解决全球问题时的代价也越来越高，因而基于国际政治的现实考量，约瑟夫·奈的软实力理论在肯定硬实力的重要作用的同时，进一步肯定意识形态、文化等软实力对他国的吸引力、同化力和引导力。约瑟夫·奈认为意识形态、价值观念等软实力属于非物质层面的力量，而军事和经济等硬实力属于物质层面的力量。但是，非物质层面的力量只产生软实力吗？当然不是，文化、价值观念、外交政策、意识形态的争论会产生如同硬实力的攻击性，比如中国注重国家文化建设和国家文化发展，但此举遭到西方国家的指责和污蔑。究其根源，是因为中国的国家文化建设加强了自身实力，更为有效地维护了自身的文化利益，这与西方国家提出软实力理论的初衷并不相符。约瑟夫·奈提出软实力理论的初衷是反驳美国衰落论，希望美国积极运用文化和意识形态的同化力增强其国际霸主地位的认同力和领导力，然而这个概念在中国却得到了新的拓展应用和内涵延伸，也使得中国高度重视国家文化建设。另外，是不是军事、经济也只能产生所谓的硬实力呢？当然不是，经济的强大和军事实力的增长会在无形中提高国民的自信心，使国民更加相信本国的民族文化是优于其他民族的。硬实力的强大也会吸引其他国家来学习效仿，硬实力的强大也会使国家将更多物质性资源投入软实力发展中，这就是物质性资源等硬实力产生的软实力效应。因此，软实力只有建立在硬实力的基础上才能成为真正的实力，才能真正发挥意识形态和价值观念的吸引力。"美国梦"之所以吸引部分人，是因为美国经济实力和军事实力的强大。换言之，国家文化建设要建立在对物质性资源要素的高度重视上，我国需要进一步夯实经济基础，优化政治生态，注重社会民生等，因为硬实力与软实力相辅相成才能促进综合国力的发展，硬实力可以促进软实力，软实力也可以转变为硬实力。如果只依靠硬实力，一个大国就难以摆脱大国兴衰的规律，只有在拥有强大硬实力基础上拥有深厚的软实力才能获得可持续的发展力量。这也是约瑟夫·奈提出软实力理论的目的，即希望依靠经济和军事传统霸权模式的美国，在硬实力下降时依然能够依靠软实力维持其世界霸主地位，尤其是在全球化、信息化时代，软实力俨然成为越来越重要的实现美国国家利益的工具。

### 2.1.3 软实力的功能

今天我们都在强调提高国家软实力，却没有讨论软实力在国家发展中究竟发挥着怎样的作用。在既有认知中，提高国家软实力可以有效维护国家利益，提高意识形态凝聚力，维护国家政权稳定。那么，软实力是否对国家发展只有正向的促进作用呢？其实不然。在约瑟夫·奈的软实力理论中，软实力作为一种同化力，的确可以影响和改变他者，因此它是国家发展过程中不可或缺的关键因素，但是这种同化、征服和塑造功能是隐蔽性的、润物无声的。比如，20世纪50年代，苏联社会主义意识形态具有的吸引力和同化力，影响了一大批新独立国家建立社会主义制度，向苏联靠拢，形成社会主义阵营，也使苏联的社会主义大国地位得到彰显。19世纪末至20世纪初，美国取代英国成为世界领导者，也是因为美国强大的软实力，它标榜自己为"自由的灯塔""民主的样板"，赢得了部分国家的认同。此时的软实力对国家成长发挥了积极作用。但是，当软实力的同化作用、吸引作用具有强迫性时，反而会招致被影响国的反感和消极反馈，这个时候的软实力就会成为国家发展的障碍，发挥消极负向作用。比如，在苏联解体后，美国成为世界霸主，大肆培植亲美势力，在独联体国家大搞"颜色革命"，积极向这些国家进行意识形态灌输和文化渗透，传播美国的政治理念，这些带有征服性的软实力最终以"民主化改造"的失败而告终。时至今日，格鲁吉亚、乌克兰、吉尔吉斯斯坦社会动荡不安、人民流离失所的现状让美国遭到了国际社会的谴责，这从另外一个角度说明美国具有侵略性的软实力对国家发展具有负面作用。

以上案例体现了软实力的塑造力，美国的软实力倾向于塑造他者，比如在苏联解体的过程中，美国的意识形态渗透和文化传播发挥了重要作用，"楔子战略"最终使社会主义阵营不再是铁板一块。由此可见，美国提出软实力理论的目的是征服他人，塑造他者。中国提高软实力的最终目的是塑造自我，提升中国的国际形象。长期以来，西方学术界一直在宣扬"中国崩溃论""中国威胁论""中国责任论"，抹黑、丑化、诋毁成为西方常用的手段，这些不负责任的言论也使国际社会对中国存在诸多误解。近年来，中国在提高国家软实力方面的努力和成效使得以美国为首的西方社会深感忧虑。然而，中国提升国家软实力，进行国家文化建设的根本目的与美国截然相反，美国致力于攻击性和征服性的文化战略，中国主张内敛型的国家文化建设，我们提升国家软实力的目的是还世界一个真实的中国，中国的发展不是要改变他国既有的发展模式，而是对现今不平等国际秩序的补充和完善，因此，致力于向内发展的中国才更容易得到国际社会的认同。

### 2.1.4 文化软实力

文化软实力主要包括文化对他国民众的吸引力、政治价值观的实践力、外交政策的合法性和道德权威。文化软实力通过意识形态、文化、外交、政治制度等载体来体现，其"影响力"表现为亲和力、融合力、竞争力等作用力。文化软实力的核心就是通过文化和意识形态的吸引力而潜移默化地影响和约束对方的行为，"文化软实力是以文化资源为基础的一种软实力，是受动者主动接受的吸引力和影响力"①。在全球化背景下，虽然军事经济等硬实力仍是一个国家最为基础的实力，但是随着国家之间相互依赖性的加强，无形的文化软实力变得越来越重要，只有合作共赢才能实现各自利益的最大化，而文化软实力正是通过软性的同化与渗透而不是激烈的、冲突的手段，让一国可以利用自身特有的文化制度和价值观念在外交活动中塑造良好的国家形象，该国的政治统治和意识形态价值观念在其他国家眼中具有合法性和民主性，从而可以利用他人的文化认同实现自身文化利益。

当然，文化软实力作用的发挥必须建立在国家硬实力的基础上，经济、军事实力的增长会提高一国文化软实力的自信心，增强该国文化及意识形态的吸引力，反之则会对文化产生认同危机②。约瑟夫·奈的软实力理论为硬实力逐渐衰落的美国提供了一种新的维护世界霸权的方式，但软实力理论也暴露出约瑟夫·奈的现实主义色彩，正如约瑟夫·奈自己所认为的那样，他是一个"自由主义化的现实主义学者"。因此，约瑟夫·奈的软实力理论是一种"塑造他人行为偏好的能力"，软实力理论的根本目的在于为美国文化霸权理论提供现实路径与理论支撑，但是文化软实力的提倡并非为了推行美国价值观，它本身应该是一种柔性力量③。现实主义学者对软实力理论的重视也从侧面体现出软实力理论塑造他者的作用。西方学者深谙软实力与硬实力之间相互依存的关系，文化观念和意识形态的吸引力是通过经济等硬实力体现的，西方文化价值观念的吸引力是以消除其他文化的吸引力为前提的，这也是以美国为首的西方国家不间断地对社会主义国家实行和平演变政策的重要原因。美国借助硬实力向世界推广

---

① 胡键. 文化软实力研究：中国的视角 [J]. 社会科学, 2011 (5)：4-13.
② 亨廷顿. 文明的冲突与世界秩序的重建 [M]. 周琪, 等译. 北京：新华出版社, 2010：88-89.
③ 同①.

其政治制度和价值观念，客观上威胁了他国的历史文化传统，对其他国家的民族文化自主性和文化主权造成威胁。

## 2.2　国家文化建设的基本内涵

虽然国家文化建设问题在近年来逐渐被学术界高度重视，但大多数研究仍停留在"问题与对策"分析框架上。现有的对国家文化建设概念的理解也众说纷纭，从问题探讨向学理研究的转变是深入研究国家文化建设问题的必要过程。目前学术界对国家文化建设概念的研究尚未形成统一定义，一方面基于此问题的复杂性，国家文化建设是一个涉猎对象相当复杂、广泛的领域，涉及国际政治研究、文化研究以及人类文化学等领域，另一方面也凸显国内学界对这一问题的研究关注点不同，所有的概念界定都是这个概念的集群，因而它们之间并非是相互否定的关系，而是互补关系。本书并非要对"国家文化建设"下一个清晰权威准确的定义，而是对这一存在诸多争议的概念作出基础的、简约的逻辑理解与描述。

进入21世纪，我国学术界开始关注国家文化建设问题，国家文化建设的研究范围和研究领域不断得到拓宽，国家文化建设的研究内容也在不断得到深化和丰富。通过前文对国家文化建设的分析可以得知，迄今为止，我国学术界对于国家文化建设没有形成一个公认的、权威的概念。虽然对"国家文化建设"概念的界定未达成共识，但是我国大多数学者均是从两种角度来诠释国家文化建设，一种认为国家文化建设的重心应落在"建设"上，将重心落在"建设"上意味着在"建设"的视域下研究"国家文化建设"；另一种是认为国家文化建设的重心应落在"文化"上，将重心落在"文化"上意味着要从文化内容入手对其进行界定，从文化入手进行界定意味着问题研究的内容极为宽泛。本书认为"国家文化建设"的重心在"建设"，由于文化的概念极其复杂，所涉及的领域也非常广泛庞杂，现今学界对于"文化"这一内涵复杂的概念有两百多种定义①，但没有一

---

① 据1952年美国人类学家A. 克鲁伯和K. 克拉克洪合写的著作《文化—关于概念和定义的评论》中的记载来看，1871—1951年，较为严格的文化定义就有161种，这还仅限于西方世界，苏联、东欧以及中国等社会主义国家尚未统计在内。后来，法国社会心理学家A. 莫尔又继续此项统计，结果表明，到20世纪70年代，世界文献中的文化定义已达到250多种。

个定义能够限定文化的内涵，不同文化概念之间是互补而非否定关系①。因此，文化这一复杂概念的确切含义取决于建设的语境，由主体即国家所决定②。国家文化建设所研究的文化不是广义的泛文化，而是基于文化软实力视角下的文化，因而是作为观念、思想、制度等层面的文化③。因此，国家文化建设的核心词是"建设"，这一概念展开的基本逻辑顺序是建设→国家文化建设。

综合现有的相关理论可知，软实力理论视角下的国家文化建设是"个性文化"免受外来威胁和内在危险的状态，其实质是国家文化利益建设，其核心是意识形态建设。作为一个动态的概念，国家文化建设在不同时期、不同环境、不同矛盾下具有不同的主题。国家文化建设的主体是民族国家，只有成为民族国家才有资格谈论国家文化建设问题，也才有资格和能力保障自身的国家文化建设，如果国家都不存在了，何谈国家文化建设？因此，本书研究的国家文化建设从新中国成立时算起。

软实力理论视角下的国家文化建设，其实质是为了维护国家文化利益，即国家文化利益。国家文化利益是国家利益在文化领域的体现，反映的是国家作为整体生存与发展的文化需求④。国家文化建设的重心在"建设"，而"文化"这一复杂的概念则取决于"建设"的语境，软实力理论着眼于国与国之间文化、价值观的较量，因而软实力理论视角下的国家文化建设的实质是文化利益建设，起点是文化主权建设，核心是意识形态建设，基础是民族文化建设。国际问题是国内问题外溢的结果，因此，对于国际社会和国内社会而言，本书所研究的国家文化建设中的"文化"是指"个性文化"，而非广义上的泛文化。共性文化是世界人民共享的文化，比如语言，虽然语言承载着一个国家的精神文化和价值观念，但是不同语言是可以共享的，因而它并不属于本书所研究的"个性文化"。只有个性文化认同才是民族国家存在的根本前提，也直接与国家文化利益相对应。因此，国家文化建设是指与国家、民族、社会制度相对应的个性文化的建设

---

① 萧俊明. 文化转向的由来：关于当代西方文化概念、文化理论和文化研究的考察 [M]. 北京：社会科学文献出版社，2004：2.

② 韩源. 国家文化建设论：全球化背景下的中国战略 [M]. 北京：社会科学文献出版社，2013：23.

③ 沈洪波. 全球化与国家文化建设 [M]. 济南：山东大学出版社，2009：69.

④ 韩源. 国家文化建设论：全球化背景下的中国战略 [M]. 北京：社会科学文献出版社，2013：24.

和发展。综合以上分析可以得知，国家文化建设是指与国家、民族和社会制度相对应的，带有民族观念、文化心理以及意识形态特征的个性文化免于危险，同时又提高、发展、进步的状态。

## 2.3 软实力理论视角下的国家文化建设框架系统

软实力理论视角下的国家文化建设是一个立体、多维的问题，分为国际层次和国内层次，因为国际问题是国内问题的延伸和外溢。

从国际层面来看，国家文化建设的主体是具有独立主权的民族国家。在国际文化交往中，文化主权和文化利益是确保我国文化独立、文化自主、文化平等发展的基本底线。因此，国家文化建设研究首先需要消除来自其他民族国家的威胁，简单来讲，就是来自西方国家的意识形态和价值观念对我国文化主权、意识形态及中华民族文化主体性的冲击。国家文化建设的"文化"是与国家、制度和民族相对应的"个性文化"。意识形态是一个国家政权合法性的文化价值基点，马克思主义意识形态的主导地位是中国国家文化主权的最重要体现，主导地位不稳固将造成国家政权危机，因此意识形态安全是国家文化建设的核心，它决定了我国是社会主义国家，也决定了中国国家文化建设的社会主义性质。民族文化是民族国家完整性的文化基础，民族文化认同是民族国家的"合法性"来源①，民族文化认同的文化基础受到威胁，则民族凝聚力涣散，进而威胁民族国家的政权。因此，民族文化是国家文化建设的重要内容，它是决定我们是中华民族而不是其他的民族的重要标志。国际社会中现实存在的不同文化力量的博弈，直接造成了不同国家之间的文化利益矛盾，而不平等的国际文化旧秩序为强势国家的文化霸权提供了制度便利，造成文化弱国的文化主权受到威胁、意识形态不安全、民族文化认同遭到冲击、文化利益无法得到保障，如果不同文化利益的文化博弈是在平等、包容、多元的文化环境中进行，文化强国不称霸、不扩张，文化弱国也得到尊重，不同国家间文化利益矛盾也本着求同存异、平等包容的原则解决，国家文化建设问题也会得到改善。在平等、包容、多元的国际文化新秩序中，一国文化软实力的

---

① 盖尔纳. 民族与民族主义 [M]. 韩红，译. 北京：中央编译出版社，2002：183.

增强不会造成其他平等主权国家文化利益的损失，从而避免不同国家陷入文化"建设困境"，因此积极构建国际文化新秩序也是国家文化建设的重要内容。当前，我们要筑牢抵御文化霸权和外来文化冲击的堤坝，在文化外交中积极塑造中国的良好大国形象，运用多样化的传播模式讲好"中国故事"，打造对外传播新格局，营造良好的国际传播秩序。因此，中国国家文化建设的实质是国家文化利益建设，以及维护国家文化主权，强化意识形态建设，增强民族文化认同，在文化外交中塑造良好国家形象，打造对外传播新格局，增强中国文化的国际认同，使与国家、民族、社会制度相对应的个性文化在免于遭受威胁的同时能够有发展空间。

从国内层面来看，国家文化建设的主体还包含个人、团体等内在的次国家层次。国家文化建设问题的出现是基于国家文化建设主体整体利益的现实需要，因此脱离特定利益主体的国家文化建设问题是不存在的。从国内来看，次国家层次对"个性文化"造成影响的直接因素来自网络文化、文化管理部门、个人等，以及意识形态创新活力的缺乏，大众文化突破"真善美"价值底线，文化生产经济效益与社会效益的分离，全面系统的国家文化建设战略的缺失，当前文化体制所存在的弊端直接影响文化创新活力等。

国家文化利益建设是国家文化建设的逻辑延伸，象征着民族国家全体人民物质需求与精神需求的综合，我国的国家文化利益总体表现为人民精神文化需求的总和，反映了我国整体文化生存与发展的需求[①]，因而我国的国家文化利益建设是我国人民总体精神文化需求生存和发展的状态。国家文化利益建设是国家文化建设的本质，这一点在不同时期、不同的国内外文化背景、不同的国家文化建设主题下都不会改变，因而国家文化利益建设是国家文化建设的实质层。国家文化建设的中心层在整个系统中起到承上启下的作用，是文化利益建设最直接、最深刻、最稳定的影响因素，中心层文化要素的实践形态具体表现为外围层文化要素的建设。文化主权建设从抽象意义上来讲，表现为对与国家、民族和社会制度相对应的个性文化建设的维护，因而它是国家文化建设的起点，文化主权建设主要表现为独立、自主选择、维护主导意识形态的权利，而民族文化凝聚力的衡量标准也是看中华民族在主导意识形态上是否具有统一性。因此，从这个意

---

① 韩源. 国家文化建设论：全球化背景下的中国战略 [M]. 北京：社会科学文献出版社，2013：28.

义上讲，意识形态建设是国家文化建设的核心要素。我国的民族文化建设指的是"中华民族文化建设"，它是我国作为民族国家完整性的文化基础，为国家文化建设提供持续的精神动力，因而民族文化建设是国家文化建设的基础。外围层安全要素相对于中心层安全要素而言，并非是因为它们不重要或可有可无。外围层文化要素是中心层文化要素的衍生因素，是中心层文化要素是否安全的最直接、最具体的体现，同时也是实质层——国家文化利益建设的直接影响因素，因为它们处于不断的发展变动状态，在不同时期会根据不同的国家文化建设主题凸显或隐藏，即在它们凸显时对国家文化建设利益会造成直接影响，在隐藏时则不造成直接影响。本书对于中国国家文化建设研究内容的展开，正是在这个框架系统下进行的。本书主要分析了处于"超稳定"及"稳定"状态下的文化要素，即文化利益建设、文化主权建设、意识形态建设和民族文化建设，而对于"变动"状态下的文化要素的分析则是在其显性层次上展开，当其处于隐性状态时则不做过多分析。

因此，从总体来看，基于软实力理论视角下的国家文化建设并非是一个具体的概念，而是一个具有丰富内涵的框架系统。在"实质层—中心层—外围层"三层序列的框架系统中，国家文化建设的实质层是总体文化利益建设，国家文化建设的中心层包括意识形态建设、文化主权建设和民族文化建设，国家文化建设的外围层包括国际文化秩序、国家形象、国际话语权、文化立法等文化要素。实质层与中心层、外围层之间是相互依存的关系，实质层文化要素的实践形态具体表现为中心层文化要素的建设，中心层文化要素的实践形态具体表现为外围层文化要素的建设，中心层文化要素和外围层文化要素的确定及实施都是为了促进实质层文化要素的建设，同时中心层与外围层本身的建设是实质层建设的重要组成内容。因此，基于软实力理论视角下的国家文化建设，其框架系统并非是单个文化要素的分析，而是一个层层递进、紧密联系的系统，在这个框架系统中，"实质层—中心层—外围层"构成了一个"超稳定—稳定—变动"的综合要素框架。基于软实力理论视角下的国家文化建设框架系统见图2-1。

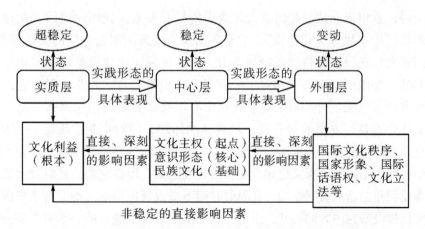

图 2-1　基于软实力理论视角下的国家文化建设框架系统

# 3 国家文化建设的理论来源

## 3.1 马克思主义经典作家关于国家文化建设的相关思想

任何科学理论都有特定的思想来源，都是对已有的相关思想、理论的继承、发展、创新，理论来源是研究的逻辑起点。中国共产党国家文化建设思想也是在吸收、借鉴古今中外经典作家的国家文化建设思想的基础上形成的。马克思、恩格斯和列宁的国家文化建设思想是中国共产党国家文化建设思想的直接理论来源，新中国成立后至改革开放前中国共产党国家文化建设思想是改革开放后中国共产党国家文化建设思想的基础。中国共产党还借鉴了西方经典作家和中国传统文化中与国家文化建设相关的思想。

### 3.1.1 马克思、恩格斯关于国家文化建设的相关思想

在马克思、恩格斯所处的时代，国家文化建设问题还不突出，在当时的理论界这不是一个热点问题，虽然马克思、恩格斯也从未明确提出过"国家文化建设"的概念，但不能因此而否认马克思、恩格斯没有关注国家文化建设问题。国家文化建设思想在马克思和恩格斯的理论体系中并不是一个独立完整的部分，而是散落在其关于文化思想和意识形态问题的相关论述中，主要包括三个方面，即物质文明与精神文明的辩证关系思想、文化交流互鉴思想和意识形态批判理论。

#### 3.1.1.1 物质文明与精神文明辩证关系思想

唯物史观是马克思和恩格斯国家文化建设思想的阐释原则和方法论基础。物质与精神是哲学范畴，但物质文明与精神文明则属于社会学范畴。文明分为物质文明和精神文明两个部分。人类社会早期的物质生产活动，

如人类在野蛮时代和蒙昧时代的物质生产成果，并不构成人类的物质文明，因为人类在这一时期的物质生产力水平极其低下，物质生产活动主要是对自然界天然物的采集和简单加工，物质资料的供给并未摆脱天然产品的供给状况，并非是真正意义上的生产活动。物质文明和精神文明统一于实践，因而两者总是以相互对应的方式存在于实践之中。

第一，人类的社会生活主要分为物质生活和精神生活两个方面，人类改造客观世界的过程中做出的满足生存和发展需要的实践活动就是物质生活的内容，同时，人类在改造客观世界的实践活动又是一种有思想、有意识的精神活动。人类的物质生活和精神生活随着生产力的发展而不断进步，当人类的物质生产和物质交往方式发生革命性变化时，生产力的发展导致物质交往对象突破天然产物从而产生物质文明，但有物质生产活动不一定有物质文明，有物质生产也不一定有精神生产，因为在蒙昧野蛮时代人类有物质生产活动但没有精神生产活动，精神生产在历史的形成过程中是滞后于物质生产的，但是当有精神生产活动时就一定有精神文明，因此，从根本上讲，精神文明的实质就是精神生产。人的精神生产活动是在大脑发展完善的基础上产生的，因此，精神文明的产生也是以人脑的完善为前提和基础。恩格斯认为："迅速前进的文明完全被归功于头脑，归功于脑的发展和活动；人们已经习惯于用他们的思维而不是用他们的需要来解释他们的行为（当然，这些需要是反映在头脑中，是进入意识的）。"①人脑的发展完善和意识的产生是在物质生产实践活动的刺激下进行的，由此可见，物质生产活动促进了精神文明的产生，而精神文明的发展也对物质生产起到了促进作用，进而反作用于物质文明。物质文明与精神文明之间的辩证关系，实质上就是物质生产与精神生产之间的辩证关系。研究两者的关系需要从一定的历史形式出发，将其放到历史发展和社会实践活动中看待。

第二，物质生产决定精神生产，物质文明决定精神文明。马克思指出："物质生活的生产方式制约着整个社会生活、政治生活和精神生活的过程。不是人们的意识决定人们的存在，相反，是人们的社会存在决定人

---

① 马克思，恩格斯. 马克思恩格斯选集：第4卷 [M]. 中共中央马克思恩格斯列宁斯大林著作编译局，译. 北京：人民出版社，1995：381.

们的意识。"① 物质生活方式制约着精神生活方式，物质文明的发展也制约着精神文明的发展。物质生产活动多种多样的形式决定了精神生产活动的多样性，精神生产活动的丰富性决定了精神文明表现形式的多样性。恩格斯指出不同历史时期的上层建筑，如哲学、宗教、法律设施等，最终是由这一时代的社会经济基础来说明②，精神文明是物质文明的反映，一定的文化也是一定的社会经济和政治的反映，维护国家文化建设不能脱离经济基础，经济基础对国家文化建设具有重要的制约作用。中国封建社会文化在资本主义文化冲击下惨败的最根本原因在于资本主义社会的先进生产力，因此，解决国家文化建设问题的根本途径在于大力发展经济，并建立与之相适应的先进文化。

第三，精神文明与物质文明之间虽然是决定与被决定的关系，但是两者并非是"线性的对等性反映"，精神文明对于产生它的基础（物质文明）具有反作用。精神文明形成后就以一个相对独立的历史因素参与到历史发展中，对物质文明的发展起着促进或阻碍的作用，比如，国内残留的封建主义思想对我社会主义国家经济的发展具有阻碍作用；同时精神文明具有相对的滞后性和超前性。恩格斯晚年在致约·布洛赫的信中明确表示，经济因素是唯一决定的因素，是抽象荒诞的空话③，"经济上落后的国家在哲学上仍然能够演奏第一小提琴"④，比如，18 世纪德国经济比同期的英国经济、法国经济落后很多，但是德国却产生了灿烂辉煌的古典哲学。因此，马克思和恩格斯都反对过分看重经济，承认精神文明对物质文明具有反作用。同理，经济基础是解决国家文化建设问题的根本途径，但国家文化建设同时也对经济发展和国家利益产生重要的制约作用。

虽然精神文明对物质文明具有反作用，但是却不可过分夸大其相对独立性。片面强调物质文明对精神文明的决定作用不可取，同时片面夸大精神文明的相对独立性而忽视其产生的基础——物质文明亦不可取。同理，从唯物史观的角度出发，国家文化建设无法剥离经济支撑和社会发展，解

① 马克思，恩格斯. 马克思恩格斯选集：第 2 卷 [M]. 中共中央马克思恩格斯列宁斯大林著作编译局，译. 北京：人民出版社，1995：32.
② 马克思，恩格斯. 马克思恩格斯选集：第 3 卷 [M]. 中共中央马克思恩格斯列宁斯大林著作编译局，译. 北京：人民出版社，1995：739.
③ 马克思，恩格斯. 马克思恩格斯选集：第 4 卷 [M]. 中共中央马克思恩格斯列宁斯大林著作编译局，译. 北京：人民出版社，1995：696.
④ 同③：704.

决国家文化建设问题的根本在于发展经济，但同时也要看到文化自身的发展规律，弘扬民族传统文化，解决新旧文化转型问题，才能更好地促进经济结构优化和市场经济转型。高度重视经济基础的决定作用与尊重文化自身的发展规律是开展国家文化建设的重要途径。

### 3.1.1.2　文化交流互鉴思想

全球化是马克思、恩格斯国家文化建设思想的阐释视角。对于全球化背景下的国家文化建设问题，马克思在《共产党宣言》中曾做出预测。资本主义生产方式的全球化加速了航海业的发展和陆路交通的改善，民族之间的交往越来越普遍，促进了民族现代化的进程，使历史由国别史、民族史向世界史、全球史转变，世界历史的发展促进了资本主义文化在全球范围内的扩展。资本主义的发展促进了资本主义文化的全球性扩张，也带来诸多国家文化建设问题。一方面，资本主义文化的全球化在无形中侵蚀、同化世界其他民族文化，使民族文化认同难度加大，民族文化凝聚力弱化；另一方面，资本主义文化的全球化造成全球文化共性与民族文化个性之间的矛盾。"市场已经可能扩大为而且日益扩大为世界市场，所有这一切产生了历史发展的一个新阶段。"①

第一，资本主义文化对世界其他民族文化的威胁。《共产党宣言》指出，资产阶级用低廉的价格征服了野蛮民族的仇外心理，它迫使一切民族都采用资产阶级生产方式，它迫使所有民族推行资产阶级文明②。在《德意志意识形态》中，马克思和恩格斯认为人类交往的历史进程是从"被迫交往""自发交往"到"普遍交往"，而资本主义生产方式的扩展使"野蛮的民族"被迫卷入资本主义生产方式中，裹挟着西方意识形态和价值观念的商品贸易伴随着资本主义血与火的侵略而在全球范围内大肆扩张所谓的"资本主义文明"，而被迫卷入全球化洪流中的民族文化，尤其是相对弱势的文化不可避免要受到资本主义文化的冲击碰撞甚至是侵蚀，经济殖民为文化侵略开辟道路，文化主权的独立性受到挑战，国家文化建设问题随之产生。时至今日，西方资本主义国家进行文化扩张的主要手段依然是通过电影、音乐、书籍等经济与文化高度耦合的文化产业，对发展中国家进行西方民主和价值观念的渗透，文化商品贸易赤字的背后是以美国为首

---

① 马克思，恩格斯. 马克思恩格斯选集：第 1 卷 [M]. 中共中央马克思恩格斯列宁斯大林著作编译局，译. 北京：人民出版社，1995：110.

② 同①：276.

的西方国家文化霸权和文化扩张的大行其道。

资本主义生产方式对外扩张的过程是强势文化对弱势文化的侵犯和渗透的过程，"正像它使农村从属于城市一样，它使未开化和半开化的国家从属于文明的国家，使农民的民族从属于资产阶级的民族，使东方从属于西方。"① 文化交流互鉴发展对弱势民族文化造成了极大的冲击，保持自身民族文化特色成为弱势民族亟待解决的问题，而资本主义文化的扩张也使得国家文化主权地位岌岌可危，民族国家难以独立自主地发展本国文化。随着文化的全球化，原有的封闭环境逐渐被打破，各民族的相互依赖性逐渐增强，文化产品也逐渐成为公共财产，每个民族自身的传统习惯、思维方式以及价值理念都在影响他人或被他人影响，文化间的交流碰撞和影响程度的加剧，增加了国家和民族内部文化认同的难度，人们的文化身份陷入焦虑和模糊中。当然，文化是否被同化在于文化的先进程度而不在于是不是被侵略的一方，马克思在《不列颠在印度统治的未来结果》中分析印度被殖民化的原因时指出，"相继侵入印度的阿拉伯人、土耳其人、鞑靼人和莫卧儿人，不久就被印度化了，野蛮的征服者，按照一条永恒的历史规律，本身被他们所征服的臣民的较高文明所征服。不列颠人是第一批文明程度高于印度因而不受印度文明影响的征服者。"② 殖民扩张是以军事政治为"前锋"开道的，但最终是为了实现"文化侵略"，侵略方同化被侵略方还是反被同化在于哪方的民族文化水平高，但无论是哪方被同化都会使其中一方文化处于不安全状态，从而造成文化根基被斩断，民族内部人心涣散，民族凝聚力丧失。

虽然资本主义大工业的全球扩张推进了世界历史的进程，也促进了世界文明成果的繁荣发展，但是在资本主义文明的推进过程中却存在强迫性和不平衡性。当各民族并未做好融入世界进程的时候，却被坚船利炮强制并入资本主义工业化的轨道，而各个国家在政治经济以及文化发展上的不平衡性又导致弱势地区成为"挨打"的对象，南美洲的印加人、印第安人和许多非洲民族都在"仇外心理的重炮"中消亡了。每一个民族都有存在的理由和权利，不能以某一个民族的指标来认定其他民族的优劣，因为"古往今来每个民族都在某些方面优越于其他民族。任何一个民族都永远

① 马克思，恩格斯.马克思恩格斯选集：第1卷 [M].中共中央马克思恩格斯列宁斯大林著作编译局，译.北京：人民出版社，1995：276-277.

② 同①：768.

不会优越于其他民族。"① 即使在文化交流互鉴已经深入发展的今天，只要国家还存在，那么捍卫本国文化主权和保持民族文化特色的需求就是合理合法的。资本主义文明在全球范围内的"野蛮"殖民和文化侵略政策也决定了它并不是世界历史的终结，这种蛮横的扩张和它自身存在的无法解决的矛盾决定了资本主义是自己的掘墓人。

第二，文化的共性与个性之间的冲突和矛盾。"全球化既指世界的压缩，也指对世界作为一个整体的意识的强化。"② 马克思所提出的"世界文学"表明，文化交流互鉴下人类文化的共识性观念和文化发展的趋同化现象开始加剧，文化的共性色彩的逐渐增强则意味着地方性民族特色文化在一定程度上遭到解构，由此带来文化共性与个性的冲突与矛盾。

文化是主体与客体在实践过程中的产物，虽然世界上的文化异彩纷呈，但由于人类在充分发挥主观能动性的同时，在改造自然的过程中存在共性，因此人类所创造的文化也有相通的地方——文化的共性。马克思非常赞同摩尔根的观点——"人类经验的成果在相同文化阶段上的一切时代和地区中都是基本相同的。"③ 各国文化风俗趋于一致但是这并不意味着会有同样的文化。国际文化交流中强调文化的共性但不能简单将文化共性等同于文化同质化。不同文化之间既相互区别又相互联系，协调文化的共性与个性之间的冲突与矛盾，需要注意在推进文化共性的同时又不至于使文化个性丧失。

文化交流互鉴的发展过程是文化共性的历史过程，但同时世界文化的共性也是蕴含在不同民族文化个性之中的。马克思曾指出，"一般说来，大工业到处造成了社会各阶级间相同的关系，从而消灭了各民族的特殊性。"④ 正如生物的多样性是由不同物种的共同存在才得以形成一样，文化世界的丰富多彩也是因为个性的民族文化存在才得以呈现。当然，民族在一定历史阶段内产生也必然在一定的历史条件下衰亡，但是民族本身的消亡并不能简单等同于民族文化本身的消亡，民族独特性的消亡在于，大工

---

① 马克思，恩格斯. 马克思恩格斯全集：第 2 卷 [M]. 中共中央马克思恩格斯列宁斯大林著作编译局，译. 北京：人民出版社，2005：194-195.

② 罗伯森. 全球化：社会理论和全球文化 [M]. 上海：上海人民出版社，2000：219.

③ 马克思，恩格斯. 马克思恩格斯全集：第 45 卷 [M]. 中共中央马克思恩格斯列宁斯大林著作编译局，译. 北京：人民出版社，2003：398.

④ 马克思，恩格斯. 马克思恩格斯选集：第 1 卷 [M]. 中共中央马克思恩格斯列宁斯大林著作编译局，译. 北京：人民出版社，1995：114.

业所创造的在所有民族中都具有同样利益的阶级①。寻求文化共性同时又倡导多元文化的发展道路，而非以某种文化作为其他文化的衡量标准②。以所谓西方社会发达的工业文化和西方普世价值观作为文化发展的唯一标尺，去干涉其他国家和民族的文化，这是简单地将文化共性甚至文化同质化等同于西方文化的表现。马克思坚决反对资本主义文化霸权，反对将文化的共性等同于资本主义文化在世界范围内的"同质化"趋势。将资本主义文化等同于世界文化的唯一性，只会激起民族文化的保护意识。只有无产阶级取得胜利，继承和支配资产阶级的文化成果，才能更好地促进文化共性与个性的协调发展，避免文化共性和个性的冲突，营造"美美与共，天下大同"的世界文化交流环境，真正促进国家文化建设和文化发展。

### 3.1.1.3 意识形态批判理论

意识形态批判理论从早期哲学的意识形态批判——揭示意识形态和虚假意识形态问题，转向政治经济学的意识形态批判——阐述意识形态产生的社会基础，通过文化批判实现对资本主义的全面批判。在马克思、恩格斯关于意识形态的文本中，意识形态多包含贬义意味，马克思最为集中使用意识形态概念是在1846年《德意志意识形态》中。马克思认为意识形态是资产阶级为了维护统治需要而编造的一套歪曲事实的理论体系。在《〈政治经济学批判〉序言》中，马克思将意识形态描述为"物质生活的生产方式制约着整个社会生活、政治生活和精神生活的过程。不是人们的意识决定人们的存在，相反，是人们的社会存在决定人们的意识。"③ 之后，恩格斯逐渐完善马克思的理论体系，将经济、政治与意识形态的联系区别开来，指出意识形态归根到底决定于经济基础。"经济关系……归根到底还是具有决定意义的，它构成一条贯穿始终的、唯一有助于理解的红线"④。《德意志意识形态》在20世纪30年代中期才得以出版，因此马克思主义思想家频繁讨论的与"意识形态"相关的文本是马克思1859年所

---

① 马克思，恩格斯. 马克思恩格斯选集：第1卷 [M]. 中共中央马克思恩格斯列宁斯大林著作编译局，译. 北京：人民出版社，1995：114-115.

② 亨廷顿. 文明的冲突与世界秩序的重建 [M]. 周琪，等译. 北京：新华出版社，1998：369.

③ 马克思，恩格斯. 马克思恩格斯文集：第2卷 [M]. 中共中央马克思恩格斯列宁斯大林著作编译局，译. 北京：人民出版社，2009：591.

④ 马克思，恩格斯. 马克思恩格斯文集：第10卷 [M]. 中共中央马克思恩格斯列宁斯大林著作编译局，译. 北京：人民出版社，2009：668.

作的"序言"和恩格斯的《反杜林论》。在 1898 年前并没有人把马克思主义称为一种意识形态。

无产阶级意识形态思想是在资本主义社会意识形态批判理论中提出的，统治阶级总是把意识形态作为维护其统治的工具，从而达到巩固统治和教化民众的目的。马克思在《德意志意识形态》中指出，在阶级社会中支配物质力量的阶级同时也在支配精神力量。在阶级社会中"占统治地位的思想不过是占统治地位的物质关系在观念上的表现。"① 统治阶级高度重视意识形态作用，在掌握社会的物质力量的同时也掌握着社会的思想文化，而意识形态作为国家文化建设的核心内容，对于统治阶级的重要性非比寻常，一旦失去了意识形态的主导地位就意味着失去了文化领导权和话语权，进而危及政权稳固和政党生命，因此，统治阶级作为精神文化的引领者非常重视意识形态安全。对资本主义社会意识形态批判的深化凸显了意识形态安全的重要性。今天西方国家不仅通过控制国内社会的经济基础来控制民众的价值观念和意识形态，而且企图将这套政策应用于全世界。因此，资本主义社会产生的意识形态理论必然是维护资产阶级本身的利益，服务于资产阶级的政治、经济和社会统治。马克思意识形态批判理论的终极宗旨并不是揭露西方国家的虚伪性和阶级性，而是通过批判其隐蔽性和渗透性警醒世人意识形态建设的重要性。

### 3.1.2 列宁关于国家文化建设的相关思想

在早期革命生涯中，列宁多次批判资产阶级意识形态，苏维埃政权建立后，列宁的意识形态研究视角从批判转向建设，提出"社会主义的意识形态"概念并确立系统性的意识形态理论。列宁集中论述了意识形态理论与马克思主义思想的传播方式，并从多方面论述了社会主义时期国家文化建设思想和意识形态工作的党性原则，阐述了不发达国家建设社会主义的特殊规律。

#### 3.1.2.1 列宁的灌输论

"灌输论"是指通过启发与引导的方式将马克思主义思想和意识形态理论传播给民众，以促进意识形态建设，从而更好地进行国家文化建设。十月革命前后，俄国的社会思想文化状况并未发生明显改变，并且在新经

---

① 马克思，恩格斯. 马克思恩格斯全集：第 3 卷［M］. 中共中央马克思恩格斯列宁斯大林著作编译局，译. 北京：人民出版社，2002：52.

济政策实施后因各种资产阶级思想涌入而使社会思想一度混乱，对此列宁认为从旧社会"脱胎"的工人阶级还保留着旧社会的"痕迹"，"工人同样保留着许多资本主义社会的传统心理。工人没有清除掉旧世界的污泥，他还站在这种没膝的污泥里面。"① "对社会主义意识形态的任何轻视和任何脱离，都意味着资产阶级意识形态的加强。"② "在新社会，工人阶级同样保留着许多资本主义思想，为了开展无产阶级意识形态建设，党必须坚持理论灌输的领导权，必须从外面对工人阶级实行灌输引导。'不做理论工作'，党'便不能做思想领导者'。"③ 1921 年召开的俄共（布）十一大指出："无产阶级政党在取得政权前的主要任务是理论宣传和鼓动，工人群众的自发性运动具有很大的局限性，他们缺乏的是成熟、科学的工人阶级意识，他们无法认识到阶级矛盾的根源，因此必须依靠党对其进行马克思主义理论灌输才能促进意识形态建设。"

《怎么办?》一书系统阐述了灌输理论，明确提出了"灌输论"思想。为什么马克思主义理论的传播方式要选择从外界灌输？原因有二，一是因为工人阶级自身无法产生意识形态，在工联主义意识的指导下，工人运动着重从自身的处境出发，提出改善当前工作条件和自身生活水平的个人利益诉求，往往带有极其朴素、片面的色彩。工人阶级对自己的历史使命和阶级地位缺乏清晰的判断，无法改变自身的阶级地位，也无法获得真正的自由和解放，因而工人阶级的局限性导致意识形态理论只能从外面灌输给工人。二是因为俄国国内小资产阶级思想盛行，成熟的小资产阶级"用小资产阶级的政治观点'感染'和'俘虏'非常广大的工人群众"④，小资产阶级思想体系比社会主义思想体系更容易影响工人阶级的思想。列宁正是认识到那个时代思想文化斗争的残酷性和真实性，又考虑到工人阶级缺乏思想意识和理论知识，进而指出马克思主义理论必须"从外面灌输进去"。

列宁曾对这种灌输的可行性进行过分析，认为无产阶级领袖最初接受

① 列宁. 列宁专题文集：论社会主义 [M]. 中共中央马克思恩格斯列宁斯大林著作编译局，译. 北京：人民出版社，2009：393-394.

② 列宁. 列宁选集：第 1 卷 [M]. 中共中央马克思恩格斯列宁斯大林著作编译局，译. 北京：人民出版社，2012：327.

③ 同②：79.

④ 列宁. 列宁全集：第 29 卷 [M]. 中共中央马克思恩格斯列宁斯大林著作编译局，译. 北京：人民出版社，1985：154.

先进的马克思主义理论，而后将其放在革命实践中进行检验，最后将其广泛传播到无产阶级大众中去，传播过程表明社会主义意识是从外面灌输而非自发产生的①，因而列宁的"灌输论"是可行的。然而，这种马克思主义意识形态的"灌输"并非是强制性的生"灌"硬"输"和空洞的教条式理论灌输，而是注重理论联系实际的引导式灌输。这种灌输是以启发和引导为方法，以马克思主义理论为内容，以促进工人阶级的自觉意识为目的，启发工人阶级提高自身政治觉悟，在与修正主义、马赫主义等错误思潮的斗争中坚持自身的无产阶级政治立场。灌输论与当时俄国社会的经济文化发展落后状态相适应，同时对于俄国的资产阶级知识分子立场转变和党的意识形态推动有积极作用，在很大程度上强化了俄国国内意识形态建设和国家文化建设，并且对于现今中国共产党国家文化建设思想也具有借鉴意义。

### 3.1.2.2　列宁的文化革命思想

列宁在晚年思考社会主义国家文化建设的一系列文章中包含了"文化革命"思想，如《新经济政策和政治教育委员会的任务》《苏维埃政权的当前任务》等。其中，《论合作社》一文提出了"文化革命"的概念。列宁在多篇文章中强调，要实现完全合作化需要文化革命②，将"文化革命"提到了极其重要的地位，重心也向文化方面转移。列宁曾说过，现在的重心从政治斗争、夺取政权等方面转到文化上了，列宁在这里所说的"文化"是一个相对宽泛的概念，类似于今天我们谈论的广义的"大文化"概念，既包括纯粹的文化也包括物质生产力的文化，从这种宽泛文化的角度来看待文化对于理解社会发展的整体性具有积极作用。社会是由多种要素组成的，从大文化视角看待文化更有助于理解社会发展的整体性。当前学术界对列宁的文化革命思想的讨论多局限在"纯粹文化"方面。由于列宁对于文化革命思想这个具有变革意义的概念并未作出全面的展开，因此在不同时期对其有不同的解读，各国根据自身的理解而进行的社会主义文化实践也迥然不同。斯大林曲解列宁的文化革命思想从而造成苏联历史上的

---

① 列宁. 列宁专题文集：论无产阶级政党 [M]. 中共中央马克思恩格斯列宁斯大林著作编译局，译. 北京：人民出版社，2009：84-85.

② 列宁. 列宁选集：第4卷 [M]. 中共中央马克思恩格斯列宁斯大林著作编译局，译. 北京：人民出版社，2012：773.

文化专制主义。因此，正确认识文化革命思想有利于促进中国国家文化建设。

当时的俄国文盲比较多，物质生产力不发达，因此，俄国只有实现文化革命才可能成为完全意义上的社会主义国家，当然文化革命并非一朝一夕可以完成，正如列宁所指出的，文化革命无论在文化方面还是物质方面都是异常困难的①，文化革命是整个俄国社会主义文化安全的"持久战"，要完成文化革命需要一个相当长的时期，在文化革命上急躁冒进的心态是非常有害的。列宁的文化革命思想包含以下几个方面：一是扫除文盲。无产阶级在执政后应把工作重心转移到国家文化建设上，通过文化革命来提升广大工人阶级和劳动大众的文化素养和技术水平，列宁摘录的《俄国识字状况》的调查数据显示，直到1920年，俄国每千人中识字的人数仅319人②。为了解决文盲问题，列宁清醒地指出，"在我国就是资产阶级文化的状况也是很差的……我们距离普遍识字还远得很。"③ 只有扫除文盲，才能有效克服文化落后状况。二是文化革命的重点在农村。俄国的农民相比城市工人受教育水平更低，不仅不会使用先进的生产工具，也无法明白无产阶级的含义，因此无法理解合作化的优越性，在农民中间进行文化革命旨在加强农村的文化建设，从而更好地提高生产力和劳动效率，维护社会主义文化安全。工厂工人组成许多文化发展团体，利用一切机会"来满足自己和兄弟支部的各种文化要求。"④ 在农民中间开展文化工作，大大提高了农民对于合作化的认识和农村合作化的程度。三是吸收和借鉴资本主义和传统社会的文明成果，发挥资产阶级专家的作用。四是加强国民教育，最终实现人的全面发展。1902年，列宁指出无产阶级革命的最终目的是实现全体人员的全面发展。虽然至今人们对列宁文化革命思想的理解不同，但是不可否认的是文化革命思想的核心内容是提高人的素质，国家现代化的关键在于国民文化素质的提高，正如列宁所指出的，俄国文化上的落后直

---

① 列宁. 列宁选集: 第4卷 [M]. 中共中央马克思恩格斯列宁斯大林著作编译局, 译. 北京: 人民出版社, 2012: 774.

② 同①: 762.

③ 同①: 762-763.

④ 同①: 765-766.

接影响了无产阶级的民主①。文盲是不能参与政治的，它使人民的民主监督权力无法实行，又容易滋生官僚主义腐败作风。当今社会提高公民的文化素质仍然是国家文化建设的重点内容，尤其在发展中国家，只有提高公民的文化素质才能实现现代化。列宁的文化革命思想具有高瞻远瞩的跨时代卓识，尤其对于文化落后国家进行国家文化建设具有重要意义。

文化革命思想以俄国的特殊国情为基础，俄国的社会主义革命道路不同于马克思、恩格斯对社会主义的设想，比如文化基础差和物质生产力落后，而列宁认为"政治变革可以先于文化变革"。俄国革命的特殊性决定了俄国文化革命的特殊性，苏维埃政权的建立使俄国具备了进行文化革命的政治条件和制度优势，因此即便敌人不止一次地说"在一个文化不发达的国家推行社会主义是冒失行为"，俄国依然进行文化革命。俄国落后的文化状况要求布尔什维克党成功地从夺取政权的革命者转型为经济文化社会的管理者，相对于资产阶级受过良好教育的优势，无产阶级在文化方面处于劣势，因此，无产阶级在夺取政权后因为文化方面的欠缺无法有效管理国家机器，普通劳动者更无法参与国家管理，只有进行一场文化革命提升工农的文化技术能力和国家机关工作人员的管理能力，才能最终实现向社会主义过渡。

列宁的文化革命思想作为其意识形态理论的一个组成部分以及具体化，是一个内涵广泛而深刻的文化理论创见，是马克思、恩格斯关于文化及其领导权问题的思考与苏维埃革命具体实践相结合的重要成果。当然，列宁的文化革命思想所阐发的文化领导权思想依然有深深的时代烙印，比如过于强调政治与文化灌输的重要性，流露出一定程度的强制倾向，难免造成文化认同与文化领导权的建构存在细小的裂隙等。

3.1.2.3 列宁关于"不发达国家建设社会主义文化的特殊规律"思想

社会主义文化的特殊规律是列宁在经济文化相对落后的俄国的社会主义文化建设实践过程中形成的。文化革命思想是"不发达国家建设社会主义文化特殊规律"的具体表现方式。"不发达国家建设社会主义文化的特殊规律"与马克思提出的跨越"卡夫丁峡谷"有着逻辑上的一致性。俄国"农村公社"被大范围地保留下来，而资本主义生产为它提供了集体劳动

---

① 列宁. 列宁选集：第3卷［M］. 中共中央马克思恩格斯列宁斯大林著作编译局，译. 北京：人民出版社，2012：766.

的条件，这样的历史背景使"它有可能不通过资本主义制度的卡夫丁峡谷，而享用资本主义制度的一切肯定成果"①，而列宁的这一思想在客观上把马克思的重要理论转化为文化实践。在苏维埃政权建立之初，无产阶级文化派思潮极力鼓吹无产阶级的"阶级文化"，以此来否定传统文化和资本主义文化，主张"纯而又纯"的无产阶级意识形态，而新经济政策的实施也带来了资产阶级思潮盛行的混乱现象，精神文化领域的混乱状况对社会主义文化安全产生了极为消极的影响。因此，"不发达国家建设社会主义文化的特殊规律"不仅使俄国社会落后的文化状况得到极大改善，更重要的是对当时思想文化状况极为复杂的俄国社会意识形态的统一以及国家文化建设发挥了积极作用。

"卡夫丁峡谷"是指经济文化落后的俄国可以跳过资本主义制度而走上社会主义道路，这就是马克思的"跨越"思想，国内外理论界在20世纪80年代曾讨论过这一问题。社会主义革命首先发生在高度发达的工业国家，在其他落后国家无法实现。在资本主义生产方式全球化的时代，这些落后的国家和地区被迫进入全球化的轨道，同时在不平等的规则贸易和文化秩序影响下，这些国家的生产力发展水平与西欧工业国家的生产力发展水平拉开了更多的差距，民族文化也逐渐受到西方霸权文化的影响。难道这些落后的国家和地区就应该无一例外地重复资本主义国家的发展历程和前进道路？马克思、恩格斯对落后国家，包括中国、印度以及俄国的经济结构和历史条件进行了研究，指出"把关于西欧资本主义起源的历史概述彻底变成一般发展道路的历史哲学"是完全错误的②。历史发展历程并非是特定的"五个社会形态"，而是在不同的国家和地区有不同的发展规律。正如马克思在1881年给俄国民粹派女革命家查苏利奇的回信中所指出的那样，在吸收资本主义制度的"一切肯定成果"的基础上，俄国可以跨越"卡夫丁峡谷"。当然，在跨越"卡夫丁峡谷"这个问题上，俄国要跨越的只是资本主义"制度"而非生产力，俄国需要学习借鉴一切先进的技术和文化，在达到一定的发展高度后展开社会主义先进文化建设。"卡夫丁峡谷"是在对俄国社会经济进行深入研究和对资本主义社会进行双重科学分析的基础上提出的，社会主义是对资本主义的否定和扬弃过程，因此"卡

---

① 马克思，恩格斯. 马克思恩格斯全集：第19卷 [M]. 中共中央马克思恩格斯列宁斯大林著作编译局，译. 北京：人民出版社，2006：437.

② 同①：130.

夫丁峡谷"也是指社会主义在辩证地吸收资本主义成果的基础上可以跨越资本主义的"制度"。虽然目前理论界对马克思主义的"跨越"思想还存在争论，但是不可否认的是它为落后的东方国家避免资本主义制度造成的"痛苦"而实现自身的超越发展指明了一条新的道路，而与俄国具有某种程度上相似的中国也是在后来的改革开放中实践了这一理论。恩格斯在《论俄国的社会问题》中指出，落后国家吸收资本主义制度成果可以缩短自身的发展过程。俄国吸取了资本主义文化成果因而可以与西方国家同时完成社会改造，当然这一点同样适用资本主义前的一切国家①。

在十月革命前，普列汉诺夫曾指出俄国人民缺乏物质基础和文化素养而无法进行社会主义生产，在十月革命后，考茨基等人又提出"社会主义早产论"。列宁坚决反对这些关于资本主义是社会主义建设的"必经之路"的观点，他曾尖锐地强调驱逐地主资本家等都是为社会主义文化创造条件②。他认为简单地将资本主义起源变成一般历史规律的片面观点，同时也忽视了资本主义制度的局限性，列宁的社会主义文化建设实践，旨在使俄国免受资本主义发展的"痛苦"，同时又能摆脱现今的经济文化落后状态。这种思想是与马克思的"跨越"思想在逻辑上是"异曲同工"的。列宁在领导俄国进行社会主义实践时还并未知晓马克思的"跨越"理论，但是马克思和列宁同时对所谓的带有某种普遍意义的客观规律进行了探索。列宁在实事求是的马克思主义原则基础上，依据俄国社会复杂的思想文化现状及矛盾，提出不发达国家建设社会主义文化的规律。他从实际入手把通常的"普遍规律"做了创造性的科学创造，依靠政权力量和制度优势进行文化安全及文化建设实践，如扫除文盲，改革教育制度，充分发挥旧社会知识分子的作用，学习西方先进文化，派遣人员去西方学习科学技术，购买先进的机器设备。新中国的社会主义文化安全和改革开放也是在国家政权的有力推动下进行的，中国的文化发展再一次证明了列宁的"不发达国家建设社会主义文化的特殊规律"的正确性——在比较落后的国家夺取政权，充分发挥工农政权的政权优势和社会主义的制度优势，不断进行物质生产和精神文化建设，为社会主义文明"创造前提"（即物质基础和文

① 马克思，恩格斯. 马克思恩格斯全集：第22卷 [M]. 中共中央马克思恩格斯列宁斯大林著作编译局，译. 北京：人民出版社，1965：502-503.

② 列宁. 列宁选集：第4卷 [M]. 中共中央马克思恩格斯列宁斯大林著作编译局，译. 北京：人民出版社，2012：778.

化条件），从而走向社会主义，进而追赶他国。

列宁的"不发达国家建设社会主义文化的特殊规律"在某种意义上虽然避开了资本主义文化建设的弊端——资本主义的内生性矛盾，但是社会主义文化建设仍需要经济基础支撑——商品化和工业化则是必不可少的阶段，但是，因为社会跳跃性发展带来的文化问题则是社会主义建设时期比经济问题更为突出的问题，而文化滞后带来的问题更为深远。民众文化素质过低、人才缺乏和技术落后等问题导致俄国的现代化建设无法开展。列宁认为应对俄国传统文化和资本主义文化进行批判发展和创造性利用，并将其作为社会主义文化的一部分。那种为了捍卫所谓的"共产主义的纯洁性"而抛弃俄国全部传统文化和资本主义文化的观点，在列宁看来只是一种左派的"幼稚"举动和小资产阶级的空想，俄国传统文化是俄国社会发展的深层次精神根基，而资本主义文化成果也并非只是资本主义社会的专属品，而是人类社会发展进步的结果，充分吸收古往今来的文化安全思想，可以有效地维护社会主义文化安全。

### 3.1.2.4  列宁关于"意识形态工作的党性原则"思想

十月革命后，俄国社会文化领域还存在封建主义、小资产阶级残余思想，广大人民群众文化水平极低，对社会主义意识形态不了解，鼓吹纯洁的无产阶级文化派分子打击、排斥非无产阶级知识分子，俄国精神文化领域还存在一定的混乱现象，这些都对俄国的国家文化建设造成严重威胁。因此，列宁提出应该加强文化工作的意识形态性，对无产阶级文化派进行批判，同时对右倾思潮谨慎加强领导，揭示无产阶级文化的实质，坚持社会主义文化建设的政治方向和党性原则，时刻警惕资产阶级思想渗透和无产阶级队伍思想分化。"意识形态工作的党性原则"思想主要包括加强对新闻出版及电影媒体等文化事业的管理，加强党对文化领域和文化部门的思想领导和政治领导，加强党的文化领导权和话语权，这些措施都为加强俄国国家文化建设起到了积极作用。

首先，加强党对新闻出版及电影媒体等文化事业的管理。新闻出版及电影媒体是社会文化生活的重要组成部分，也是宣传无产阶级意识形态重要的思想文化阵地，同时对丰富人民精神文化生活具有重要作用，因此，列宁非常重视加强新闻出版和电影媒体等文化事业的党性原则。十月革命前，列宁就极其重视加强新闻媒体的党性原则，他曾指出"报纸是各个党组织的机关报"，写作者要深入各个党组织，出版机构以及图书营业机构等都要成为党的机构①。十月革命后列宁签署一系列法令，如《关于查封破坏国防的孟什维克报纸的决定案》，确保新闻报刊传播的正确性。电影作为当时的新兴事物，因其生动的表现力与感染力而在思想文化宣传中起着重要的作用。列宁非常重视对影片放映的制度化监督，严禁反革命的影片出现，他强调教育人民委员会要切实贯彻组织监督制度②。列宁还提出，加强党对文化领域各部门的思想领导，将党内优秀的干部派往各文化领域，加强对无产阶级的理论宣传灌输，建立各种形式的教育体系，创办各种宣传马克思主义的报纸、杂志，查禁各种色情及封建迷信刊物。

其次，加强党对文化领域的意识形态领导。在列宁的领导下，布尔什维克党对文化部门的领导充分考虑到了文化发展的特殊性和规律性。1921—1927年，布尔什维克党在处理每个文化问题时都经过了广泛的讨论，召开各种会议共商文化建设道路等问题，并且当时有各种杂志可以针对文化问题进行争论。20世纪20年代私营出版社发展迅速，出版了很多思想不健康的书籍以及杂志，在当时的情况下，列宁并没有利用行政手段关闭所有私营出版社，而是根据不同情况进行不同处理。20世纪初，沃隆斯基与"岗位派"之间因为文化的理论以及文化的党性问题发生分歧，双方在《红色处女地》上展开激烈争论，布尔什维克党并没有简单地依据行政手段进行干涉，而是在1925年5月、1925年2月、1926年6月进行三次会议讨论，听取多方意见，从而形成著名的1925年6月18日决议——《关于党在文学方面政策的决议》。这个决议总结了无产阶级文学的基本发展经验，同时批评了当时的各种错误思想倾向，制定了一系列正确的方针和政策，确立了党对文化工作的领导原则。这个决议虽然只是针对文艺创作而制定的，但是它却是党在思想文化领域总体的精神指导方针。它为苏联加强社会主义文化安全指明了方向，同时也是布哈林、卢那查尔斯等人在列宁去世后依然坚持对文化领域正确指导的重要依据。在教育领域，列宁也要求必须加强监管，他强调培养新的教育大军，保持与党的意识形态思想的紧密联系是极为重要的③。另外，列宁认为布尔什维克党必须提高

---

① 列宁. 列宁专题文集 [M]. 中共中央马克思恩格斯列宁斯大林著作编译局，译. 北京：人民出版社，2009：167.

② 韦定广. 后革命时代的文化主题：列宁文化思想研究 [M]. 北京：人民出版社，2011：383.

③ 列宁. 列宁选集：第4卷 [M]. 中共中央马克思恩格斯列宁斯大林著作编译局，译. 北京：人民出版社，2012：305.

自身的文化水平。布尔什维克党作为领导者必须是先进文化的代表者，这样才能对文化领域各项工作实施思想领导，激发文化工作者的积极性和创造性，否则就有可能从军事征服者变为文化被征服者，不仅将国家文化建设处于极度危险状态中，国家政权也会遭到颠覆。

## 3.2 西方学者关于国家文化建设的相关理论

在新的历史条件下，只有具有内在创造力与生命力的思想才能通过新的解释和阐释来修正和重塑自我，从而具有更高层次的内在一致性，这是人类精神文化演化机制的必然要求①。因此，凡是具有生命力，符合人类历史发展趋势的理论都不会因时间空间的限制而消逝，相反，会在新的历史条件下熠熠生辉。欧洲的资本主义还在继续繁荣发展，然而资本主义的繁荣却从侧面彰显了马克思主义理论的内在价值。西方经典作家提出了许多与国家文化建设相关的理论，主要包括葛兰西的文化领导权理论、法兰克福学派的大众文化意识形态批判理论。

### 3.2.1 葛兰西的文化领导权理论

葛兰西认识到资产阶级对价值观念和文化生活的重视导致资产阶级文化充分发挥了思想引导的作用。然而受"经济决定论"的影响，西方民众大多忽视对无产阶级意识的宣传，而葛兰西希望通过文化领导权理论来批判经济主义思潮，瓦解资本主义文化，使无产阶级取得思想上的统治权以争取更多的民众并最终夺取政权。葛兰西强调了意识形态的实践功能和物质载体。葛兰西认为第二国际一味强调经济基础的决定性作用而忽视意识形态的主观能动性作用的观点是错误的，他认为意识形态可以成为无产阶级战胜资产阶级的一个战斗领域。

葛兰西的"领导权"概念是从列宁的政治领导权发展而来的②，他认

① 葛兰西. 狱中札记. [M]. 曹雷雨, 姜丽, 张跣, 译. 北京: 中国社会科学出版社, 2000: 195.

② 麦克莱伦. 马克思以后的马克思主义 [M]. 李智, 译. 北京: 中国人民大学出版社, 2004: 201.

为维护社会统治包括暴力式统治和领导式统治，即"统治"和"智识与道德的领导权"。一个社会集团在赢得政权之前要行使"领导权"，在掌握政权之后要继续以往的"领导"①。他指出，在俄国"国家就是一切"②，因为是国家而不是市民社会在俄国占据重要地位，因此，无产阶级的中心工作是通过暴力斗争夺取政治领导权，建立新的无产阶级国家机器，取得革命胜利。葛兰西提出了文化领导权理论，并提出有机知识分子、阵地战等一系列概念来构建其理论体系。葛兰西认为只有先在市民社会的各个环节中解构资产阶级文化才能更好地掌握政治领导权。

葛兰西的文化领导权理论对于市民社会的分析、对于无产阶级知识分子政党理论和文化意识形态的重视和强调都为理解马克思主义无产阶级革命理论提供了新的视角，至今仍对世界社会主义运动和国家文化建设具有积极的意义。无产阶级革命的胜利不能仅仅满足于文化领域的胜利，文化和意识形态的斗争不可脱离经济基础，文化和意识形态只是构成社会现实整体的一部分，意识形态的矛盾源于利益冲突，因此，改造与社会主义文化不相符的意识形态斗争离不开经济领域和政治领域的斗争。新中国成立后，我国还存有大量的封建思想残余和资本主义意识形态，这与当时经济发展较为落后的现实密切相关，改革开放促进了经济发展，但是对于满足人民群众精神文化需求还存有一定差距。葛兰西的文化领导权理论揭示了文化领导权与政治领导权的关系，对推动中国国家文化建设具有积极意义。葛兰西的文化领导权理论揭示了知识分子在文化领导中的重要作用，文化领导权的实现要求将政党文化和意识形态渗透到社会大众中，促使社会成员对其文化和意识形态发自内心的、自愿的认同，达到吸引甚至重塑社会文化的目的，以此来巩固政党政治，维护国家文化和意识形态安全。

### 3.2.2　法兰克福学派的大众文化意识形态批判理论

法兰克福学派的代表人物众多，观点异彩纷呈，著作颇丰，但基本上都致力于对整个资本主义社会进行总体性社会学批判及精神文化批判。法兰克福学派对"文化工业"从艺术与哲学的双重角度加以否定，认为大众

---

① 葛兰西. 狱中札记 [M]. 曹雷雨，姜丽，张跣，译. 北京：中国社会科学出版社，2000：38.
② 同①：194.

文化以"工业化"的方式而被泛化、娱乐化，受制于特殊的机械化的商业力量推动，从而使文化作品失去艺术品原有的精神和特质，而资本主义社会正是通过对文化工业的操纵使大众文化意识形态化，通过控制文化传播渠道——大众媒体以及印刷业，进而操纵人们的生活方式及精神文化，甚至使大众丧失批判精神而成为单向思想的人。随着资本主义生产方式的全球化，"文化工业"所承载的价值文化理念也在控制世界人民的思想文化，从而达到资本主义文化霸权的目的。

法兰克福学派的大众文化意识形态批判理论主要包括两个方面。首先，深入批判发达资本主义社会中存在的人的异化以及物化现象。马克思所批判的资本主义生产劳动中存在的异化现象，随着工业社会的发展进一步深化和普遍化。异化现象不仅在传统生产领域内存在，而且扩散到了人类生活领域。异化现象存在于大众文化、生活消费、技术改进以及意识形态等领域，使民众生活于其中但批判性精神和超越性精神逐渐丧失，性格心理逐渐异化从而形成单向度的意识及物化人格。法兰克福学派对发达资本主义社会的意识形态化进行了全方位批判，深刻揭示了社会物化和人类异化现象背后的统治力量。其次，从不同角度构建各种具有人道主义特征的理想社会蓝图，即在发达资本主义工业条件下的革命战略，以此来反抗由资本主义意识形态化造成的异化和物化现象。法兰克福学派在批判的基础上对理想社会的构建体现了其对于马克思主义"人的自由和全面发展"这一问题的关注。同时，法兰克福学派还提出各种人道主义理想社会方案，比如马尔库塞的爱欲解放论。这些理论都在知识青年中引起广泛共鸣，甚至对法国 1968 年的"五月风暴"起到了引领作用，但最终这些具有人道主义色彩的改革方案并未成功转化成实践中的变革力量。法兰克福学派的意识形态批判没有揭示资本主义社会弊病的根源，只能得出前景黯淡的悲观结论①。

虽然意识形态批判理论存在诸多理想主义缺陷，但是它所提出的具有人道主义性质的改革方案也为人类超越现存的文化困境及文化精神生活，以及意识形态的进步作出了创造性贡献。法兰克福的批判精神并未因法兰克福学派的解体而消失。资本主义社会利用科学技术来转移人类的不满情

① 马尔库塞. 单向度的人：发达工业社会意识形态研究 [M]. 刘继，译. 上海：上海译文出版社，2006：5.

绪，阻挠人类自主选择不同的生活方式，科学技术已经蜕化为维护资本主义社会统治和稳定发展的意识形态功能。法兰克福学派对于人类共同面临的文化发展困境和矛盾都进行了有益的探索，而对异化问题的批判和对自由社会的关注体现了其对人类社会美好生活的向往，也为社会主义制度下实行市场经济时避免类似于"文化工业"之类的文化矛盾和文化困境提供了新的思路。

## 3.3 中国传统文化中与国家文化建设相关的思想

中国有着五千年源远流长的传统文化，中华优秀传统文化为人类文明作出了巨大贡献。中华优秀传统文化积淀着中华民族的精神追求，是中华民族的精神标志。《关于实施中华优秀传统文化传承发展工程的意见》指出，要传承弘扬中华民族在历史过程中形成的基本思想，如与时俱进、道法自然、实事求是、天人合一，并重点指出要大力弘扬讲仁爱、重民本、守诚信、崇正义、尚和合、求大同等核心思想理念。中华优秀传统文化是中华民族在特定的地理环境、政治结构、意识形态作用下形成的，至今仍影响着国民的心理性格。中华优秀传统文化在教化民众、强化文化建设上有积极意义。新中国的历任领导人都接受过浓厚的中华优秀传统文化教育，都重视对中华优秀传统文化的继承和弘扬，都强调批判继承中华优秀传统文化对国家文化建设具有重要意义。儒家思想的制度化和制度的儒家化对封建社会的超稳定结构具有积极维护作用，因此，探究儒家思想的制度化就是分析将某种意识文化确立为国家意识形态的过程，以及这种思想文化在被确立为国家意识形态后如何更好地维护社会稳定。制度的儒家化是指某种思想文化在制度化的过程中能更好地深入民心，对国民的社会心理发挥积极作用。因此，研究制度的儒家化和儒家的制度化并非推崇封建文化，而是要借鉴儒家思想在稳定社会、塑造国民社会心理性格的过程中发挥积极作用经验。

第一，儒家的制度化对封建社会政治统治的维护作用。儒家的制度化是一个持续不断的过程，包括多种形式，比如儒家文本的经典化，孔子的圣王化，儒家经典成为科举制度的考试核心以及实现儒生与封建社会权力相结合等。确立儒家文本为国家的意识形态是儒家制度化的关键步骤，从汉武帝时期的"罢黜百家，独尊儒术"开始，"置五经博士"，将《诗》《书》《礼》《易》《春秋》定为官方"经典"，儒家思想开始官方意识形态化。儒家经典官方化后具有了权威性和神圣性，而作为儒家创始人的孔子就上升为"圣人"，孔子被历代帝王不断加封"文宣王""至圣先师"等称号，孔子的后裔作为尊孔符号的标志也得到各种封赏，对孔子的纪念活动也不断由其弟子的自发性行为上升为国家典礼，孔庙也进入国家祭祀系统，儒家的神圣性和独尊性从形式上更加强化。从汉武帝时期形成的"举孝廉"制度到隋唐时期形成的完备的科举制度，儒家观念的权威解释通过科举的确立来传达，成为传达统治阶级意志的有效途径，同时也是儒家国家意识形态的最有效传播方式。科举制度确立后直接影响了教育制度，儒家由私学上升为官学，传播方式开始官方化。儒生也不断参与国家政治和社会事务，儒家观念也不断融入国家的组织和法律制度中。"儒学正在一步步地取得国家意识形态的地位。"① 儒家制度化存在与观念化存在相互依存，前者的实施强化了后者，而后者也为前者提供了基础。儒家思想制度化的过程是以政治权力为依托来强力压制其他思想，最终使其上升为王朝意识形态，在这个过程中，儒家凭借封建皇权获得意识形态话语霸权，而封建君主凭借儒家制度化来论证王权政治的合法性，儒家思想与王朝政治权力在制度化的过程中获得了逻辑上的统一②。任何一种社会思想都有制度化的内在需求，尤其是政治、道德等思想观念一旦与社会历史条件相契合，便转化为宪法、政治体制、教育制度等，制度的形成使思想观念具有强制约束力，也为政治权力的运转提供了组织保障。制度实施的时间、效率和自身所具有的合法性都可以转化为人们的自觉遵从和心理上的期待。因此，将一种思想学说确立为社会的意识形态，需要建立一套具有说服力的合法的社会秩序，因而将其制度化是必然的选择。正如格尔茨所说，宗教思想、美学思想等要产生强大的社会作用，要找到精神以及物质上的存在，就必须将这些思想制度化③。当统治者利用一套严密的思想意识逻辑

---

① 葛兆光. 中国思想史：七世纪前中国的知识、思想与信仰世界 [M]. 上海：复旦大学出版社，1998：387-388.

② 干春松. 制度化儒家及其解体 [M]. 北京：中国人民大学出版社，2012：3.

③ 格尔茨. 文化的解释 [M]. 韩莉，译. 上海：上海人民出版社，1999：359.

来论证自身统治的合理性和合法性，同时将统治阶级的利益说成是全体人民的利益时，这种制度化的意识形态就成为民众服从的愿望或者习惯。

第二，制度的儒家化对民众社会心理性格形成的作用。制度的儒家化是指依据儒家思想观念制定的礼乐制度、政治法律制度以及官员选拔制度等。儒家最初介入政治秩序是在汉代的礼仪制度的设计和制定上，叔孙通编定《汉礼器制度》和《傍章》，为汉代的礼乐制度奠定了基础。礼乐建制包括朝仪和宗庙礼乐以及与之配套的衣服之制。伏胜的《尚书大传》描绘了尧舜禹三代的礼乐制度，包括天子的巡猎制度以及诸侯朝见天子的制度，天子至大夫的辅佐制度，祭祀之礼，衣服之礼等，其实质是通过托古改制为汉代礼制提供意见。《礼记·王制》对爵制、禄制、宗庙制、祭祀制、丧葬制等当时基本的礼乐制度都做了明确的规定。《白虎通义》进一步使汉代的礼乐制度完备化。在儒家礼乐制度的形成过程中，封建王朝强调依礼而治的重要性，以礼仪为抓手建立"尊尊""亲亲"的"礼治"社会，同时将家族当成维系社会稳定的基本单位，并将这一儒家化的制度推广到国家天下。礼乐制度是制度儒家化的典型，具有制度上的承袭性和风俗习惯上的亲和力。皇权和等级观念在"礼仪"的外衣下成为自然而然的秩序，而这种秩序下的孝和忠则成为天经地义的核心道德。儒家观念不断融入中国传统社会各种制度，包括朝廷礼仪制度、宗庙祭祀制度、民间礼俗规约、婚丧嫁娶习俗等，这都是制度儒家化的表现。不仅如此，中国传统社会的法律制度也渗透着儒家思想观念，法律制度的儒家化是封建社会的正统法制的常态，汉代重大案件均依据《春秋》而定，匈奴的和亲案件，昭帝和武帝的假太子案，董仲舒的倡导等，都促成了儒家伦理的制度化与法律化，我们称为道德的法律化[①]。当然，法律制度的儒家化是一个不断发展的过程，正如瞿同祖所指出的那样，儒家以礼入法从汉代开始，后经曹魏制律儒家化法律应运而生，后历晋及北魏北齐儒家化法律体系越来越精密丰富[②]。儒家官员进入官僚系统后，也以儒家教化的方式来治理社会，以礼法教化民众，久而久之，在日常生活中形成了一套制度化的儒家观念，如祭祀、嫁娶等，在处理社会纠纷和矛盾上，儒家礼法观念也深入人心。家族礼仪制度和宗法观念在民众生活中起着极其重要的作用，通

---

① 梁治平. 寻求自然秩序中的和谐 [M]. 北京：中国政法大学出版社，1997：251-252.
② 瞿同祖. 中国法律之儒家化 [M]. 北京：中国政法大学出版社，1998：381.

过各种祭祀活动和礼仪活动，家族将民众的情感维系、安全归属感和思想观念牢牢掌控于手中，儒家思想内化到民众的社会心理性格中，对于广大乡村社会而言，封建王朝的儒家意识形态依靠乡绅来推动，乡绅在传播儒家伦理道德，改善乡村民风民俗，维持社会稳定方面起着重要的作用①。

---

① 干春松. 制度化儒家及其解体 [M]. 北京：中国人民大学出版社，2012：3.

# 4 国家文化建设的历史环境

历史环境是国家文化建设的出发点，在很大程度上影响着国家文化建设的整体走向，不同时期国家文化建设所处的历史环境影响着国家文化建设的发展轨迹，因此必须对不同阶段历史环境做全面的把握。只有对国家文化建设的历史基础、国际文化环境以及国内文化环境的变化进行具体的考察，才能科学合理地分析国家文化建设情况。历史基础是中国共产党进行国家文化建设首先要考虑的因素，封建思想残余在一定程度上仍然存在、世界范围内资本主义文化处于强势地位，以及对社会主义文化体系的不断探索，这些都是新中国成立以来我国开展国家文化建设所面临的历史基础。国际文化环境和国内文化环境是对国外文化建设环境和国内文化建设环境的摸底和把脉，只有清楚地了解国内外文化建设环境的发展演变，才能更好进行国家文化建设。

## 4.1 国家文化建设的历史基础

长期以来封建文化的影响使得封建思想残余渗透到民众心理层面，封建残余思想的相对独立性决定了其不会随着封建社会制度的消亡而自动彻底消亡。在当今的国际文化格局中，资本主义文化体系仍处于强势地位，而社会主义文化体系还处于不断探索的过程中。

### 4.1.1 封建思想残余在一定程度上仍然存在

鸦片战争从外界打破了我国封建社会的完整性，但并未完全消解封建主义在我国的统治地位。直至 1956 年，封建思想残余在中国仍然存在。毛泽东使用过"封建残余"这个概念①，邓小平在讲话中也曾说过"封建主义残余影响"②"封建主义遗毒"③ 等。封建社会作为总体性历史存在曾经适应了历史发展趋势，但其思想残余却成为社会主义社会的滞后因素。封建主义社会制度及其社会实践虽然已经消失，但是封建残余仍以思想的形式存在，虽然封建思想残余有死灰复燃或是沉渣泛起的可能性，但是它存在的土壤及其带来的消极影响会越来越小。

正如马克思所说，新生的共产主义社会在经济、道德及精神方面仍带有旧社会痕迹④，因此在新中国的现实生活中存在封建思想残余是不可避免的，这种传统观念和历史的惰性多多少少植根于人们的思想意识中并发挥着消极作用，渗透进社会生活的各个方面，延缓社会主义的发展进程。新中国成立后，清除封建残余的影响一直是我国国家文化建设的重要内容。毛泽东同志多次批判封建残余思想，但毛泽东的反封建思想零散见于与革命有关的论述中，尚未形成独立思想体系⑤。邓小平在许多讲话以及报告中也对封建思想残余进行了批判，对封建思想残余做了深刻全面明确的阐述。江泽民也多次在讲话中批判封建思想残余。胡锦涛也多次提到封建思想残余的危害性，对邪教和封建迷信提出批评。习近平总书记多次提到党员干部队伍还存在形式主义、享乐主义、官僚主义和奢靡之风等不良的封建思想残余。

新中国成立以来，在马克思主义思想的指导下，中国共产党多次进行社会主义教育运动，定期整党整风，对领导干部和基层民众进行先进性教育，取得了一定的成效，但是封建思想残余是极其不容易被清除的，它在一定条件下可能改头换面甚至通过现代化的包装再次沉渣泛起，迷惑毒害广大人民群众。在社会主义初级阶段，为什么封建思想残余会存在？原因

---

① 毛泽东曾使用过"封建余孽"和"封建余毒"概念。他在《湖南农民运动考察报告》(1927年) 中说："大劣绅、大土豪，枪毙一个，全县震动，于肃清封建余孽，极有效力。"参见毛泽东选集 (第1卷)，人民出版社，1991年，第26页。1940年1月，他在《新民主主义论》中说，学校、新学、西学"中间还夹杂了许多中国的封建余毒在内"。参见毛泽东选集 (第2卷)，人民出版社，1991年，第697页.

② 邓小平. 邓小平文选：第2卷 [M]. 北京：人民出版社，1994：298, 332, 335-338.

③ 邓小平. 邓小平文选：第1卷 [M]. 北京：人民出版社，1994：35.

④ 马克思，恩格斯. 马克思恩格斯选集：第3卷 [M]. 中共中央马克思恩格斯列宁斯大林著作编译局，译. 北京：人民出版社，1995：304.

⑤ 叶剑锋. 毛泽东反封建思想论纲 [J]. 武汉理工大学学报 (社会科学版)，2002 (2)：97-101.

是什么?

第一，封建社会的长期性。我们今天的社会主义社会脱胎于半殖民地半封建社会，虽然孙中山领导的旧民主主义革命对封建社会进行了冲击，但对封建主义意识形态并未进行全面、彻底的清理。中国的封建社会存续了两千多年，形成了一整套统治制度以及思想文化体系，并且封建统治制度与封建文化相互支撑，从政治、经济、文化以及社会生活方面渗透到民众中间，尤其经过儒家的制度化和制度的儒家化后，儒家意识形态完成政治上层构建以及底层文化实践的双重建设，从而沉淀为封建社会"国民性"的内容①。时至今日，儒家意识形态的思维方式、价值观念、情感习俗等都在"无意识"中发挥作用。当然，封建社会文化体系的一些糟粕思想至今仍在发挥消极作用，这些"无形"封建思想残余的长期存在与封建社会文化积淀的长期性有直接关系。

第二，封建思想的相对独立性。封建思想残余是一种社会意识，虽然封建社会制度和封建社会实践已经消亡，但是社会意识形态相对于封建制度具有自身的独立性，因此社会主义政权的建立并不能从思想意识上彻底清除封建思想残余的消极影响。只要封建主义存在的土壤没有被铲除，那么封建思想残余就会有自己的生存空间。中国的革命战争以广大农民为主力是由当时中国的特殊国情决定的。新中国成立后小农意识和封建思想观念没有得到彻底根除，因此在广大农村地区封建主义思想远比资本主义思想的影响更大。新中国成立初期，我国的生产力水平极为低下，现代工业未成体系，农民中文盲、半文盲比例比较高，大量的自然经济成分依然存在，这种落后的经济文化状况使封建主义残余有了存在的土壤②。在深化改革开放的今天，虽然封建思想残余的生存空间越来越小，但是民众中仍然有些人的思维还存在复古倾向，到处宣扬封建糟粕，鼓吹易经占卜算命。一些所谓的"现代新儒家"无原则地吹捧儒家文化的现代价值，甚至鼓吹用儒家思想取代马克思主义，正如方克立所说，主张儒学复兴的人是对马克思主义及社会主义意识形态主动进攻的表现③。这些封建思想残余的存在都是意识形态具有相对独立性的体现。

第三，清除封建思想残余的力度不够。在新民主主义革命时期，我党

---

① 干春松. 制度化儒家及其解体 [M]. 北京：中国人民大学出版社，2003：1-10.
② 罗韬. 封建残余难以肃清的原因初探 [J]. 广东党史，2000 (6)：39-41.
③ 方克立. 现代新儒学与中国现代化 [M]. 天津：天津人民出版社，1997：422.

的精力主要用于推翻帝国主义和封建反动统治，没有充足的时间对封建意识形态进行全面彻底的批判和清理。新中国成立后，经过土地改革和一系列废除封建习俗的社会主义教育运动，中国共产党虽然对封建思想残余进行了坚决地批判但并没有持续很长时间，而广大农村又是封建思想残余盘根错节的地方。毫无建设国家经验的中国共产党向苏联学习，苏联高度集中僵化保守的文化体制模式对中国影响深远。改革开放前的曲折道路在很大程度上是因为中国共产党忽略了封建思想残余的消极影响，在意识形态斗争上，我们把主要精力放在反对资产阶级思想上，对封建思想残余估计不足。邓小平曾指出，新民主主义革命推翻了封建社会制度和土地制度，而忽视了封建思想残余，现在我们要继续清除封建主义思想残余①。基于资本主义制度在世界范围内占据绝对优势地位的现实，长期以来，中国共产党都对西方资本主义国家的"和平演变"较为重视，在一定程度上忽视了封建思想残余的危害性。

封建思想残余对我国影响深远，这决定了完全彻底清除封建思想残余的艰巨性和长期性②。社会主义初级阶段的生产力不够发达的现实也在客观上决定了封建思想残余的长期存在，"我国的社会主义仍处在初级阶段，生产力不够发达的实际决定着封建主义残余存在的客观性……在一定意义上讲，我国的社会主义初级阶段是逐步消灭封建主义残余的历史阶段。"③而封建思想残余作为一种意识形态所具有的独立性也决定了完全彻底清除其影响的艰巨性。

### 4.1.2　世界范围内资本主义文化仍处于强势地位

要加强国家文化建设首先要对国际文化格局有清晰的认知和判断。在人类社会漫长的发展进程中，各种主客观原因的综合作用形成现今人类文化发展的不平衡性。在全球化背景下，不同文化间的相互交流和发展并不是平等协调的，认识到当今世界的强势文化和弱势文化以及它们之间的实力对比和发展趋势对于加强国家文化建设具有重要意义。

什么是强势文化？强势文化可以从两个角度来进行衡量，一是从文化学的角度看，与其他文化相比具有更广泛的影响力和吸引力，代表世界终

---

① 邓小平. 邓小平文选：第2卷 [M]. 北京：人民出版社，1994：335.
② 张岱年，程宜山. 中国文化与文化论争 [M]. 北京：中国人民大学出版社，2006：397.
③ 宋云峰. 如何认识社会主义制度下的封建主义现象 [J]. 文史哲，1999（6）：108-112.

极价值和意义的先进文化可被称为强势文化；二是从政治经济学的角度看，以强大的经济实力、军事实力和先进的科学技术为支撑，在政治上和经济上拥有绝对的优势地位的文化即为强势文化①。反之，则是弱势文化。人类文明发展的长波周期为一千年，在每一个周期里总会有强势文化作为人类文明的中心。从今天的人类文化格局发展状况来看，强势文化更多是指后一种意义上的文化态势，或者此种意义上的强势文化更多是从"文化的强势地位"出发来解读和判定。如果从国家文化建设的角度来考虑，即以国家为单位来划分文化，那么处于世界强势文化的国家是美国文化；如果以文化性质类型划分，则文化分为资本主义文化和社会主义文化两大类。从当前的世界格局来看，资本主义文化在世界范围内处于强势地位，这是中国共产党开展国家文化建设的历史前提，以此为前提才能准确研判国际文化格局的基本动向。

资本主义文化反映了资本主义属性，即"以资本主义私有制为基础、以个人主义为核心的资本主义民主和自由"②。在冷战期间，资本主义文化体系和社会主义文化体系是两大对峙性的文化体系，冷战结束后，这种对峙的格局虽然发生变化，但处于强势地位的资本主义文化与处于弱势地位的社会主义文化在文化交流互鉴过程中仍不可避免地存在摩擦与矛盾。首先，文化流向上的不平等和不对称。资本主义文化体系占据当今世界文化格局的核心地位，其凭借经济的压倒性优势地位而掌握全球文化的主导权和规则的制定权，以美国为首的资本主义发达国家几乎垄断了全球国际新闻的报道和流通，带有资本主义文化价值观念和意识形态的新闻报道涌向发展中国家，而发展中国家的新闻则很难出现在发达国家的新闻媒介中。国际传播格局中所呈现的严重不平等、不对称、单向文化信息流动现象非常明显，比如在美国与拉丁美洲的电视节目双向传送中，每1 000分钟的节目量中美国的节目占到了999分钟③，因此名义上是双向的节目传送，实质是单向信息流通。国际文化贸易格局也呈现不均衡状态④。其次，资本主义社会科学研究范式和英语使用占据主导地位。在社会科学领域，以美

---

① 刘海静. 论全球化背景下文化殖民主义的基本特征 [J]. 平顶山学院学报，2011（6）：1-6.

② 韩源. 国家文化建设论：全球化背景下的中国战略 [M]. 北京：社会科学文献出版社，2013：42.

③ 冯存万. 现代国际传播与国际关系 [J]. 世界经济与政治，1999（12）：40-44.

④ 张斌. 当前的国际文化贸易格局之研究 [J]. 学术论坛，2010（4）：77-83.

国为主的西方资本主义国家的理论体系实际上已经成为社会科学研究范式，并占据支配地位，这种状况在实质上反映了处于支配地位的核心国家与处于依附地位的边缘国家之间的不平等关系。学术研究领域的"以西方为尊"的观念不仅助长了西方中心主义现象的滋长，而且对构建中国哲学社会科学体系造成了严重威胁。在大数据时代，信息传播中的主要媒介语言为英语，英语的世界霸权地位也为文化信息的单向流动提供了语言媒介便利。语言承载着民族文化的遗传密码，而英语的强势地位是资本主义文化强势地位的体现。英语的强势地位不仅使人们看待世界多样性的方式变得单一化，并且对发展中国家的民族文化构成挑战。最后，美国文化霸权主义开始出现。文化交流互鉴的过程就是美国饮食文化、电影文化以及信息文化的全球化过程①。美国文化霸权主义不仅直接威胁发展中国家的国家文化建设，也对其他发达国家的国家文化建设造成了威胁。美国的文化产业战略是美国全球战略的重要组成部分，文化所具有的经济功能和文化功能重叠，使美国既可以通过文化市场获取巨大的经济效益同时又可以通过文化媒介传播美国的意识形态和价值观念。据统计，20 世纪 90 年代初期，在世界所生产的 4 000 部故事片中，好莱坞影片的数量不到 1/10，但是却占有全球票房的 70%②。美国电影成为宣传美国的民主自由形象的重要工具。

　　资本主义文化体系处于强势地位背后有深刻的资本逻辑与文化逻辑。全球化最初是以经济全球化的形式展开的，逐利性本质要求资本在全球范围内自由流通，寻找更大的市场，实现全球范围内的交流和融合。在经济全球化的过程中伴随着文化的全球化，但是在经济贸易发展中占据主导地位的西方发达资本主义国家在文化输出上也以先进文化自居，西方发达国家的资本在全球落户的过程中必然带有西方资本扩张的味道，这种情况下的文化交流也并非是平等的，资产阶级迫使一切民族采用资产阶级生产方式，推行资本主义文明③。文化自身的发展虽然具有相对独立性，但是经济发展对文化发展具有决定作用，因此，西方资本主义国家凭借经济对世界的控制权和优势地位取得了文化上的绝对优势地位。资本逻辑的形成离

　　①　薛晓源. 全球化与文化战略研究 [J]. 马克思主义与现实，2003 (4)：32-38.
　　②　尹鸿，萧志伟. 好莱坞的全球化策略与中国电影的发展 [J]. 当代电影，2001 (4)：36-49.
　　③　马克思，恩格斯. 马克思恩格斯选集：第 1 卷 [M]. 中共中央马克思恩格斯列宁斯大林著作编译局，译. 北京：人民出版社，1995：276.

不开文化观念的支撑，而文化观念的渗透为资本逻辑的巩固和发展奠定了基础。事实上，无论我们是否愿意，全球化都是一个通过经济强制走入文化"普遍性"想象的过程，这个过程总是以西方的文化秩序和思想观念作为价值基本点①。在资本追求利益最大化和市场扩张的逻辑支配下，消费主义的推动与消费文化的盛行互为补充。消费主义在全球的开展源于资本的逐利性，而消费文化的形成源于资本主义经济在全球的市场占领，经济利益和文化价值观念的渗透二者合一，西方发达国家不仅获了巨大的经济利益，而且在消费商品或服务的符号象征价值和文化理念。当然，资本主义文化体系处于强势地位的背后也存在其自身的文化逻辑——西方文化中心主义。资本主义文化在相当长的时间内作为世界最先进的文化引领全球文化的发展方向，在改变并摆脱落后的封建文化过程中发挥了重要的作用。西方文化中心主义者将生物进化律等同于人类文化进化律，文化人类学的发展也带有浓厚的西方中心论和文化种族主义的热点。资本主义国家依靠强大的经济、政治、军事、传播优势，有目的、有意识地向世界其他国家强行推销自己的文化价值理念，在不平等的国际文化旧秩序中，文化的传播和流向也是从发达国家流向发展中国家。在后冷战时代，美国在全世界扩展"市场民主国家的自由共同体"，在世界范围内推行自由主义大战略②。福山的《历史终结论》认为，资本主义民主是代表人类历史终结的民主，资本主义制度是人类历史的终结制度。美国著名学者约瑟夫·奈将文化扩张巧妙地包装为软实力理论。亨廷顿的《文明的冲突与世界秩序的重建》指出，不同文化的冲突是世界冲突的未来发展趋势，以文化划线，可以掩盖和淡化冲突背后的国家利益矛盾。西方国家甚至别有用心地宣称民主国家之间是不可能进行战争的，意图用所谓的资本主义民主制度统一世界。这种文化逻辑只会对文化弱势国家的国家文化建设造成威胁。

资本主义文化体系的强势地位使文化扩张在以西方为中心的驱使下将其他弱势文化体系日益边缘化，某些民族的文化特色甚至濒临消失。从目前世界上文化实力对比和发展趋势来看，在可以预见的将来，资本主义文化体系仍然是当今世界的强势文化，并且在若干年内资本主义文化仍然会保持着目前的单向、非对称传播趋势，世界文化战略态势依然是美国文化

---

① 王德胜. 经济全球化与弱势民族的文化困境 [J]. 思想战线, 2001 (1)：104-108.

② 王立新. 意识形态与美国的外交政策：以20世纪美国对华政策为个案研究 [M]. 北京：北京大学出版社, 2007：365.

霸权下的资本主义强势文化占主导地位。这种不平等的文化交流互鉴会稀释个别文化，甚至导致各民族文化混合成单一同类的全球文化①。马克思和恩格斯在《共产党宣言》中指出："新的工业的建立已经成为一切文明民族的生命攸关的问题，各民族的精神产品成为公共财产，民族文学和地方文学也成为一种世界文学。"② 虽然马克思和恩格斯曾指出世界文学出现的可能性，但是否最终会形成一种世界性的文化呢？虽然资本主义文化体系占据强势地位，但是无可争辩的事实是随着世界多个经济体的崛起，世界文化的交流呈现出多元文化并存的局面。美国文化霸权下的多元文化并存是当今世界文化格局的基本态势。文化理论家平野健一郎提出文化涵化理论，即经济全球化趋势下文化的接触越频繁，文化就会越趋于多样性，资本主义文化在全球范围内的传播也从反面促进了不同民族的文化自觉。文化建设的实质是文化利益冲突，而并非不同文化之间的冲突。历史上同属基督教文明的西欧国家为了争夺殖民地而打得不可开交，现今属于资本主义文化体系的美国和属于社会主义文化体系的中国也可以进行文化之间的交流与合作。因此，正确地看待和认识资本主义文化的强势地位有利于我们更好地评估国家文化建设形势以及战略走向，从而更好地加强国家文化建设。

### 4.1.3 社会主义文化体系处于不断探索完善阶段

社会主义文化体系处于一个不断探索完善的历史阶段，因此社会主义文化是一个随着历史发展与时俱进的文化状态。社会主义文化是以公有制为基础，以马克思主义理论为指导，代表最广大人民的根本利益的文化。社会主义文化的价值取向是社会公平和人的自由而全面发展。因而"社会主义文化体系是以马克思主义理论为指导思想，强调人民民主和社会公平，以推进个人的自由全面发展为价值目标的文化体系。"③

中国特色社会主义文化是社会主义文化体系的重要组成部分。社会主义文化体系是一个不断探索的动态的历史过程，而不是某种静态的文化历

---

① 拉兹洛. 多种文化的星球：联合国教科文组织国际专家小组的报告. [M]. 戴侃, 译. 北京：社会科学文献出版社, 2001：3.

② 马克思, 恩格斯. 马克思恩格斯选集：第 1 卷 [M]. 中共中央马克思恩格斯列宁斯大林著作编译局, 译. 北京：人民出版社, 1995：276.

③ 韩源. 国家文化建设论：全球化背景下的中国战略 [M]. 北京：社会科学文献出版社, 2013：41.

史状态，是在不断批判和继承资本主义文化，并伴随社会主义运动的不断发展而逐渐完善的。马克思、恩格斯创立的科学社会主义学说，重点对自由竞争时期的资本主义社会进行批判；列宁主义重点对帝国主义的侵略性和腐朽性进行批判；法兰克福学派和一些西方马克思主义流派主要对后现代资本主义进行批判。社会主义文化就是在对资本主义文化观念和价值体系的不断批判中重构的，针对资本主义社会的种种文化矛盾，社会主义不断给出新的解答，社会主义文化体系也在这种批判反思中不断清晰，不断丰富。中国特色社会主义文化体系也是一个不断探索发展的历史过程。纵观新中国成立以来 70 多年的社会主义文化发展历程，可以得知中国共产党对社会主义文化体系的丰富和发展过程。社会主义文化体系强调的是人民利益和社会公平，以个人自由全面发展作为根本目的。

当然，建设社会主义文化体系作为一个长期的历史探索过程，需要与时俱进地与资本主义文化体系进行交流沟通。资本主义文化体系与社会主义文化体系之间的交流、借鉴以及融合对于文化自身发展而言是非常有必要的。社会主义文化要保持其先进性，除了依靠文化的积累和自我进步外，还需要不断吸收借鉴资本主义文化体系中的先进成分及合理因素，而不能自我封闭、孤立发展。资本主义文化有其自身无法克服的缺陷，如极端个人主义、消费主义以及拜金主义和文化价值等，但其所具有的创新观念、自由法治理念以及先进的物质文明也是社会主义文化应该学习的地方。因此，社会主义文化与资本主义文化在交流的过程中需要秉持开放、健康的心态，不因其所具有的缺陷而全盘否定其所具有的先进，也不因其物质生活的丰富和进步而对其文化形态全盘接受。社会主义文化与资本主义文化在相互交流借鉴过程中，不可避免地存在文化的渗透和扩张，而在现今文化交流互鉴的过程中，资本主义文化处于强势地位，因此，文化信息流向呈现不对等文化扩张渗透。社会主义文化作为先进文化代表了世界文化的发展方向，中国特色社会主义文化是当代中国的先进文化，从马克思列宁主义到毛泽东思想，到"三个代表"重要思想，科学发展观，再到习近平新时代中国特色社会主义思想，这一系列科学的理论体系为中国特色社会主义文化建设提供了思想指导和理论指南。

## 4.2　国家文化建设的国际环境

从新中国成立到冷战结束这一时期的国际环境主要是资本主义文化与社会主义文化的冲突对峙状态逐渐缓和，冷战结束后至今的国际环境主要是美国文化霸权主导下的多元文化共存发展。冷战是 20 世纪世界上最大的文化事件。以冷战为界划分国际环境是基于列宁的分界线理论，列宁指出"这里的分界线也同自然界和社会中所有的分界线一样，是有条件的、可变的、相对的，而不是绝对的。"[①]

### 4.2.1　新中国成立至冷战结束：资本主义文化与社会主义文化的冲突、对峙在形式上逐渐缓和

二战结束后，亚洲、非洲和拉丁美洲的民族独立运动蓬勃发展，社会主义国家力量显著增长。美苏两大国作为资本主义文化与社会主义文化的代表国家，意图争夺世界的文化领导权。因此，以美国为首的资本主义国家和以苏联为首的社会主义国家因为意识形态和社会制度不同，形成尖锐对峙的格局，美苏两国为了争夺世界领导权而进行超级大国之间的对峙。同几个世纪以来大国之间的竞争不同，美苏之间的利益冲突带有非常浓烈的意识形态色彩，意识形态的对抗导致美苏两国展开了长达40多年的竞争，更是两国在政治经济军事各方面对抗的动因。因此，这场长达40多年的冷战是也是一场文化冷战，是一场资本主义文化与社会主义文化冲突、对峙的文化冷战。中国为了维护国家文化利益和意识形态安全选择了"一边倒"的外交战略，因为面对已经成型的文化冷战，中国没有中立的可能[②]。因而中国被动地参与到与资本主义国家与社会主义国家的"文化冷战"中。美国在世界不同地区采取了分化瓦解社会主义阵营的"楔子战略"，取得了一定的战略效果，苏联自身因为一系列国内外矛盾而与美国之间实行了文化上的缓和。后来，戈尔巴乔夫主动放弃意识形态阵地，从

---

① 列宁. 列宁全集：第 26 卷 [M]. 中共中央马克思恩格斯列宁斯大林著作编译局，译. 北京：人民出版社，1988：144.

② 李侃如. 治理中国：从革命到改革 [M]. 胡国成，赵梅，译. 北京：中国社会科学出版社，2010：98.

而导致了苏联解体，文化冷战结束。中国的改革开放使中美之间的文化冲突实现了较大程度的缓和。至此，苏联、中国等社会主义大国与美国等资本主义大国之间的冲突、对峙在形式上结束。因此，冷战的开始标志着资本主义文化和社会主义文化之间冲突、对峙的开始，而冷战结束也标志着资本主义文化与社会主义文化的冲突、对峙在形式上的缓和。资本主义文化与社会主义文化的冲突对峙从尖锐转向缓和，主要体现在三个方面：一是美苏两个大国之间因战略调整需要而出现文化冲突的缓和；二是美国的楔子战略对东欧国家奏效而实现双方意识形态和文化斗争上的缓和；三是中美之间出现文化斗争上的缓和。

首先，美苏之间从文化冲突、对峙走向缓和。自1953年斯大林去世后，苏联和美国之间出现了缓和的迹象，比较明显的例子是苏联促使朝鲜停战。苏美之间真正由对抗走向对话是在1955年，原因是双方都对世界力量的对比进行了重新评估，尤其是双方对于核战争的恐惧和畏惧，导致双方放弃了战争不可避免论。虽然苏美基于各种主客观原因，使资本主义文化与社会主义文化从对峙走向缓和，但是并不代表双方都接受和认同对方的文化，双方将这种文化对峙转换为另外一种缓和性的冲突方式。双方在文化及意识形态方面尖锐对峙的同时也在寻求缓和。20世纪70年代，国际局势处于苏攻美守的战略态势，苏联大肆进行侵略活动，援越侵柬，入侵阿富汗，大规模的战略攻势使苏联在国际上处于孤立态势，而高强度的军备竞赛也极大地妨碍了苏联的社会和经济建设[1]。20世纪80年代，东欧各国先后出现大动荡。里根执政后，美国以"自由民主"对抗"邪恶帝国"为口号，加紧对东欧国家进行文化渗透。文化渗透离间了苏东关系，推动了东欧民众对自由民主的追求，为20世纪80年代末东欧剧变奠定了舆论准备[2]。戈尔巴乔夫执政后不久，苏联调整对外战略，主张人类利益而废弃国家利益，这种思维方式与20世纪初威尔逊的思想惊人相似。戈尔巴乔夫从国际关系意识形态化的一个极端走向了国际关系理想化的另一个极端，完全排除了资本主义文化与社会主义文化在意识形态和社会制度方面的差异，甚至把改革的希望寄托在一个与苏联长期处于意识形态对峙的

---

　① 陈小沁. 邓小平外交思想与中苏关系正常化 [J]. 东欧中亚研究, 1999（5）：13-21.
　② 白建才. 美国的冷战战略在苏东剧变、冷战结束中的作用 [J]. 湛江师范学院学报, 2010（5）：73-79.

资本主义大国身上，最终导致了苏联解体①。总体来讲，西方学者认为冷战期间的美苏关系如同从冲突到缓和的光谱，完全的冲突和缓和都不是双方的期望，它们的行动目标总是在缓和与有限冲突之间移动②。美苏关系总是在光谱的两极之间移动，双方不会放弃文化差异以及意识形态的对峙，但也不会让矛盾激化为战争。苏联和美国之间的文化对峙保持在斗而不破的范围内。

其次，美国在东欧国家实行"和平演变"战略，客观上促使美国与东欧国家的文化从冲突走向缓和。作为战略缓冲区和战略防御区，东欧国家是苏联在欧洲地区维持与美国战略均势的重要地区，被苏联当作世界社会主义运动的典范，也是苏联社会主义意识形态和政治制度合法化的源泉地区。但美国把苏联与东欧的关系看得十分清楚，社会主义阵营内部并非"铁板一块"，而是存在诸多矛盾，美国在冷战期间利用苏东之间的民族矛盾来分化瓦解苏联与东欧国家的关系。看似平等团结的社会主义阵营实质是以苏联占有绝对政治优势为前提的，东欧国家的国家利益要服从社会主义阵营的集体利益和国际共产主义目标。因此，自由欧洲电台一直遵照美国国家安全委员会和国务院的政策指导精神，鼓励东欧国家展开"自由体制的、和平的、演变式的变革"③。美国在波匈事件后真正开始制定针对东欧社会主义国家的"和平演变政策"（不包括南斯拉夫，因为南斯拉夫不受苏联控制，在1958年上半年，美国就制定了专门针对南斯拉夫的政策文件，目的是要南斯拉夫继续保持独立并向西方靠拢）④，目的是使东欧国家实现和平演变，促使东欧国家政权发生剧变。此后，美国又将和平演变政策逐步扩展到苏联和其他社会主义国家。美国在东欧国家广泛开展宣传战、心理战，对于传播西方自由民主的价值理念起到了一定的作用⑤。随着美国意识形态战略的推进，美国意识到对东欧国家还应更多进行文化渗

---

① 左凤荣. 知名的错误：苏联对外战略的演变和影响［M］. 北京：世界知识出版社，2001：267.

② 许加梅. 评析冷战时期美国、苏联和东欧国家三角关系［J］. 俄罗斯中亚东欧研究，2009（5）：73.

③ 许加梅. 论20世纪50年代美国"和平演变"政策的产生［J］. 东北师大学报（哲学社会科学版），2008（3）：87-90.

④ 许加梅. 论20世纪50年代美国"和平演变"政策的产生［J］. 东北师大学报（哲学社会科学版），2008（3）：87-90.

⑤ 凌胜利. 分而制胜：冷战时期美国楔子战略研究［M］. 北京：世界知识出版社，2015：231.

透。东欧国家一直都是美国文化渗透的重点对象，美国不仅通过文化外交对东欧国家进行文化渗透，还针对东欧国家的人民进行文化渗透。比如，美国的各种电视专题片、展览会、博览会等都受到波兰人民的欢迎，使波兰人民在不知不觉中接受了美国的自由民主价值观念①。美国政府将各种文化交流活动交给由中央情报局和美国新闻署牵头的一些官方半官方机构负责，除此之外，各种基金会以及外围组织也积极参加各种文化渗透活动，英国学者弗朗西斯·斯托纳·桑德斯将这些文化机构和基金会称为美国文化冷战的"联合部队"②。美国不断加大针对东欧国家的文化渗透力度，同时积极建构文化渗透的制度框架。在冷战缓和期间，美国仍然在扩大文化交流的定期化、制度化，以此来加强美国的文化渗透③。文化交流和意识形态渗透在东欧国家起到了不错的效果，离间了苏东关系，从整体上瓦解了社会主义阵营，长期的意识形态和价值观念渗透最终导致了东欧剧变。

最后，中美之间的文化冲突在形式上的缓和。冷战初期，美国社会中普遍存在反共主义意识形态，从政府到民间都对共产主义采取敌视的态度，如在美国盛行的麦卡锡主义。美国认为共产主义是与自由民主相对立的一种信仰，共产主义的存在必然会危及美国的意识形态和文化观念，并且共产主义鼓动全世界人民进行革命并最终取代资本主义制度。因此，美国朝野弥漫的这种具有广泛意义的反共思潮并不仅仅是一种信仰和思想上的"共识"，而是已经形成了体制④。美国在实施遏制中国战略的同时也对中国进行意识形态和政治价值的输出，在反对共产主义意识形态、反对新中国和中国共产党的同时以输出自由民主价值观的方式来执行其冷战遏制战略。苏共二十大后，中苏意识形态论战使中苏两党产生裂痕，这场论战的实质是对国家文化主权和文化利益的维护⑤。作为 20 世纪 60 年代重要的政治文化事件，中苏意识形态论战导致中苏两党关系破裂，中国的外交

① 杨友孙. 美国文化外交及其在波兰的运用 [J]. 世界历史, 2006 (4): 51-59.

② 桑德斯. 文化冷战与中央情报局 [M]. 曹大鹏, 译. 北京: 国际文化出版公司, 2002: 142-161.

③ 凌胜利. 分而制胜: 冷战时期美国楔子战略研究 [M]. 北京: 世界知识出版社, 2015: 234.

④ 王立新. 意识形态与美国外交政策: 以 20 世纪美国对华政策为个案研究 [M]. 北京: 北京大学出版社, 2007: 332-334.

⑤ 胡惠林. 论 20 世纪中国国家文化建设问题的形成与演变 [J]. 社会科学, 2006 (11): 5-18.

战略也从"一边倒"转向"联美制苏"。面对 20 世纪 80 年代苏联在世界范围内的大肆扩张，中美两国在社会制度及意识形态斗争方面采取了忽略甚至是淡化的态度，暂时放下意识形态的分歧，携手对抗共同的威胁——苏联。1979 年中美正式建交后，邓小平开始对美国进行历史性的访问，这次具有全球地缘政治意义的首脑会谈突破了社会制度差异的界限，在外界看来双方暂时没有了文化的冲突与斗争。党的十一届三中全会后，中国开启改革开放的进程，中美建交使得双方在文化、教育等方面的交流增加。中美文化冲突在形式上的缓和也迫使苏联调整与中国的关系，苏联在 20 世纪 80 年代初向中国发出了改善双方关系的重要信号，中美、中苏关系同时得到了改善。邓小平对国际文化格局以及国际形势的新情况、新特点形成了自己的战略判断，因而中国实行独立自主的不结盟外交政策，谁搞霸权就反对谁[1]。自改革开放至冷战结束，在中美苏大三角的战略博弈下，中美之间的文化分歧和意识形态斗争在形式上趋向缓和，但在这种缓和是暂时的、策略性的，双方之间暗存的文化斗争随着国际文化格局的变动，增加了隐蔽性、复杂性等新特点。

因此，在文化冷战期间，资本主义文化与社会主义文化在形式上从冲突、对峙走向缓和。苏美双方作为社会主义文化与资本主义文化冲突、对峙的领头者，在这一时期由于服从国际大战略的博弈而出现文化上的策略性缓和，而中美文化对峙形式上的缓和，从理论及实践上都服从中美苏大三角的战略博弈以及中国对外战略的调整。总体来讲，从新中国成立至冷战结束，资本主义文化和社会主义文化之间的状态从形式上的冲突、对峙逐渐走向缓和。

### 4.2.2 冷战结束至今：美国文化霸权主导下的多元文化共存发展

1950 年，美国中央情报局策划的"自由文化大会"在柏林成立，标志着美苏之间文化冷战序幕的拉开[2]，苏联解体仅仅是作为"文化冷战"形式上的结束，以美国为首的资本主义国家与社会主义国家的文化斗争至今仍未停止。正如历史学家汤因比所说："敌对状态的结束，远不是故事的

---

① 邓小平. 邓小平文选：第 3 卷 [M]. 北京：人民出版社，1993：128.
② 凌胜利. 分而制胜：冷战时期美国楔子战略研究 [M]. 北京：世界知识出版社，2015：233.

终结。"① 冷战结束后美国在世界范围内推动的自由民主大战略、颜色革命、文化扩张都是文化领域和平演变的继续。美国文化霸权战略引起了世界范围内其他国家的反感和抵抗，各国纷纷出台保护本国文化建设的政策和措施，由此引发了国际文化格局的变化，美国的文化霸权受到了世界多元文化主义的抵制。因此，冷战后至今的国际环境整体表现为美国文化霸权主导下的多元文化共存发展。

首先，美国在全世界范围内推行自由民主大战略。不期而来的冷战胜利大大增加了美国人的自信心，与美国在政治体制、宗教信仰和文化观念上不同的国家，美国都要以自身的自由、民主和人权标准来对其进行塑造。20世纪90年代苏联的解体强化了美国社会对美国式自由民主制度的集体认同，文化冷战取得胜利的一个重要原因是美国宗教化的文化观念所带来的国家意志，但是冷战的胜利也掩盖了美国在这种战略思维上的根本性缺陷，强化了美国人对自己所持有的价值感具有的信念。因此，冷战结束并不代表美国的战略思维发生改变。苏联解体后，美国人消除异己的逻辑没有发生根本的改变②。美国出台"大中东民主计划"，采用政治、经济、军事等手段来强行推翻"被塑造"国家的政权，扶植亲美政府，推广美国的文化价值观念和政治体制。比如，美国在2003年发动伊拉克战争并扶植另一个亲美的伊拉克政权，对伊拉克进行民主制度输出、改造，并向其民众进行文化渗透，引导其接受美国的文化价值观念，但是美国的做法引发了当地民众的抵抗，当地暴力恐怖袭击事件频发③。美国治下的和平对于整个世界来说已经变成了美国强权下的瘟疫。在历经阿富汗战争和伊拉克战争后，美国认识到使用军事手段推广民主制度的代价太大，因此改变策略，通过非政府组织在世界各地进行颠覆渗透，宣传自由民主制度，进行长时间的文化渗透和舆论宣传，建立亲美政权，这种被称为颜色革命的政变自2003年起在格鲁吉亚、乌克兰、吉尔吉斯斯坦三个国家连续发生④。美国发动的科索沃战争颠覆了南斯拉夫米洛舍维奇政权，颜色革命使中亚地区的国家亲美疏俄。俄罗斯也积极推行对西方一边倒的外交战

① 汤因比. 文明经受着考验 [M]. 沈辉，等译. 杭州：浙江人民出版社，1988：110.
② 周建明. 美国国家安全战略的基本逻辑：遏制战略解析 [M]. 北京：社会科学文献出版社，2009：80.
③ 程工. 世界主要国家文化建设政策研究 [M]. 北京：社会科学文献出版社，2014：37.
④ 程工. 世界主要国家文化建设政策研究 [M]. 北京：社会科学文献出版社，2014：38.

略，在政治、经济、文化上全面融入西方①，民主观念在欧亚大陆大举扩散，美国在中东地区大肆推行"大中东民主计划"，在其后院拉美地区阻止了左翼运动的兴起，一时间似乎资本主义在全球范围内取得了胜利，美国学者弗拉西斯·福山更是高呼"历史的终结"，称西方自由民主制度是人类社会制度的最终形式。

其次，人权问题成为美国干涉他国，推行文化霸权的重要手段。人权问题是美国对付社会主义国家常用的"武器"。美国要求世界各国接受和认同美国的意识形态和文化价值观念，社会主义国家则首当其冲成为美国意识形态"伐异"的目标。美国要求世界各国遵从美国制定的国际秩序，而日益强大的中国奉行独立自主的外交政策，形成对美国的潜在威胁和挑战②，因此，美国经常向社会主义国家尤其是中国挥舞"人权"大棒，高喊人权高于主权。但是美国自己在人权问题却遵循双重标准，一方面以人权为借口扭曲丑化中国国家形象，另一方面却对美国社会存在的严重践踏人权的现实视而不见，这暴露出美国伪人权、伪自由的嘴脸。新保守主义教父欧文·克里斯托尔指出，美国人权具有多重标准③。人权已经成为美国干涉他国内政，推行文化霸权主义的重要手段。由此可知，所谓的民主自由人权等口号，不过是美国进行文化霸权的遮羞布，这种颐指气使地干涉他国内政的做法已经激起世界范围内的反美情绪。

最后，美国利用大规模文化产品出口进行文化渗透。虽然文化冲突已经不是冷战后的国际文化建设的主要威胁，但是文化冷战的胜利使美国意识到文化的重要作用，因此美国国家安全战略的每一次调整其实都是它的国家文化建设战略的调整，都是为了实现其在全球的文化利益，美国的文化政策就是它的对外政策④。因此，后冷战时代是文化价值观念争夺的时代，是文化软实力较量的时代，大规模的文化产品出口和利用学术交流等方式进行文化渗透是美国保持其全球文化霸权的重要手段。

美国主导的不平等的国际文化贸易和国际文化传播秩序为美国大众文化出口奠定了基础。美国利用先进科学技术打造的美国式传媒帝国为美国

① 冯绍雷. 20 世纪的俄罗斯 [M]. 北京：生活·读书·新知三联书店，2007：198-216.
② 张睿壮. 布什对华政策中的"蓝军"阴影 [J]. 美国研究，2002 (1)：40-56.
③ 哈斯. 规制主义：冷战后的美国全球新战略 [M]. 陈瑶瑶，荣凌，译. 北京：新华出版社，1999：68.
④ 王晓德. 美国文化与外交 [M]. 北京：世界知识出版社，2000：13.

电影、电视以及流行音乐的传播创造了条件，美国的电影、电视节目数量占到世界电影、电视节目市场总数量的 3/4，美国的通俗音乐也在全球居于主导地位。2008 年，美国电影在国外票房高达 170 亿美元，而在国内却只有 96 亿美元①。美国文化产品的出口额已经超过传统的工业品和农产品的出口额，成为美国最大的出口种类。文化产品兼具商业价值和意识形态属性，因此文化产品裹挟着美国的文化价值观。美国电脑游戏"红色警戒"中所包含的对于红色政权的丑化、歪曲以及对美国的"正义形象"的塑造，都是对游戏操作者潜移默化的美国意识形态渗透②。电影、电视剧以及流行音乐，甚至是各种游戏娱乐活动所包含的美国的生活方式、价值理念以及思维方式都在潜移默化地影响着他国人民，导致他们对本民族的文化和价值观念产生怀疑和动摇。正如迪士尼前总裁迈克尔·埃斯纳所指出的，柏林墙不是被武器的力量所摧毁，摧毁它的是西方思想的力量，而这些思想来自美国的娱乐业，这些理念就藏在斯皮尔伯格的电影中，电影、电视节目以及唱片内在的实质就是个人自由感，以及那种只有自由才能带来的生活③。美国的生活方式、思维习惯和意识形态价值观念通过大众文化被世界其他国家所认同、接受甚至是模仿，美国意识形态成为全球的"样板"，通过大众文化传播建立的强大软实力进一步加强了美国的文化霸权。同时，美国利用全球化时代人员交流的频繁性强化对其他国家的意识形态渗透。大批留美学生回国后将美国的思维方式、价值观念以及政治文化理念带入各行各业，从而培养出一批在国外亲美的精英阶层。

美国在全世界范围内传播美国式的文化价值观念，按照美国的价值观和民主制度模式改造其他国家，这种文化霸权的思维模式源于美国文化传统中蕴含的"天赋使命观"和世俗观念中的"种族优越论"，美国人头脑中的这种观念为美国的文化霸权提供了合法的外衣和合理的道德解释④。美国人相信美国背负着向世界传播自由民主的责任，所以向它认为落后的国家和地区传播先进的文明是他们的义务，历届美国政府都在这种价值信念的基础上论证其扩张政策的正当性和合理性，美国领导人坚信实施这一

---

① 嘉戴尔斯，麦德沃. 全球媒体时代的软实力之争 [M] 何明智，译. 北京：中信出版社，2010：12.

② 韩源. 从电脑游戏"红色警戒"看美国的文化渗透 [J]. 思想理论教育导刊，2004（7）：41-43.

③ 同①：55.

④ 王晓德. 美国"使命观"的历史和文化起源 [J]. 史学集刊，1998（2）：41-45.

政策既可以服务美国的自身利益也可以服务美国人的理想。美国的文化霸权在全球范围的施行源自其称霸世界的野心和独特的民族认同。美国的领导人充分利用这种特性，妄图将霸权主义的国内合法性推广至全世界，因此美国执着、坚定地向世界推广其意识形态和价值观念，试图将美国的意识形态和民主价值观念在全球范围内推行。美国对外输出其意识形态价值观念是美国全球文化霸权的遮羞布，它所追求的是世界范围内的意识形态霸权。

美国在全球范围内推行的文化扩张政策一方面有效地维护了美国在全球的文化霸权地位，另一方面也引起了包括其他发达国家在内的全球大多数国家反抗和抵制。美国在中东推行的美国式民主遭到当地国家的强烈反弹，在阿富汗和伊拉克针对美军的恐怖袭击时有发生。民意调查显示，美国的吸引力在 19 个国家中大大下降，亲美变得越来越不受欢迎。美国在世界范围内推广民主自由战略遭到了其他国家的反感和抵抗，美国皮尤研究中心一项令人信服的调查指出，在被美国视为同盟国的土耳其只有 9% 的人对美国持肯定观点，对美国持赞成态度的德国人占全部德国人的比例在 2002—2007 年从 60% 下降到 30%①。美国在世界范围内推行的自由民主大战略已经严重影响了美国的国际形象，降低了世界人民对美国的好感。在美国推行颜色革命的国家中，人民生活状况每况愈下，物价飞涨，不稳定因素积聚，社会动乱频发。有些国家为了维护本国的国家文化建设，出台了一系列政策措施，有些国家甚至以文化立法的形式来保障各种国家文化建设措施的推进和实施，比如日本、加拿大、法国等国都在维护国家文化建设方面采取诸多措施。多元文化的发展在一定程度上冲击了美国的文化霸权，但是并未改变美国的对外文化扩张战略，无论国际文化格局如何变化，国家实力始终是国际文化格局变动的最关键因素。在东西矛盾、南北矛盾依然存在的情况下，不同国家之间的矛盾开始浮出水面并逐渐引发了全球的文化格局重组。冷战后至今的国际文化格局仍然是在美国文化霸权主导下的多元文化发展。

---

① 嘉戴尔斯，麦德沃. 全球媒体时代的软实力之争［M］. 何明智，译. 北京：中信出版社，2010：10.

## 4.3 国家文化建设的国内环境

对新中国成立至今的国内文化环境是研判国家文化生存与发展程度的重要标准，本书并非将国家文化建设的系统框架因素都拿来进行一一说明，而是整体分析与国家文化建设相关的国内文化环境。新中国成立至今，中国国内的文化环境变迁主要分为五个阶段，第一阶段是从新中国成立到党的十一届三中全会，这一阶段多元文化思潮并存，既存在封建思想残余，也有资产阶级意识形态，当然占主导地位的是马克思主义意识形态。第二阶段是从党的十一届三中全会到党的十四大，这一阶段中国从封闭走向开放，西方各种社会科学思想被引入中国。第三阶段是从党的十四大到党的十六大，这一阶段社会主义市场经济体制初步建立，经济转轨对传统文化价值观念造成冲击，市场经济催生的经商热潮再一次引起国人精神信仰的变化。第四阶段是从党的十六大到党的十八大，这一阶段市场经济的进一步发展催生了多元文化价值观念。互联网的发展改变了人们传统的单一封闭式选择模式，传统文化价值被解构，可替代的新型文化价值观念没有完全建构。第五阶段是从党的十八大至今，这一阶段经济全球化与文化交流互鉴并行发展，传统安全威胁因素和非传统安全威胁因素的叠加，进一步增加了开展国家文化建设的难度。自媒体时代更加凸显了国家文化建设的重要性，每个人都是信息的发布者同时也是信息的接收者，各种思想文化以及价值观念的传播成为时代的常态，各种错误的、虚假的、碎片化的信息混淆视听。

### 4.3.1 新中国成立至党的十一届三中全会：多元文化思潮并存

新中国成立是中国共产党开启国家文化建设的标志性事件。在赋予新生政权政治合法性的同时，中国共产党还要从深层思想文化方面建立起以意识形态为核心的国家文化建设模式，帝国主义、封建主义等多种非马克思主义思想文化的存在，使得维护新生国家政权的国家文化建设变得极为困难，多元文化思潮并存的国内文化环境对中国共产党进行国家文化建设造成了严重威胁。

新中国成立后，封建残余思想并没有被完全根除，旧社会的痼疾仍然存在，娼、赌、毒等现象也并未因为新中国的成立而自动消失，扫除封建社会畸形道德、社会习俗以及萎靡社会风气成为当时的首要任务。1950年颁布的《中华人民共和国婚姻法》是对封建包办婚姻的根本触动，动摇了旧的思想观念和社会伦理道德。同时，中国共产党在农村结合土地改革，对广大农民进行了马克思主义意识形态教育，扫除了封建残余思想。中国共产党在三年之内清除了娼、赌、毒等封建残余思想，赢得人民群众的信任和称赞，改造了旧社会的萎靡文化，开新社会文化之清新风气。正如毛泽东所说，"我们不但要把一个政治上受压迫、经济上受剥削的中国，变为一个政治上自由和经济上繁荣的中国，而且要把一个被旧文化统治因而愚昧落后的中国，变为一个被新文化统治因而文明先进的中国。"①

在摒除封建残余思想的同时，我国社会中同时还存有帝国主义文化思想。新中国成立初期，帝国主义在各个主要城市的通讯社仍然存在，外国记者也能自由活动，很多文化教育机构和宗教团体也因为长期接受外国津贴和经济资助，在文化教育方面保留了帝国主义文化的影子。因此，肃清帝国主义文化思想也是当时维护国家文化建设的重要任务。中国共产党采取了一系列措施改造旧的文化教育，禁止外国通讯社的活动，收回教育主权，规范文化教育机构，彻底肃清帝国主义文化思想，真正确立马克思主义意识形态的指导地位。只有肃清封建的、买办的思想的影响，才能从根本上提高人民的文化水平，使整个国家的文化教育事业真正为人民服务，为无产阶级服务，才能真正维护国家文化建设。在肃清帝国主义文化思想的同时，中国共产党也不断揭露国民党反动政府的腐朽落后，强化人民群众对旧政权的唾弃和对新政权的拥护，对广大人民群众进行爱国主义教育，增强民众的国家主人翁精神，奠定国家文化建设的群众基础。

在社会主义革命和建设时期，我国经济呈现出社会主义公有制与多种所有制成分并存的格局，即国营经济、合作社经济、国家资本主义经济、私人资本主义经济、个体经济五种经济成分并存，其中国营经济居于领导地位。我国社会思想文化领域也存在着"混合多元"的状态，但是居于主导地位的是马克思主义意识形态，我国在经济上进行社会主义改造的同时也在思想文化上对人民群众进行改造。比如，在农村中推进文化扫盲运动，以上夜校、扫盲班等形式组织农民学习文化知识，提高农民文化素

---

① 毛泽东. 毛泽东选集：第2卷［M］. 北京：人民出版社，1991：663.

质，提高群众对社会主义的认识，对马克思主义理论的理解，对建设社会主义的热情和信心，目的就是清除人民群众头脑中的非马克思主义思想，这是以大规模思想改造运动为主要形式的国家文化建设。

各种文化思潮的存在对马克思主义在国家文化建设中的指导地位产生了重要影响，因此中国共产党高度重视对马克思主义理论的宣传和传播。中国共产党认为加强马克思主义理论灌输会促进工人阶级意识觉醒，"他们的阶级意识愈发达，则参加民族解放运动必愈扩大。民族解放运动中渗入此阶级的性质，这个运动才能格外深入，才能增加他的革命性质。"① 一大批宣传马克思主义的进步刊物如雨后春笋般出现，研究马克思主义的革命团体也在各地相继成立，大量的马克思主义著作被翻译、出版。对马克思主义的传播也逐渐走出书斋，走向工人阶级和人民群众。在传播内容上注意进行区分，针对不同的传播对象采用不同的宣传语言及形式，创造性地利用多种群众喜闻乐见的宣传形式，比如朗朗上口的标语、短小精悍的节目、振奋人心的演讲等。中国共产党在发展党组织、领导军事斗争、进行根据地建设的过程中一直用马克思主义最新成果武装军队和人民群众。中国共产党还在全国范围内有计划、有组织地翻译、出版马克思主义著作，开展马克思主义理论研究和实践调查工作。马克思主义理论的大规模传播启迪了人民群众的思想和头脑，摒除了旧的封建思想和资产阶级观念，揭露了帝国主义的文化殖民主义，确立了马克思主义在思想文化领域的指导地位，确保了国家文化建设的马克思主义方向。

### 4.3.2 党的十一届三中全会至党的十四大：西学热盛行与资产阶级自由化思想泛滥

党的十一届三中全会至党的十四大期间，国家文化建设的国内条件主要是西学热盛行与资产阶级自由化思想泛滥。20世纪80年代，中国向世界打开大门，知识分子突然发现了新世界，西方的各种学术理论传到中国，各种西方学术思想在中国迅速传播。带有激进主义情绪的思想文化传播让民众的社会主义文化信仰产生动摇，当时理论界和文艺界都不同程度存在精神污染现象，精神污染现象的实质是资产阶级自由化思想在中国的重现。1984年中国的改革开放进入全面推进时

---

① 中共中央宣传部办公厅，中央档案馆编研部. 中国共产党宣传工作文献选编（1915-1937）［M］. 北京：学习出版社，1996：573-574.

期，伴随着党的十二届三中全会通过《中共中央关于经济体制改革的决定》，中国思想界借着改革开放的春风出现更加活跃的局面。关于人道主义的理论讨论和文学创作在 20 世纪 80 年代中后期达到高潮，"文化热"包含的全盘西化和民族虚无主义的思想也在一定程度上成为资产阶级自由化思潮的一部分。这一时期中国社会民众普遍要求迅速实现现代化，这一要求成为 20 世纪 80 年代思想界激进主义的底色。20 世纪 80 年代的激进主义主张全盘西化，当时的知识界认为传统文化阻碍了中国现代化的步伐，因此很多带有情绪化的政治诉求代替了冷静理智的学术思考，使得本来可以循序渐进走进现代化的中国却被激进主义打断了前进的步伐。

20 世纪 80 年代中后期，随着改革开放的不断深入，新自由主义作为激进主义的重要代表传入中国。20 世纪 80 年代，外国的新自由主义著作被翻译到国内，引起了广泛关注。1978 年，中国开始大规模派出留学生到英美等发达资本主义国家进修，这一时期到英美等资本主义国家学习的人员主要学习的内容就是新自由主义经济学。西方经济学不但在大学课堂上被广泛传播，而且在考试和教材中也被强化到无以复加的地步，而马克思主义政治经济学的地位被严重削弱和边缘化。新自由主义主要在中国部分知识分子和青年学生中间比较流行。新自由主义的目的是攻击中国的社会制度，实质是要把社会主义国家变为资本主义国家，成为西方发达资本主义国家的附庸。一些缺乏明辨是非能力的知识分子和青年学生对于新自由主义宣扬的理论盲目接受并且追随，对新自由主义对社会主义制度和中国共产党执政地位的攻击不仅不进行反击，反而加入攻击者的行列，阻碍了中国改革开放的进程[①]。全盘西化论主张抛弃中国传统文化和马克思主义，以西方资产阶级思想来指导中国国内建设。资产阶级自由化思潮在中国的传播在客观上给部分知识分子和青年学生造成了严重的思想混乱。

伴随着西学热的盛行，资产阶级自由化思潮也逐渐泛滥。资产阶级自由化思想的泛滥是一个逐渐发展的过程，从最开始的西学热到后来人道主义泛滥，主张"全盘西化"，最终导致"精神污染"。

资产阶级自由化思潮从来就没有退出过历史舞台，而是以形形色色的面貌贯穿我国社会主义现代化建设的全过程。和平演变的目的是要颠覆社

---

① 朱汉国. 当代中国社会思潮研究 [M]. 北京：北京师范大学出版社，2012：93-108.

会主义国家政权，否定社会主义制度。和平演变从政治领域和思想文化领域进行渗透，造成我国思想文化领域的混乱。"精神污染"就是西方国家和平演变造成的。邓小平同志指出精神污染的实质就是资产阶级腐朽没落文化的泛滥，表现为对现实问题的研究偏离马克思主义方向，热衷谈论人道主义、异化，热衷批评社会主义。由于少数同志对我们的社会主义和我们的党产生怀疑，精神污染危害极大，祸国殃民，混淆是非，在人民中间造成离心离德，助长了个人主义思想。资产阶级自由化是精神污染程度加深的表现，正如邓小平所指出，资产阶级自由化就是盲目崇拜资本主义国家的自由民主，否定社会主义①。资产阶级自由化就是要全盘西化，走资本主义道路②。由此可知，资产阶级自由化是西方国家和平演变的一部分，它严重威胁我国社会主义制度，鼓吹走资本主义道路，扰乱中国现代化进程。除了精神污染和资产阶级自由化之外，西方国家还对中国进行歪曲误导。20世纪90年代以后，西方国家对中国进行一系列经济封锁，极尽丑化中国，邓小平指出西方国家煽动社会主义国家发生动乱目的就是要"建立一个完全西方附庸化的资产阶级共和国"③。中国坚决不能乱，中国再乱就是世界性的灾难，因此中国必须稳定地进行社会主义现代化建设，和平演变对我国社会主义建设造成了极其严重的威胁，因此揭露、批判西方国家和平演变的战略图谋非常重要，反和平演变成为这一时期的艰巨任务。

面对西方资本主义国家的和平演变，邓小平同志始终坚持四项基本原则，坚持社会主义制度，发展全过程人民民主，坚持中国共产党在思想文化战线上的领导地位，通过一系列措施巩固马克思主义在意识形态领域的指导地位，坚持以经济建设为中心，夯实社会主义物质基础，同时建设高度的社会主义精神文明。西方资本主义国家的和平演变战略是"攻心战"，因此要解决精神领域的问题就必须从人的精神抵抗能力上入手，"心战"要"心防"。社会主义精神文明建设在维护思想文化领域的稳定方面起着重要作用。苏联解体和东欧剧变后，有些党员干部和群众对改革开放产生怀疑，姓资姓社一时间争论不休，邓小平同志的南方谈话一锤定音，指明了中国未来的前进方向，为推动中国经济改革和社会发展起到了关键作用。

---

① 邓小平. 邓小平文选：第3卷 [M]. 北京：人民出版社，1993：123.
② 同①：207.
③ 同①：303.

### 4.3.3 党的十四大至党的十六大：经济转轨对传统文化价值观念的冲击

南方谈话打破了当时束缚改革开放的各种思想，党的十四大确立了建设社会主义市场经济体制的目标，到党的十六大时社会主义市场经济体制初步建立。2003 年 10 月召开的党的十六届三中全会指出，"社会主义市场经济体制初步建立"。从党的十四大到党的十六大，中国共产党国家文化建设思想的国内背景是经济转轨对人们传统文化观念和价值信仰的冲击。俄罗斯和东欧国家按照新自由主义进行经济政治改革，反而使国家陷入经济停滞、政治失序的状态。俄罗斯在实施"休克疗法"后出现的经济混乱，向中国民众展示了激进主义改革所带来的严重后果，而中国特色社会主义市场经济的繁荣则使人们逐渐认同保持社会稳定和实现体制内循序渐进的改革方式。当然，市场经济的繁荣发展也带来了一系列的社会矛盾，比如竞争的无序化、贫富差距的拉大、社会底层利益的受损、权力腐败的滋生等问题。市场经济的繁荣一方面用实践证明了社会主义文化的生命力，另一方面也体现了现代性追求与现代性焦虑的相互矛盾。

由计划经济体制向社会主义市场经济体制转变是我国经济领域的一场重大革命。市场经济体制下经济结构具有多样性，经济成分和分配方式的多样性之下是利益主体的多样性，市场经济利益主体的多元化必然对计划经济体制下的传统文化价值观念造成重大冲击，人们的道德判断和价值取向的多元化成为 20 世纪 90 年代常见的社会文化表现。一是价值观念遭到冲击后所造成的精神困惑。人们的传统价值观念在社会主义市场经济发展中经受了猛烈的冲击，人们的道德价值观念面临极大的困惑，"不是我不明白，是这世界变化快"成为许多人的心声。一些人在新观念和旧价值的冲突中进行着选择和审视，内心出现焦虑、烦躁甚至是抑郁等情绪。在经受着传统道德观念的困惑与冲击的同时，也有一部分人心理失衡，在自身愿望与社会现实的强大落差下产生了挫败感，感到心灰意冷甚至是失望、迷茫，他们对市场经济机制不健全造成的贫富差距不满，对改革开放的正确性产生了怀疑，精神上出现了困惑。二是道德领域的失范行为。传统文化价值观念中的"性善论"遭到现实的拷问，"义利"观念也受到极大的冲击，很多人利用市场经济法制的漏洞和空白从事投机取巧、弄虚作假、坑蒙拐骗、偷税漏税等行为，社会矛盾和问题凸显，市场经济的负面影响给人们思想道德产生消极效应，道德领域的失范行为扭曲了正常的人际关系，拜金主义、个人主义、享乐主义、功利主义滋生，一小部分人甚至沉迷于"黄赌毒"不能自拔，人与人之间的关系也被赤裸裸的金钱利益关系所取代。一些人的集体主义价值观念被个人主义和实用主义取代，他们对于社会规范和纪律经常出现逾越的态度，甚至对于生活中的小事也大多采取熟视无睹的态度，比如看到水龙头流水也不愿意伸手去关。文明礼貌、谦虚恭敬的传统价值观念被自私自利所取代。三是经商热。"下海经商"热潮席卷中国大地，金钱成为衡量成功的唯一标准，上班的没有摆地摊的赚钱多，大学老师和大学生纷纷下海经商，"读书无用论"成为热门话题，一批新的精神文盲开始出现。很多人在这场新旧价值观念转换的过程中迷失自己，甚至信仰动摇，对社会主义的信仰和未来的道路发出质疑。传统的思想、文化、道德观念在这场经济转轨过程中经历着剧烈的阵痛。

经济转轨过程中出现的一系列道德失范问题都需要进行合理的管束与引导，因此这一时期中国共产党坚持"依法治国"与"以德治国"的协调统一，在实现市场经济有法可依、有法必依的同时加强社会主义道德建设，高度重视中国传统道德建设，着力培养公民道德，同时积极营造健康积极的道德建设文化氛围。思想文化阵地和新闻媒体都被要求坚持弘扬主旋律，宣传反映社会主义道德的先进人物，文学艺术作品要歌颂先进典型，要用好的作品教育人、鼓励人，坚决克服那种内容低下，具有腐朽思想的艺术作品，营造高尚、正确的社会文化氛围。

西方文化特别是资产阶级的拜金主义、功利主义以及消费主义对国内人民的精神信仰和价值观念产生极其消极的影响，对马克思主义意识形态产生强烈冲击。经商热潮席卷中华大地，一部分人在拥有大量金钱的同时却普遍存在精神文化方面的无根感，渴望回归传统文化，寻找中华民族在精神上的安身立命之所，克服西方文明所造成的文化焦虑成为这一时期的一股思潮。20世纪90年代初期兴起的"国学热"使传统文化中的优秀成分得到了弘扬，同时糟粕的成分也趁机沉渣泛起。一些人打着传统文化的旗号大行封建迷信之风，气功热、风水算命等流行一时，一些倡导读经的学者则将儒家经典绝对化，认为应该毫无保留地对传统经典全盘接受①。这种文化保守主义思潮是需要反思的，复兴国学并不是对传统文化的全盘

---

① 朱汉国.当代中国社会思潮研究［M］.北京：北京师范大学出版社，2012：181-209.

接收，更不是将儒学作为建设现代中国的指导思想。与此同时，新自由主义从来就没有停止过对社会主义制度的攻击，他们不仅攻击中国缺乏民主、人权、自由，并且质疑中国共产党执政的合法性。不仅如此，新自由主义还试图瓦解中国的主流意识形态，批判马克思列宁主义和毛泽东思想，妄图在中国实现意识形态多元化①。经济转轨对传统文化价值观念的冲击对国家文化建设产生了强烈冲击。

### 4.3.4 党的十六大至党的十八大：市场经济迅速发展，催生多元文化思潮

从党的十六大到党的十八大，市场经济发展迅速，2003 年 10 月召开的党的十六届三中全会正式指出，"社会主义市场经济体制初步建立"。社会主义市场经济的深入发展也进一步导致经济结构和利益主体的多元化，这一时期中国共产党国家文化建设的国内背景是多元文化思潮共存。社会主义市场经济的确立带来的经济成分多元化改变了原来的单一经济结构，物质生产资料占有的变化直接导致了社会阶层的分化，不同阶层利益主体的多元化则改变了以前思想统一的同质化状态，利益主体的多元化直接决定了思想文化的多元化，简单来说，社会各阶级或者各个阶层对物质生产资料占有的数量直接决定了其阶级或阶层思想文化的影响力，正如恩格斯所指出，政治、宗教、哲学以及其他意识形态领域的斗争都体现了阶级斗争，阶级存在以及冲突受制于它们的经济状况、生产性质以及交换方式②。经济结构的调整和转型所带来的经济成分多元化使马克思主义意识形态所依存的单一的工人阶级日益分化为不同的利益群体。因此，多元文化思潮并存的根本原因在于社会各个阶级或阶层生产资料占有方式的变化，而对物质财富占有和分配的变化则是公有制经济和多种所有制经济共同发展的结果。

社会主义市场经济的蓬勃发展使人们的价值观念和理想信仰都受到市场经济的冲击，渐渐从马克思主义道德观向功利主义和实用主义倾斜，社会主义道德和理想信念教育不断被侵蚀和弱化，马克思主义所提倡的道德观念不断受到排挤直至边缘化。市场经济在发展中出现的一些负面现象，

---

① 梅荣政，张晓红. 论新自由主义思潮 [M]. 北京：高等教育出版社，2004：141.

② 马克思，恩格斯. 马克思恩格斯选集：第 1 卷 [M]. 中共中央马克思恩格斯列宁斯大林著作编译局，译. 北京：人民出版社，1995：583.

比如分配不公、贫富差距加大、欺诈逐利，这些都对部分民众的文化心理产生负面影响，甚至滋生民众对政府的不信任情绪。市场经济行为也催生了个人主义、功利主义、拜金主义的泛滥，集体观念淡薄，全局意识缺乏，只关注自身利益和自我需求。多元利益主体所催生的价值观念和利益需求严重冲击了马克思主义的指导地位。

市场经济的高速发展使人们在一定程度上过度重视经济效益而忽视社会文化效益，造成文化产品经济效益与社会效益的分离，对社会主义道德建设也具有消极影响。人民在消费这些文化产品时一方面在世俗的情趣中得到精神的放松和满足，忘掉生活中的痛苦和烦恼，度过无聊的休闲时光，在价值观上容易出现淡化理想信念，甘于平庸，道德冷漠，放弃责任等；另一方面，在审美标准上容易出现世俗化甚至低俗化倾向，解构"真善美"的价值追求，形成"假恶丑"的社会理念，盲目追求拜金主义和声色犬马的腐化生活，对自身的人文精神和价值信念造成严重威胁。一些文化产品的生产商为了获取经济利益，毫无原则地迎合道德低下受众的趣味，用媚俗、低俗、庸俗的作品取悦部分观众，以暴力、色情、腐败甚至是污秽不堪的内容来吸引部分受众，这些腐朽粗俗文化作品的传播逐渐冲击着大众的头脑，负面消极的东西的大范围传播侵蚀、消解甚至是颠覆了公众原有的道德价值体系。在文学创作领域，解构神圣、消解革命、颠覆经典，尤其是近年来对"红色经典"的改编出现了迎合市场消费需求而低俗化、庸俗化的倾向。大众文化为了博取眼球，追求经济利益而突破道德价值底线，为了迎合某些受众的低俗、庸俗、恶俗的文化趣味而对英雄人物和革命历史进行恶意诋毁、篡改、调侃，不仅会降低原有艺术作品的文化效益而且会误导少年儿童的价值观和历史观，由此带来的精神污染会伴随少年儿童一生，为了追求经济利益而付出的这些代价是得不偿失的。

在这一时期，网络实现了跨越性的快速发展，网络的开放性、动态性和主体的自由性也直接威胁了社会主义文化建设。网络文化的开放性使网络文化成为"不设防"的文化状态，随之而来的西方发达国家借助强大的网络传媒对我国实行强大的"民主""人权"宣传，削弱我国青少年的道德评价及民族认同感，使青少年从生活方式、价值观念到道德选择都实现"美国化"①。除此之外，网络文化中充斥的色情娱乐低俗之风对公民道德

---

① 张骥，刘中民. 文化与国际政治 [M]. 北京：人民出版社，2003：300.

建设和社会主义文化认同产生弱化作用，严重影响中国国家文化建设。网络所具有的非中心性特点决定了网络文化主体的自由性和平等性，国家、民族、政府团体、个人都可以成为信息的组织者、传播者甚至是舆论的引导者。网络文化的匿名性、开放性、多元性和独立性，使部分民众随意发表一些不负责任的言论。网络很快成为大众狂欢的舞台，而人们的世界观、人生观、价值观也在这种文化狂欢中发生着深刻的变化。网络加剧了多元文化思潮的传播，而多元文化思潮的传播也在进一步凸显网络文化的两面性。

### 4.3.5 党的十八大至今：传统安全威胁因素和非传统安全威胁因素叠加共存

党的十八大以来，我国面临的传统安全威胁因素与非传统安全威胁因素叠加，增加了国家文化建设的难度。在经济全球化带来政治多极化和文化多元化的背景下，传统与非传统领域，新旧安全威胁因素交织联动。在中国综合国力上升的情况下，周边国家基于各种不同的政治利益以及经济利益考量，把领土纠纷和边界争端作为围堵中国的工具。

党的十八大以来，新媒体时代网络文化的开放性以及个体选择的自主性冲击了民众对社会主义文化的认同。当前，我国思想文化领域呈现出各种思想文化思潮并存的局面。自媒体时代网络信息技术的发展打破了传统的文化信息的获取渠道，为中国特色社会主义文化建设提供了新维度、新空间和新阵地，为维护国家文化建设提供了诸多有益条件，但是自媒体的发展也严重影响了民众对社会主义文化的认同。新兴媒体的发展使得网络文化进入"两微一端"的新时代，网络权威可以削弱或者强化政治权力权威。在自媒体时代，人人都是文化信息的接收者、传播者、发布者，每个人都在借助网络引导舆论风向，因此网络文化增加了舆论导向的难度。在网络世界中，社会主义文化被选择、接受还是认同均取决于每个个体的自由判断，而每个个体的质疑、批判甚至是非理性的反对声音都直接动摇了民众的社会主义文化信仰。网络文化的动态性使网络文化信息的更新速度、传递速度加快，使网络文化信息具有不可控性。在网络文化缺乏监管的前提下，非理性的文化舆论导向和不负责任的言论炒作会威胁社会主义意识形态的正确性与合法性，社会主义市场经济下的拜金主义、享乐主义等消极社会文化思潮趁机迷惑民众，消解社会主义文化认同。利用"两微一端"自媒体的优势，使中国特色社会主义文化深入人心是当前亟待解决的问题。

这一时期传统安全和非传统安全因素的叠加增加了中国国家文化建设的难度，也正是在面对国家文化建设多重威胁因素交织的情况下，习近平总书记高瞻远瞩，提出了"总体国家安全观"。中国共产党的总体国家安全观覆盖传统安全领域和非传统安全领域，对于有效管控威胁，维护国家文化建设提供了总体指导思想和正确方向，是党的十八大以来国家文化建设工作指导思想上的创新。

# 5 基于软实力理论视角下的国家文化建设发展脉络

不同时期的国际文化格局及国内文化环境不同，导致了不同的国家文化建设问题，形成了不同的国家文化建设主题和国家文化建设的发展脉络。因此，从新中国成立至今，以党的十一届三中全会、党的十四大、党的十六大、党的十八大为分界点，国家文化建设的发展脉络主要分为五个阶段，即"积极斗争型国家文化建设""开放防御型国家文化建设""内在发展型国家文化建设""主动走出去型国家文化建设"和"总体建构型国家文化建设"，这五个阶段充分展现了国家文化建设的发展演变历程，也是中国共产党国家文化建设思想的发展脉络。从新中国成立至党的十一届三中全会这一阶段，一方面面对多元文化思潮并存的社会状态，中国共产党一方面积极从意识形态建设入手，坚决破除各种非马克思主义意识形态，另一方面积极采取各种举措强化马克思主义意识形态，既"破"又"立"，"破"中"立"，"立"中"破"，形成了"积极斗争型国家文化建设"；党的十一届三中全会至党的十四大这一阶段，中国共产党一方面要积极矫正各种错误思想，另一方面要抵御资产阶级自由化思潮的侵入，因此这一时期形成了"开放防御型国家文化建设"；党的十四大到党的十六大这一阶段，文化冷战以资本主义阵营的胜利而告终，国际共产主义运动陷入低潮，西方国家对我国的和平演变加剧，计划经济体制在向市场经济体制转轨的过程中对传统文化观念造成了极大的冲击，这一时期中国共产党积极强化内在文化实力，以"建设"求"发展"，增强文化软实力从而抵御外在文化威胁，因而这一时期是"内在发展型国家文化建设"；党的十六大至党的十八大这一阶段，随着全球化时代的到来和互联网的普及应用，文化价值观念的传播日益全球化、快捷化、多样化，社会主义市场经济体制初步建立，市场经济的发展造成多元文化思潮并存的局面，中国国家文化建设面临的挑战相对于上一阶段又具有了新的变化，在增强内在文化实力后，中国共产党采取了"主动走出去"的战略，因而这一时期形成了"主动走出去型国家文化建设"；党的十八大以来，国家文化建设面临来自传统安全领域和非传统安全领域的多重威胁，因而中国共产党采取内部与外部相结合，积极防御与内在建设共举，多层次、宽领域、全面出击的方式开展国家文化建设，这一阶段中国共产党形成了由内及外，防建结合的"总体建构型国家文化建设"。

## 5.1 积极斗争型国家文化建设

国家文化建设的主体是当今国际社会中的民族国家，只有成为独立的民族国家才有资格谈论国家文化建设问题，中国成为独立的民族国家是在1949年新中国成立以后，因此中国国家文化建设问题的产生时间应该是在1949年以后。新中国成立到改革开放前，中国共产党的国家文化建设思想主要是第一代领导集体的国家文化建设思想，虽然党的第一代领导集体并未明确提出"文化建设"这个概念，但是中国共产党在新中国成立后进行的一系列文化实践包含了丰富的国家文化建设思想。

### 5.1.1 "破"：批判各种非马克思主义思想

新中国成立后到改革开放前中国共产党国家文化建设思想的产生与当时中国面临的国际国内历史文化环境密切相关。从国际上看，第二次世界大战结束后，资本主义阵营和社会主义阵营的对抗成为当时国际文化环境的主要背景，西方资本主义国家对中国人民加紧了资本主义意识形态渗透。美国的历届政府领导人都企图通过和平演变战略改变中国的颜色。美国通过新闻出版机构、报纸杂志、电影电视、宗教宣传等大力宣传美国的政治制度及价值观念，高度配合美国的和平演变战略。各种基金会以及外围组织作为美国文化冷战的"联合部队"也积极参加各种文化渗透活动。苏共二十大对斯大林的全盘否定，使中苏之间爆发了意识形态论战，而这场论战的实质是对我国文化主权和文化利益的维护。从国内来看，思想领域的斗争比较激烈。在新中国成立后，旧的思想文化观念并未随着新制度的建立而消失，在相当长的一个时期内还对人们的思想观念产生影响。封建思想残余严重，旧社会过来的知识分子大多数拥护中国共产党和人民政府，对新社会新思想也比较认同，但是由于长期受到旧社会封建思想的影响，他们的思想意识不同程度地保留有与新政权不相容的思想观念以及生活方式①。资产阶级分子对新生的无产阶级政权持有敌视态度，一些教条主义分子和修正主义分子对马克思主义意识形态持否定态度，国内意识形态领域形势比较严峻。

毛泽东对国际国内各种影响国家文化建设的因素及意识形态渗透保持高度警惕，以革命党的斗争思维强调中国共产党要学会与帝国主义文化、封建主义思想以及各种非马克思主义意识形态作坚持不懈的斗争，"既要学会同他们进行公开的斗争，又要学会同他们作隐蔽的斗争。"② 这一时期，中国共产党采取积极主动的公开文化斗争，开展国家文化建设。

### 5.1.2 "立"：坚持马克思主义意识形态在思想文化领域的指导地位

中国共产党隐蔽的文化斗争主要采取"立"的方式进行，在思想文化领域确立马克思主义的指导地位。增加出版政治理论书籍的力度，全国出版系统有计划地再版大量马列著作和毛泽东著作；创立一批宣传马克思主义的报刊；各地系统学习、传播马克思主义和毛泽东思想；开展社会主义教育运动，形成全国性的思想文化学习高潮；培养又红又专的干部队伍，确保党的领导权掌握在马克思主义者手中，培养具有马克思主义信仰的优秀接班人，抵御资产阶级"糖衣炮弹"的进攻；坚持"双百"方针，以民主、自由、开放和包容的态度促进我国社会主义文化的繁荣发展。

坚持马克思主义意识形态在思想文化领域的指导地位，是国家文化建设的核心。在新中国成立后，旧的思想文化观念并未随着新制度的建立而消失，在相当长的一个时期内还对人们的思想观念产生影响。首先，封建思想残余严重，旧社会过来的知识分子仍留有封建思想残余③，党内也出现明显的官僚主义和宗派主义，比如1957年《关于整风运动的指示》指出，党内同志存在采取单纯行政命令的手段处理问题的现象，甚至一些党

---

① 郑惠，林蕴辉，赵焱森. 五十年国事纪要（文化卷）[M]. 长沙：湖南人民出版社，2000：65.

② 毛泽东. 毛泽东选集：第4卷 [M]. 北京：人民出版社，1991：1427.

③ 同①.

内分子沾染了特权思想①。其次，资产阶级分子对新生的无产阶级政权采取敌视态度并进行大肆污蔑。在 1957 年党中央正式发出《关于整风运动的指示》后，思想界非常活跃，对于各方面矛盾问题也提出了许多中肯的意见，但是少数敌对势力趁机鼓吹"大鸣大放大民主"，对于社会主义制度进行攻击、污蔑，全国一时间陷入思想混乱状态。同时一些教条主义和修正主义对马克思主义意识形态的否定，也是对社会主义制度正确方向的质疑，国内思想界的意识形态斗争形势严峻。在思想文化领域，绝大多数知识分子都带有旧时代的思想价值观念，而知识分子对意识形态的影响也最大，因此对知识分子的改造为当时意识形态领导地位的确立奠定了基础。毛泽东同志敏锐地看到了当时的思想文化领域的阶级斗争情况，他指出"要把地主、资本家改造成为劳动者"②，在《关于正确处理人民内部矛盾的问题》中，他指出阶级之间的意识形态斗争还存在，这个斗争是长期的、激烈的。为了确立马克思主义的指导地位，毛泽东同志亲自发动了一系列思想文化批判运动。通过一系列的批判运动，马克思主义意识形态在我国思想文化领域确立了指导地位。除此之外，党中央从 20 世纪 50 年代起对群众进行社会主义教育，提高人民群众的思想觉悟和理论水平，全面持久的社会主义教育运动为马克思主义指导地位的确立奠定了基础。

培养又红又专的干部队伍，为国家文化建设奠定人才基础。第二次世界大战结束后，资本主义阵营和社会主义阵营的对抗成为当时国际文化环境的主要背景，西方资本主义国家尤其是美国对社会主义国家采取"和平演变"策略，企图以资本主义思想文化渗透改变中国人民的共产主义信仰，从而达到"不战而胜"的目的。毛泽东同志深刻认识到应对外部文化建设挑战的关键在于提高内部人民的思想文化素质。因此，这一时期国家文化建设的关键是社会主义现代化建设接班人的思想信仰及业务素质。毛泽东同志非常重视党的各级领导干部的思想文化状况，强调要确保党的领导权掌握在马克思主义者手中，特别是面对西方资本主义国家的"和平演变"，只有培养出优秀的无产阶级革命事业接班人，才能保证党和国家"不变颜色"。培养优秀的、又红又专的接班人需要重视基础教育，受教育者要坚持德智体全面发展，除了基础教育外，实践活动也是培养接班人的

---

① 陈晋，王均伟. 毛泽东邓小平江泽民与中国先进文化 [M]. 广州：广东教育出版社，2003：355.

② 毛泽东. 毛泽东文集：第 7 卷 [M]. 北京：人民出版社，1999：230.

重要途径。毛泽东非常重视对接班人的培养，只有培养出具有马克思主义信仰的优秀接班人才能抵御资产阶级"糖衣炮弹"的进攻，保持党的领导干部队伍的纯洁性。

### 5.1.3 确立民族的科学的大众的社会主义文化

新中国成立前，中西方文化的冲撞与融合凸显了中华民族文化危机，这已成为许多仁人志士的共识，早期共产党人把中国的新文化道路与民族解放运动相结合，为民族文化发展开辟了新的方向。共产党人认识到，只有推翻了帝国主义和封建主义才能"真正保障东方民族之文化的发展"①，因此，中国共产党从诞生之日起就自觉承担起国家文化建设的使命和重任。

中国共产党在探求民族解放和国家独立的进程中，认为"在我们为中国人民解放的斗争中，有各种的战线，其中也可以说有文武两个战线，这就是文化战线和军事战线"②，甚至"把运输文化食粮看得比运输被服弹药还重要。"③ 因此，思想文化在实现国家独立、促进民族意识觉醒、革新人民价值观方面具有举足轻重的地位。中国共产党创造性地以马克思主义指导中国走出民族文化危机的困境，将中国文化危机的出路问题纳入世界历史发展的轨道，显示了中国共产党全新的国家文化建设思路。

中国文化的出路在哪里？早期共产党人别开生面地为中国民族文化发展指明了一条光明大道，超越了扬中抑西式的文化复古主义和崇西抑中式的全盘西化论，半殖民地的社会孕育的是半殖民地文化，复活旧文化无异于崇古倒退，资本主义文化也早已遭到唾弃，因此只有通过民族民主革命建立新兴的无产阶级文化才是中国文化的出路，只有先进的、健康的新文化才能解决民族文化危机，才能保障中国文化建设。正如毛泽东在《新民主主义论》中所指出的，"我们共产党人，多年以来，不但为中国的政治革命和经济革命而奋斗，而且为中国的文化革命而奋斗，"我们要把旧中国"变为一个被新文化统治因而文明先进的中国"，"建立中华民族的新文

---

① 陈菘编. 五四前后东西文化问题论战文选：东方文化与世界革命 [M]. 北京：中国社会科学出版社，1985：562-564.
② 毛泽东. 毛泽东选集：第3卷 [M]. 北京：人民出版社，1991：847.
③ 中央档案馆. 中共中央文件选集：第12册 [M]. 北京：中共中央党校出版社，1991：487.

化，这是我们在文化领域中的目的。"① 因此，中国共产党谋求民族独立的过程，也是建设社会主义新文化的过程，更是化解中华文化危机实现文化独立自主的过程。《新民主主义论》开宗明义地提出"实事求是"研究文化问题的态度，此举确立了国家文化建设领域的马克思主义唯物史观指导地位。在找到解决民族文化危机的出路后，如何正确把握国家文化建设的正确方向呢？中国共产党舍弃了缺乏科学理论依据的中体西用论、中西调和论等，提出"民族的科学的大众的文化"，尊重文化自身的发展规律，正确处理古今中外文化继承与发展关系，建设民族的、科学的、大众的无产阶级文化。

在建设社会主义新文化的过程中，中国共产党确立了"百花齐放，百家争鸣"的方针，为国家文化建设创造了开放包容的环境。新中国成立后，为了充分发挥社会主义制度的优越性，党中央对知识分子非常重视。苏共二十大以后，赫鲁晓夫的秘密报告从侧面揭露了苏联在维护思想文化建设上存在的弊端，客观上促使毛泽东等中国共产党领导人在国家文化建设上"以苏为鉴"。1956 年 4 月在中央政治局扩大会议上，毛泽东首次提出"百花齐放，百家争鸣"的方针②，同年 5 月，毛泽东正式宣布将"双百"方针作为我国科学、文学、艺术的指导方针。"双百"方针的提出体现出中国共产党以民主、自由、开放和包容的态度开展社会主义文化建设。党的八大后"双百"方针在我国文化领域正式实行，拯救了一批濒临灭绝的剧种，戏剧舞台上呈现出"百花齐放"的现象，学术研究中独尊某派的局面也有所扭转，报纸上"百家争鸣"的景象再现，文化领域一时间流派纷呈，百花争艳，极大地促进了我国社会主义文化的繁荣发展。社会主义文化建设是在动态中吸收古今中外优秀传统文化的基础上进行的，因此，毛泽东非常重视对外来文化和传统文化的吸收和借鉴。新中国成立后，毛泽东主张对中国传统文化采取辩证的态度，他指出："对其他民族和国家的长处要有分析的批判的学"③ 坚持"百花齐放，百家争鸣"是为了促进社会主义文化的创新，只有进行文化创新才能保持文化的先进性，否则就会僵化死亡，要创新就要实现不同文化形式和风格的发展，反对利

① 毛泽东. 毛泽东选集：第 2 卷 [M]. 北京：人民出版社，1991：663.
② 毛泽东. 毛泽东文集：第 7 卷 [M]. 北京：人民出版社，1999：54.
③ 同②：41.

用行政力量强推某种学派①。通过"双百"方针可以判断"香花"和"毒草",从而让正确的思想得到人民群众的拥护。这一时期,我国主要采用民主和专政的手段开展国家文化建设,思想文化战线上的人民内部矛盾要用和风细雨的方法去解决,而不能用简单粗暴的方法处理,但是思想文化战线上的敌我矛盾必须要用强制专政的方法解决。

除此之外,开展国家文化建设必须坚持发展社会主义经济,奠定国家文化建设的物质基石。在新中国成立后,毛泽东认识到社会主义中国要战胜资本主义国家,必须大力发展生产力,打破西方国家的封锁与演变。毛泽东在《关于正确处理人民内部矛盾的问题》一文中指出:"我们的根本任务已经由解放生产力变为在新的生产关系下面保护和发展生产力。"② 毛泽东在党的八大上指出,国内的主要矛盾是人民对于建立先进的工业国的要求同落后的农业国的现实之间的矛盾,是人民对于经济文化迅速发展的需要同当前经济文化不能满足人民需要的状况之间的矛盾。

这一时期的国家文化建设为后期国家文化建设提供了很多可供借鉴的经验,也奠定了牢固的基础。20 世纪 90 年代苏联的解体在一定程度上也印证了这一时期中国共产党国家文化建设整体策略和方针的正确性。当然,这一时期国家文化建设也存在一定的失误和偏差,特别是 20 世纪 60 年代后期思想文化领域在一段时间内处于混乱状态,给我国国家文化建设带来了不可挽回的巨大损失。当然,对于刚刚执政的中国共产党,难免会出现偏差和失误,这也为后期国家文化建设提供了经验和教训,增强了中国共产党的文化执政能力,为今后抵御各种风险提供了思想保障。

## 5.2  开放防御型国家文化建设

党的十一届三中全会以后,中国进入了社会主义现代化建设新时期,对国家文化建设提出了新的任务和要求。党的十一届三中全会至党的十四大,即 1978 年至 1992 年,我国思想文化领域存在诸多不利于国家文化建设的因素。市场经济的发展和法律制度的不健全,导致我国出现了物质文

---

① 毛泽东. 毛泽东文集:第 7 卷 [M]. 北京:人民出版社,1999:229.

② 同①:218.

明建设—手硬和精神文明建设—手软的状况，思想的多元化增加了国家文化建设的难度，冲击着人们的社会主义信仰。为了解决这一时期中国所面临的国内外文化建设挑战，中国共产党将国家文化建设的重心放在"防御"上，在开放中积极防御资产阶级自由化思潮，积极破除阻碍改革开放的保守思想，因此这一时期国家文化建设表现为"开放防御型国家文化建设"。这一时期，我国的国家文化建设具体表现在四个方面：高度重视文化建设，积极防御资产阶级自由化思潮；坚持以文化利益作为文化外交的衡量标准；文化主权安全与国家主权安全具有同构性；坚持拨乱反正，巩固马克思主义意识形态的指导地位。

### 5.2.1 高度重视文化建设，积极防御资产阶级自由化思潮

中国特色社会主义脱胎于半殖民地半封建的旧中国，在追求民族解放和国家独立过程中，各种资本主义文化思潮曾经在我国轮番上演，虽然后来社会主义文化占据了主导地位，但各种资产阶级思想并不甘心退出中国的历史舞台。党的十一届三中全会以后，包括文化在内的诸多领域都进行了拨乱反正，但是彻底消除错误思想观念需要一定的时间。由于人们内在的精神文化素养不高并且外在的西方思想文化观念不断侵入，民众的社会主义信仰容易动摇，对"真善美"的价值标准也模糊不清。因此，中国共产党积极培育民众健康向上的思想文化素质和精神文明状态，积极防御资产阶级自由化思潮对民众思想和精神上的渗透。中国共产党高度重视精神文明建设，从理论指导到实际行动再到基本原则，形成了一系列国家文化建设的思想理论，积极防御资产阶级自由化思潮的渗透。

第一，社会主义精神文明建设理论是国家文化建设的重要指导思想。精神文明建设理论有效抵御了精神污染，让民众增强了辨识资产阶级思想的能力，坚定了社会主义信仰，促进了国家文化建设。党的十一届三中全会以来的历次党代会和中央全会讨论过很多重要的方针政策，而精神文明建设是一次党代会的重要议题和两次中央全会的专门主题，可见其分量。精神文明建设理论的基本内容贯穿着唯物辩证法，同时，精神文明建设理论也与其他理论相互协调、共同发展。精神文明建设理论也是在防止左右两种思想倾向的斗争中形成和发展的，扭转改革开放前长期忽视教育科学文化建设的局面，体现社会主义文化建设的内在发展规律，正确把握精神文明建设的理论精髓，对于社会主义文化建设具有重要的作用。中国共产

党高度重视精神文明建设，在坚持马克思主义关于精神文明建设思想的基础上，着眼于国际文化新局势，紧紧把握国内人民群众的精神文化需求，系统阐述了社会主义精神文明建设的重要地位、主要内容、根本任务等一系列问题，形成了社会主义精神文明建设理论。社会主义精神文明建设理论的提出经历了四个阶段。首先是社会主义精神文明的概念首次被提出。1979 年 9 月，叶剑英在中共十一届四中全会上提出"社会主义精神文明"的概念；其次是提出社会主义精神文明的主要内容和根本任务，党对社会主义精神文明建设的认识达到了一个新的理论高度；再次是社会主义精神文明建设理论基本框架的形成，1982 年 9 月党的十二大对其内涵进一步系统化、条理化，是社会主义精神文明建设理论体系形成的重要标志；最后是社会主义精神文明建设理论体系的发展完善。党的十四届六中全会上通过的《中共中央关于加强社会主义精神文明建设若干重要问题的决议》是精神文明建设理论体系日趋完善和成熟的重要标志，体现了我党在改革开放和社会主义现代化建设的进程中对精神文明问题的深入思考和深入探索。社会主义精神文明建设理论是中国共产党在为解决国际国内的客观文化环境和文化问题而提出的理论体系，是国家文化建设积极防御资产阶级自由化思潮的重要理论成果，也是中国共产党为应对改革开放环境下所产生的精神迷惘的负面影响、左右两种思想倾向的交锋、开放环境下西方文化思潮的传入对民众信仰的冲击、腐朽的资本主义思想的入侵等威胁国家文化建设的负面因素而提出的重要举措。社会主义精神文明建设理论为中国特色社会主义文化建设理论奠定了重要的理论基础。

第二，旗帜鲜明地反对资产阶级自由化思潮，促进国家文化建设。"政治多元化、经济私有化、中产阶级论、全盘西化论、马列主义过时论等"① 都是资产阶级自由化的观点，其实质是鼓吹走资本主义道路，反对四项基本原则，经济上主张实行私有化取消公有制，政治上主张实行多党制反对中国共产党的领导，思想上主张全盘西化放弃马克思主义的指导地位。邓小平反复重申反对资产阶级自由化思潮的重要性，对党内一些同志甚至高层领导的软弱立场提出严厉批评。资产阶级自由化在思想领域混淆视听，破坏国家的安定团结，主张彻底批判中国共产党，实质是反对中国

---

① 中共中央文献研究室.十三大以来重要文献选编（中）[M].北京：中央文献出版社，1991：201.

共产党的领导和社会主义制度①。资产阶级自由化思潮具有很强的欺骗性，这些人打着要求民主的幌子混淆视听，实质是要求在中国走资本主义道路，实行资产阶级民主。资产阶级自由化思潮所要求的民主、人权、自由等口号都是欺骗民众的借口和幌子，只会在民众中，特别是青年中造成思想混乱和精神污染，阻碍改革开放的历史进程。资产阶级自由化思潮主张"全盘西化"，对中国传统文化和历史进程持全盘否定态度。盲目地推崇西方文化思想的心理是民族虚无主义和历史虚无主义的真实写照，邓小平反复强调我们要用中国的历史和国情来教育广大青年，树立正确的、辩证的文化观念。资产阶级自由化思潮与资本主义国家的和平演变战略密切相关，西方反华势力为鼓吹资产阶级自由化的人提供经济支援和政治后盾。一些鼓吹资产阶级自由化的人煽动一部分人游行，蓄谋让外国人推广他们的言行。一些反动分子与国外的反动政治力量相勾结，进行破坏活动②。面对资产阶级自由化思潮在中国意识形态领域造成的混乱局面，中国共产党进行了坚决的回击。中国共产党为了加强国家文化建设，旗帜鲜明地反对资产阶级自由化。资本主义国家针对社会主义国家推行的和平演变战略是一个长期的过程，因此我们要不断完善社会主义制度，吸收借鉴发达国家的优秀文化，不断加强社会主义文化建设，加强党员队伍自身建设，高度重视思想政治教育工作。改革开放初期，邓小平在理论工作务虚会上明确指出资产阶级自由化思潮的泛滥是因为思想政治工作没搞好，因此要求从今以后各级单位一定要把思想理论工作放在正确的轨道和重要地位上③。此后在多种场合他反复强调思想政治工作一定不能放松，在抓经济工作的同时也不能忽视思想政治工作，积极开展思想批判，用正确的思想来引导广大青年，防止资产阶级自由化思潮泛滥，从而有效地反对资产阶级自由化思潮。

第三，坚持四项基本原则。国家文化建设是一个动态的历史过程，其动态性在于社会处于不断变化发展的历史过程之中，因此对于社会经济基础的发展和政治制度的完善也都处于不断发展变化的过程中。因此，在复杂多样的社会思潮和多元文化理论盛行的改革开放初期，中国共产党积极

---

① 中共中央文献研究室. 三中全会以来重要文献选编（上、下）[M]. 北京：中央文献出版社，2011：86-87.

② 同①.

③ 邓小平. 邓小平文选：第2卷 [M]. 北京：人民出版社，1994：181.

防御资产阶级自由化思潮，坚持四项基本原则。四项基本原则是这一时期国家文化建设的重要衡量标准，也为国家文化建设提供了正确的方向和马克思主义的判断标准。改革开放初期，中国共产党坚持四项基本原则，从根本上强化了我国的国家文化建设。四项基本原则的确立是改革开放时期社会主义文化建设的核心思想和制度准则，澄清了意识形态领域很多大是大非的问题。四项基本原则防止了文化领域可能出现的思想混乱，为我国改革开放提供了制度保障和原则基础。四项基本原则是坚持社会主义性质的"底线"，四项基本原则是社会主义制度的基本特征，坚持四项基本原则就是坚持社会主义制度，它是划分资本主义和社会主义的重要理论依据，从这个意义上讲，否定四项基本原则就是要走资本主义道路。四项基本原则是社会稳定的压舱石和显示器，是我国社会稳定的"底线"，没有四项基本原则，资产阶级自由化思潮必定会肆无忌惮地占领中国的文化阵地从而造成思想价值观念混乱，阻碍改革开放的步伐和进度。

### 5.2.2　坚持把文化利益作为文化外交的衡量标准

文化冷战时期，国家间的关系往往由资本主义文化和社会主义文化的异同来决定，资本主义阵营和社会主义阵营长达 40 多年的文化冷战就是以社会制度划线的。文化冷战时期国际关系的实践表明，过分强调意识形态和社会制度的不同对于国家文化建设并无多大促进作用，反而会加剧大国之间的紧张关系。中国曾被动参与到世界上两个大国的文化冷战中，实行"一边倒"的外交政策，为新中国成立初期中国社会主义制度的保存和社会主义文化的开展争取了相对和平的环境。后来中苏两国交恶，中国在苏联大国沙文主义和美国的遏制战略夹缝中生存，再后来中美两国建立外交关系。中国在当时相对较为封闭的环境下实行"联美制苏"的战略，更多是在外交战略博弈权衡下选择的权宜之计，而并非从意识形态差异和社会制度异同出发而选择的长期外交战略方针。当然，用什么样的标准指导国家外交是一个关系全局的战略性问题，不同的国际文化格局下有不同的文化外交选择，在新中国成立初期选择以意识形态划线的对外战略也是出于当时国际文化冷战的大背景。对外开放战略的实施为中国共产党灵活处理文化外交关系奠定了基础，不同意识形态之间的对峙、斗争甚至是淡化终究是为国家文化利益服务。因此，我们在处理国家关系时不再以是不是社会主义国家、是否以马克思主义为指导作为对外交往的出发点和落脚点。

我们从事情本身的是非曲直和我国人民的根本利益出发，以世界和平发展、团结合作为标准来衡量我国的外交战略。

20世纪80年代，两大阵营的紧张局势有所缓和，这一时期意识形态因素在国际关系中的地位有所下降，这一大的时代背景也是中国共产党在文化外交中不再以意识形态和社会制度划线的重要原因，"中国观察国家关系问题不是看社会制度"①，在和平与发展的时代背景下不同社会制度的国家可以找到共同利益②，以维护国家文化利益作为处理不同国家之间意识形态迥异的衡量标准，这是大国文化外交变得理性和成熟的表现。正如邓小平同志所强调的，考虑国家之间的关系从战略利益出发而不计较社会制度和意识形态的差异③。这里的战略利益在文化外交的语境中就是国家战略文化利益。中国共产党正是看到了意识形态不同也可以寻求国家间的合作和利益共赢，因此才大胆提出不计较意识形态差异，尤其是在和平发展的国际大环境中，作为意识形态建设的决定因素是国家文化利益是否一致，因此，以维护国家文化利益作为不同国家之间社会制度的差异的衡量标准由国家战略决定，同时这一思想也是邓小平"不争论"思想的重要体现。"不争论"思想是指对于已经确立的社会主义现代化建设的基本路线"不争论"，尤其是对于一些具体的问题不搞抽象的政治争论。"不争论"思想蕴含着不同国家之间、不同党派之间不搞无意义的意识形态争论。20世纪五六十年代，中苏两党的意识形态论战就是一场没有多大积极意义的论战，在这场长达十年的意识形态论战中，中国共产党和苏联共产党对于社会主义的理解不同、对于马克思主义意识形态的解释不同，但是"究竟什么是社会主义，这是个没有搞清楚的问题"，而两党之间的意识形态论战对于两国之间关系的发展没有起到实质推进作用。邓小平先后对这些党和国家的领导人都表示对于过去的争论要采取"一风吹"的态度，在1989年5月会见戈尔巴乔夫时邓小平指出，中苏之间十年的意识形态论战"经过二十多年的时间，回过头来看，双方都讲了许多空话""历史的账讲了，这些问题一风吹。"④ 中苏意识形态论战"真正的实质问题是不平等。"⑤

---

① 邓小平. 邓小平文选：第3卷 [M]. 北京：人民出版社，1993：168.
② 邓小平. 邓小平思想年谱（一九七五—一九九七）[M]. 北京：中央文献出版社，1998：442.
③ 同①：330.
④ 同①：291-295.
⑤ 同①：295.

因此，无论同资本主义国家还是同社会主义国家进行文化外交时都要反对强权政治、文化霸权以及他人对本国意识形态路线的干涉，要以平等、包容和开放的态度维护国家文化利益。正是本着以平等、开放和包容的态度来维护国家文化利益，因此对戈尔巴乔夫上台后试图建立民主的、人道的社会主义这种曲解性的社会主义道路，中国并未加以指责。虽然中国与苏联在意识形态和社会制度上越来越背离，但是中国并没有因对社会主义制度的理解和实践的不同而产生论战和纠纷，相反中国还对困境中的苏联给予援助。在苏联即将改变社会制度时，1990 年 3 月邓小平指出："不管苏联怎么变化，我们……不搞意识形态的争论。"① 因此，在以文化利益作为文化外交的指导原则的基础上，中苏关系实现了向中俄关系的平稳过渡。同时中国并未因为俄罗斯成为资本主义国家而拒绝与其进行文化贸易往来，"意识形态、社会制度、价值观念、文化传统等各方面的异同，都不应该成为发展国家关系的障碍。"② 两国在和平共处五项原则下在多个领域展开各种形式的经济、政治、文化活动，随着中俄之间经济文化利益共同体的深化，中俄两国之间的军事政治互信也逐渐升级，两国在军事领域也展开进一步合作和对话，两国之间进行平等互利的合作共赢，建立稳定、健康、友好的战略伙伴关系。不以意识形态和社会制度划线来处理中俄关系和文化利益共同体的形成促使两国关系在新时期进入了新的发展阶段。当然不以意识形态和社会制度划线并不意味着不重视意识形态因素，中国共产党对资产阶级自由化思潮进行坚决反对就是在维护国家文化主权、意识形态安全和文化建设。在文化外交中不以意识形态异同为标准，而以文化利益作为衡量的标准，做到重视文化领域的斗争，并给予意识形态一个恰当的位置，这才是"开放防御型国家文化建设"的正确做法。

我国是世界上现存的最大的社会主义国家，在意识形态和社会制度上与西方资本主义国家有巨大的分歧，西方资本主义国家一直将社会主义意识形态视为存在的"他者"，意图用资本主义文化和价值观念进行同化。不以意识形态和社会制度划线就是不把资本主义意识形态和社会主义意识形态者之间的分歧、斗争无原则地任意扩大，对于文化等其他领域的分歧和各种事件的爆发不能用意识形态的眼光去评判，把意识形态领域的斗争

---

① 邓小平. 邓小平文选：第 3 卷 [M]. 北京：人民出版社，1993：353.

② 陈忠经. 冷眼向阳看世界：研究邓小平国际战略思想的报告 [M]. 北京：中国社会科学出版社，1998：100.

无限制地扩大容易演化成"意识形态中心论"。在当前国际文化格局不断变化的情境下，我国应该牢记文化冷战时期的经验和教训，不以意识形态和社会制度划线，在国际文化交往中，以国家文化利益为衡量标准来化解国际文化矛盾，寻求不同国家之间的共同文化利益，既坚定地维护国家的文化主权、文化利益，又要高瞻远瞩地从长远出发，妥善解决意识形态纷争，从而实现文化利益多赢的局面。

### 5.2.3　文化主权与国家主权具有同构性

在开放防御型国家文化建设阶段，国家文化主权尚处于"自在"状态，所谓"自在"状态是指中国共产党并未明确提出"文化主权"的概念，但是文化主权作为一个因素却在无形中发挥着维护国家文化建设的作用。"自在"状态下的文化主权集中体现在理论与实践两个方面，从理论方面来看，国家文化主权安全与国家主权安全具有理论意义上的同构性；从实践角度来讲，国家文化建设具体表现在对个性文化的维护、保障和发展上，发挥着与国家主权同等的作用和功能。因而在理论与实践层次上，文化主权安全与国家主权安全具有同构性。

首先，国家文化主权是国家主权的衍生概念，在国际层面上两者具有理论意义上的同构性，都是为了维护国家利益和文化利益。一方面，国家主权安全是国家文化主权安全的前提和底线，如果国家主权处于不安全的状态，何谈国家文化主权安全；另一方面，维护国家文化主权对国家主权安全有促进作用。国家主权安全是文化、经济等领域的主权安全的总和，因此维护文化主权自然是国家主权安全的应有之义。中国共产党在面对美国侵犯中国国家主权的行为时坚决捍卫国家主权安全。中国共产党在中美建交谈判、在抵制美国制裁活动等外交事务中始终坚持维护国家最高利益，即便是因此导致中美关系出现停滞和倒退也决不牺牲国家利益和国家主权，中国共产党在维护国家主权和国家利益的同时也维护了国家文化主权。邓小平同志指出，处理国家间的关系要从自身利益出发，但同时也要兼顾对方的利益，不计较社会制度和意识形态的差别①。在当时中苏关系恶化，而中美之间存在社会制度和意识形态的差别的同时，中国共产党巧妙地以"搁置"社会制度和意识形态差异的方式维护了国家的最高利益和

---

① 邓小平. 邓小平文选：第3卷［M］. 北京：人民出版社，1993：330.

主权安全，在保证国家主权安全的同时，邓小平同志也坚定地表明了坚持社会主义制度的决心，"我知道你反对共产主义，而我是共产主义者"，展现了邓小平在国际社会层面捍卫社会主义制度的坚定性，这是坚决维护国家文化主权的表现。维护国家文化主权也会增进国家主权的安全，维护国家主权安全本身也是在维护国家文化主权安全，布热津斯基曾坦率指出，维持和增强美国文化霸权和意识形态榜样力量来源于对民族国家主权的削弱①。当国家主权受到其他霸权国家的削弱时，文化主权自然不复存在。但是一国文化主权的削弱同样会使一国主权受到威胁，美国的文化霸权战略正是利用文化软实力，打开他国文化主权的缺口，增强美国文化在他国的地位，从而危及他国的主权安全。因此国家文化主权与国家主权具有某种程度上的同构性。

其次，从国内来看，维护国家文化主权在实践需求上具体表现为对意识形态和民族文化独立自主发展的选择权和决定权，在此意义上文化主权安全与国家主权安全具有实践意义上的同构性，两者都是为了维护社会稳定和政权长久。中国共产党坚定地反对资产阶级自由化思潮，巩固马克思主义意识形态的指导地位，积极吸收外来先进思想文化，同时保持中国民族文化的鲜明特色。20世纪80年代，西方国家对社会主义国家的"和平演变"达到前所未有的高潮，面对以美国为首的西方资本主义意识形态渗透，中国共产党明确地举起社会主义制度的大旗，对资产阶级自由化思潮进行了有力的回击。无产阶级要把握马克思主义这个精神武器，以此回应和打破资本主义意识形态攻势。邓小平同志针对当时党内某些领导干部思想战线上的涣散软弱状态提出批评和警告：美国的和平演变是针对社会主义国家的无硝烟的战争②。这场无硝烟的战争就是要击垮共产党的马克思主义思想战线，而四项基本原则及时阻止了西方资本主义国家对我国意识形态的颠覆和渗透。与此同时，中国共产党在这一时期在保持民族文化特色，培育现代化的民族精神方面顺应改革开放的时代趋势，积极借鉴西方国家的优秀文化，大胆吸收和借鉴包括资本主义国家文明在内的一切文明成果③，在对待西方的民族文化上，邓小平坚决摒弃盲目排外的思想倾向，

---

① 布热津斯基. 大失控与大混乱 [M]. 潘嘉玢，刘瑞祥，译. 北京：中国社会科学出版社，1995：162.

② 邓小平. 邓小平文选：第2卷 [M]. 北京：人民出版社，1994：208.

③ 邓小平. 邓小平文选：第3卷 [M]. 北京：人民出版社，1993：78.

采取开放的、虚心的态度，积极吸收先进文化，同时以维护民族文化建设为根本标准和价值底线，反对"全盘西化"主义和简单的"拿来主义"，主张保持民族文化特色，积极培育民族的自尊心和自信心，发扬爱国主义精神，谨慎提防民族文化在外来文化的冲击中迷失自我，在学习西方的同时不能变为崇拜西方甚至丧失本民族的自豪感和自信心①，不学习资本主义制度和各种腐朽颓废的思想②。对意识形态安全和民族文化建设的维护，是实践层面上维护国家文化主权的理论回应，同时也是对抽象意义上文化主权安全与国家主权安全同构性的具体回应。

### 5.2.4　坚持拨乱反正，坚持巩固马克思主义意识形态的指导地位

20 世纪 70 年代中后期，国家文化建设的首要任务就是清除错误思想倾向，重新奠定马克思主义意识形态的指导地位，找到国家文化建设的正确道路。

1976 年，中国处在一个重要的历史转折关头，虽然经过拨乱反正，但是"左"倾错误思想是很难消除的。正如列宁所说，传统是一种惰性力，这种惰性力在短期内很难被消除。对"左"倾错误思想的彻底清除涉及如何评价毛泽东思想及其历史地位。对于这一问题，党内出现了分歧，一种是坚持"两个凡是"的指导方针，另一种是主张正确评价毛泽东的历史地位及毛泽东思想的科学性和理论性。这两种思路的交锋实际反映了我国意识形态的发展方向。只有纠正"两个凡是"才能彻底纠正党在思想文化领域的"左"倾错误思想。坚持"两个凡是"的方针还是坚持马克思主义实事求是思想路线的争论直到党的十一届三中全会才一锤定音，在这个争论的过程中邓小平同志以极大的政治勇气和理论勇气重新确立了马克思主义的指导地位。

首先，对"两个凡是"的批评开启了文化领域的拨乱反正，促进了思想解放，为马克思主义意识形态指导地位的确立奠定了基础。1977 年 7 月 21 日，邓小平指出，要准确、完整地认识、学习、运用毛泽东思想指导工作，群众路线和实事求是是最根本的东西③。在邓小平同志的影响下，老一辈的无产阶级革命家纷纷发文章批评"两个凡是"的错误，如陈云、徐

---

① 邓小平. 邓小平文选：第 2 卷［M］. 北京：人民出版社，1994：262.

② 同①：168.

③ 同①：42-45.

向前、聂荣臻等纷纷发表文章阐述中国共产党和毛泽东长期以来所倡导的实事求是、理论联系实际的观点，有力地推动了拨乱反正工作的开展。正如胡乔木所说，反对"两个凡是"是党的十一届三中全会思想的开端①。

其次，讨论真理标准问题有力地推动了文化领域的拨乱反正，加速了思想解放运动的进展。随着拨乱反正运动的不断推进，人民群众改变现状的呼声与老一辈无产阶级革命家对历史问题的理论反思形成一股强大、无形的合力，先进正确的思想总会冲破僵化保守观念的阻碍，实事求是地探索新的道路才是推动历史向前的正确态度。1978 年 5 月 11 日，《光明日报》发表的《实践是检验真理的唯一标准》一文引发了思想解放运动。随后《人民日报》《解放军报》《解放日报》等报纸全文转载，15 家省报也转载了此文。《实践是检验真理的唯一标准》虽然在文内并未提及"两个凡是"，但实际上批评了"两个凡是"的错误思想，并涉及思想僵化、个人崇拜等历史遗留问题，因此引来"两个凡是"支持者的批评和责难。在关键时刻，邓小平挺身而出表明自己的态度②。邓小平在全军政治工作会议上的讲话中指出，正确看待马列主义、毛泽东思想就是要坚持实事求是、一切从实际出发的根本观点和方法③。此后邓小平多次找人谈话，坚定支持真理标准问题的讨论。在邓小平的坚定支持下，在全国范围内掀起了一场关于"真理标准问题大讨论"的思想解放运动，全党和全国人民都对这个重大的政治问题给予密切关注。理论界、党、政、军各部门都对这一问题进行了讨论。这场思想解放运动冲破了"两个凡是"的羁绊，推动了教育界、文艺领域和科学领域的拨乱反正工作的开展。

最后，党的十一届三中全会的召开重新确立了马克思主义意识形态的指导地位。1978 年 11 月 10 日，中共中央工作会议在北京召开，会议的议题设置并没有关于真理标准问题的讨论，但是与会者在发言中肯定了这场思想解放运动，同时对"两个凡是"提出批评。随后在 11 月 25 日中国共产党中央政治局常委谈话中，邓小平的谈话内容让大家进一步摆脱了"两个凡是"错误方针的束缚。邓小平强调只有解放思想才能正确解决历史遗留问题和新时期新问题。邓小平的讲话对这场思想解放运动的结局产生了

---

① 胡乔木. 胡乔木文集：第 2 卷 [M]. 北京：人民出版社，1993：570.
② 邓小平. 邓小平思想年谱（一九七五—一九九七）[M]. 北京：中央文献出版社，2004：319-320.
③ 邓小平. 邓小平文选：第 2 卷 [M]. 北京：人民出版社，1994：114.

5　基于软实力理论视角下的国家文化建设发展脉络　93

决定性影响，并且为党的十一届三中全会解放思想、实事求是的思想路线奠定了基础。党的十一届三中全会于1978年12月18日至12月22日在北京召开。全会高度评价了真理标准问题讨论，批判了"两个凡是"的错误方针，正确地解决了党的思想路线问题，实现了党在政治领域的拨乱反正，解放了思想，重新确立了马克思主义在意识形态领域的指导地位。

对"两个凡是"错误思想的纠正也促进了中国共产党在诸多领域拨乱反正工作的完成。比如，在教育领域，纠正了否定教育战线17年成绩的"两个估计"，摘除资产阶级知识分子的帽子，充分调动了广大教育工作者的积极性，恢复高考制度，培养了更多的社会主义现代化建设的人才；在科技领域，召开全国科学大会，明确知识分子是工人阶级的一部分，为尊重知识、尊重人才奠定了思想基础；在文艺领域，平反了文艺工作者的冤假错案，确立了文艺思想和文艺创作的"双百"（百花齐放、百家争鸣）方针和"二为"（为人民服务、为社会主义服务）方向，在文艺理论探讨上提倡"三不主义"（不抓辫子、不扣帽子、不打棍子），极大地推动了新时期文艺领域的发展和创作的繁荣。

中国共产党这一时期在文化领域的拨乱反正的过程，也是运用马克思主义基本立场观点纠正和清除意识形态领域僵化、保守、歪曲的极左思想的过程。此举结束了长期以来意识形态领域的混乱状态，在全党全国实现了思想文化上的统一，重新确立了马克思主义在意识形态领域的指导地位，极大地促进了社会主义文化思想的形成，为国家文化建设奠定了方向性基础。

## 5.3　内在发展型国家文化建设

从党的十四大到党的十六大，即1992—2002年，中国在时代转型时期面临着一系列新的国家文化建设问题，资本主义阵营的胜利使世界社会主义运动遭到巨大挫折，资本主义社会在物质生产和科学技术等方面进入高度发展时期，人们对社会主义前途充满忧虑，人们思想观念层面的诸多疑问对社会主义文化建设提出了严峻挑战。西方国家加紧了对我国思想文化领域的渗透，别有用心地抛出"意识形态的历史终结""文明的冲突""中国威胁论"等理论，为其文化扩张而寻找理论基础，向发展中国家推销其文化意识形态和政治价值观念，意图实现"文化殖民主义"。社会主义市场经济体制解放了人们的思想并产生了诸如竞争意识、民主法制和公平正义等时代精神，但经商热潮也催动了拜金主义、享乐主义等西方文化思潮，在社会转型时期我国长期存在的封建迷信和愚昧落后思想也沉渣泛起。社会经济成分的多元化和分配方式的多样化导致了人们思想活动的多样性、多变性、独立性。这一时期思想文化领域出现的新问题对中国文化建设提出了严峻挑战。中国共产党秉承以"发展"促"建设"的思路，在这一时期形成了"内在发展型国家文化建设"。这一时期中国共产党的国家文化建设思想坚持以文化发展促进国家文化建设，建设中国特色社会主义文化；同时增强文化软实力，确保内外文化利益；首次提出文化主权理念；坚持马克思主义意识形态的先进性是意识形态建设的关键；高度重视中华民族文化认同，巩固多元一体民族文化。

### 5.3.1 坚持发展中国特色社会主义文化，以文化发展促进国家文化建设

冷战结束后文化成为综合国力竞争的重要力量，中国共产党认识到激烈的国际竞争包含了文化方面的竞争。"当今世界，文化与经济和政治相互交融，在综合国力竞争中的地位和作用越来越突出。文化的力量，深深熔铸在民族的生命力、创造力和凝聚力之中。全党同志要深刻认识国家文化建设的战略意义，推动社会主义文化的发展繁荣。"[1] 这也是这一时期中国共产党以"文化发展"促进"文化建设"战略思维的重要体现。中国共产党的国家文化建设思想也实现了从"开放防御"转型为注重"内在发展"，以内在文化发展强化国家文化建设。

经济全球化的深入发展使处于弱势地位的国家面临严峻的文化挑战[2]，也使国际文化格局和国内文化环境都发生了变化。冷战结束后，世界范围内的共产主义运动陷入低潮，东欧剧变、苏联解体，社会主义阵营国家如同多米诺骨牌一般纷纷倒台。国际文化版图发生巨变，文化冷战在欧洲国家的结束与在亚洲国家的结束具有非对称性，作为文化冷战主体一方的苏联解体，东欧骤变，但原有的文化矛盾分散转化并以遗留问题的形式继续在亚洲存在。原来以美苏意识形态对峙为表现形式的文化冷战转变为资本

---

① 江泽民. 江泽民文选: 第3卷 [M]. 北京: 人民出版社, 2006: 558-559.

② 同①: 399-400.

主义文化对社会主义文化的渗透、遏制和颠覆，亚洲仍然具备文化冷战的宏观结构，双方显性的国家力量和隐性的意识形态之争仍然存在，从而使得文化渗透在亚洲国家继续存在，并呈现出长期性、隐蔽性以及非彻底性等特点。只是随着经济全球化的发展，双方在对抗的方式、力量的对称、外交方式上与以往不同而已。文化冷战在象征意义上消失但其分支在实际意义上仍然在亚洲存在，不同社会制度的文化矛盾已经不再是国际文化的主要矛盾，原有的文化力量对比已经完全不对称，以美国为首的资本主义文化体系成为一种影响全球文化格局和国际文化矛盾运动的主要力量。在两极格局中，美苏两大国之间保持稳定均势，没有哪一方可以取得绝对霸权地位，其他国家可以在这种相互制衡的夹缝中获得生存独立的空间。冷战后，两极格局结束，相互制衡消失，单极的世界结构要求独霸世界，美国开始了在全球称霸的历程，它的文化扩张战略对中国国家文化建设造成极大威胁，从文化贸易上的不平等，到文化信息传播的单向流动，再到国际文化主导权的西方化，这些都对中国国家文化建设造成严重挑战。从党的十四大到党的十六大，我国正处于社会转型期，利益主体的多元化导致文化价值取向的多样化，封建落后思想和资产阶级思想仍然有生存的"土壤"，而我国社会主义物质文明和精神文明"一手硬，一手软"的状况也并没有得到根本改善，道德失范、秩序混乱的现象依然存在。"道德滑坡"的社会现实状况严重干扰了我国的国家文化建设，瓦解了人民群众的社会主义文化认同，消磨人民群众的马克思主义意识形态信念。同时，市场经济转轨产生的拜金主义、享乐主义和功利主义等落后腐朽思想的侵蚀，封建迷信对人民群众的"洗脑"，都严重威胁了国家文化建设。因而在这一阶段中国共产党第一次明确提出维护我国的文化安全，同时在文化外交中中国共产党首次提出"文化主权"思想和新安全观理念，呼吁互利、平等、互信、协作的文化外交新秩序，在意识形态上也提出以"三个代表"重要思想来指导、引领意识形态建设，这些都是中国共产党抵抗美国的文化扩张战略，强化国家文化建设的表现。

坚持发展中国特色社会主义先进文化是中国共产党对国家文化建设问题进行认真思考后的重要表现，也是这一时期以"文化发展"促进"文化建设"思维方式形成的重要体现。坚持发展中国特色社会主义文化，强化国家文化建设的内在保障，这一过程主要经历了三个阶段。一是文化独立性和重要性地位的凸显。文化建设独立性和重要性地位的凸显是实现从

"精神文明建设"到"中国特色社会主义文化建设"话语转变的必然要求。实现从精神文明建设理论向社会主义文化建设理论的转变,正是以发展的思维把握文化建设问题的重要标志。邓小平曾多次提出精神文明建设理论的重要性,但是他并没有把文化建设与经济建设和政治建设并列。将社会主义文化建设作为一个领域单独列出是由党的第三代中央领导集体完成的。党的十二大对于文化建设和思想建设的主要内容也进行了区分,并指出,两者作为并列内容相互渗透相互促进,构成精神文明一个方面①。江泽民在建党七十周年大会的讲话中首次明确提出文化、经济与政治是不可分割的整体,文化建设思想的提出是这一时期中国共产党对精神文明建设理论的继承和创新,将文化建设与经济建设和政治建设相提并论,这种划分增强了文化的独立性。二是中国特色社会主义文化建设理论的形成,为国家文化建设奠定了理论基础。党的十四大报告从文化建设的角度论述精神文明②,党的十五大报告将社会主义文化和精神文明联系起来进行论述,指出了精神文明建设和文化建设的历史与逻辑关系③。党的十五大报告系统阐述了中国特色社会主义文化建设的内容、任务、目标,并将中国特色社会主义文化作为综合国力的重要标志,标志着社会主义文化建设理论的形成,为维护国家文化建设指明了正确的方向。三是从战略高度认识国家文化建设,将文化作为衡量国家综合国力的重要标志。党的十六大强调了文化建设对国家综合国力的重要作用④,这也是新时期党中央依据国际文化格局的变化而提出维护国家文化建设的重要理论基础。

### 5.3.2 坚持道德体系建设和文化体制改革,保障国家文化利益

"内在发展型国家文化建设"阶段,对我国文化利益造成威胁的因素主要来自内外两个方面。外部威胁因素主要是以美国为首的西方资本主义国家的文化扩张战略,文化冷战的结束并没有改变社会主义文化和资本主义文化的分歧和对立,相反,苏联的解体更加使美国坚信资本主义文化的合理性和正义性,美国文化价值观念的扩张和渗透消解了国内民众的马克

---

① 中共中央文献研究室.十二大以来重要文献选编(上)[M].北京:人民出版社,1986:29-30.
② 江泽民.江泽民文选:第1卷[M].北京:人民出版社,2006:239.
③ 中共中央文献研究室.十五大以来重要文献选编(上)[M].北京:中央文献出版社,2011:30.
④ 江泽民.江泽民文选:第3卷[M].北京:人民出版社,2006:558-559.

思主义信仰，腐蚀了正在发展中的社会主义先进文化。文化信息及文化产品流向制度的美国化，对中国国家文化利益造成直接损害。内部威胁因素主要是经济转轨滋生的腐朽落后的思想文化对群众精神信仰的消解，由此带来的道德秩序失范造成的混乱直接影响群众对合理合法文化利益的获取。因此，为了维护国家文化利益，一方面要加强社会主义思想道德体系建设，另一方面要在市场经济制度下继续深化文化体制改革。当然，我国在这一时期虽然是从"内外"两方面威胁因素入手来维护国家文化利益安全，但是对于外部威胁因素的化解更多是通过强化内部文化要素的方式来实现，即通过内部道德体系建设和文化体制改革来防范化解外部文化挑战。

为了维护国家文化利益，保障人民群众的基本文化权益，中国共产党在这一时期采取的措施主要有两方面，一是加强社会主义思想道德体系建设。防范资本主义文化思想渗透的关键在于提高公民的道德水平。只有不断提高民众的思想道德层次，才能有效防范市场经济滋生的拜金主义、享乐主义，杜绝封建迷信，提高人民群众的精神文化追求，消除腐朽落后的文化噪音。规范健康、积极向上的文化消费市场，为群众充分享有积极向上的文化权益提供外部环境保障。社会主义思想道德建设以为人民服务为核心，提高了公民的道德层次和精神追求，将道德规范上升到维护国家文化建设的高度，调整了旧的文化利益格局。党的十四届六中全会明确指出了社会主义道德体系的基本内容[1]，2001年印发的《公民道德建设实施纲要》指出，社会主义思想道德建设是发展先进文化的重要内容和中心环节[2]，党的十六大报告对社会主义思想道德体系的基本原则、核心、内容、重点作了说明[3]。这些都是中国共产党积极建设公民思想道德文化体系的举措，这些举措培育了公民享有积极健康文化权益的能力。二是在市场经济制度下继续深化文化体制改革。这一阶段我国所实行的文化体制改革正是对原有的国内文化利益格局进行重新调整，使文化体制与社会主义市场经济相适应，从而更好地满足人民群众的美好文化生活需要。文化体制改

---

① 中共中央文献研究室. 十四大以来重要文献选编（下）[M]. 北京：中央文献出版社，2011：142.

② 同①：218-219.

③ 中共中央文献研究室. 十六大以来重要文献选编（上）[M]. 北京：中央文献出版社，2011：30.

革是经济转轨的实质要求，因而建立与市场经济制度相适应的文化体制是维护文化利益的时代要求。要实现文化体制改革，最重要的是要克服思想观念上的障碍，克服文化利益相关部门的掣肘，以创新的精神提出改革的举措，从而最大限度地维护国家整体文化利益，建立与社会主义市场经济制度相适应的文化体制也是解放文化生产力，创新文化产品，激活文化市场，改善文化供给的关键环节。

### 5.3.3　首次提出文化主权思想和新安全观理念

中国共产党非常重视国家文化建设问题，在对外交往中提出"文化主权"的思想和"新安全观"理念。这一阶段国家文化主权概念的提出具有重要意义，反映了在全球化背景下中国共产党对国家文化建设问题的战略判断及思考①。新安全观的提出反映了冷战后文化、科技、信息等非传统安全因素在国家安全中的地位不断上升的实际情况下，中国共产党对新的国际文化格局认识的深化。新安全观为国家文化建设思想的丰富和国家文化发展战略的谋划提供了更为广阔的平台。

冷战结束后，美国成为世界霸主，新技术革命和金融创新保证了美国在经济领域的绝对领先地位，经济全球化为美国商品的全球出口带来了前所未有的机遇。而美国的军事能力同样令世界各国望尘莫及，美国在 2003年的防御支出占据了全球防御支出总额的近 40%，是当时名列第二的中国的 7 倍，即美国在国防上的开支与它之后的 13 个国家的总额等同②。在地缘政治层面，从 1989 年之后的 20 年内，美国的霸权体系深刻地影响了全球的政治、经济和外交理念，华盛顿控制了整个西半球。同时，美国也是欧洲和东亚的重要外来平衡力量，美国还在中东、中亚和南亚地区不断扩大自己的影响力③。西方以外的其他国家没有实力同时也没有意愿挑战美国的霸权体系，反而以融入西方体系和改善同美国的关系为基本的对外政策，美国在政治、经济、军事和文化方面俨然已经站到了世界权力的巅峰④。苏联解体和东欧剧变使美国的霸权主义得到了扩张，进而巩固了以

---

① 胡惠林. 中国国家文化建设论 [M]. 上海：上海人民出版社，2005：53.

② 沃尔特. 驯服美国权力：对美国首要地位的全球回应 [M]. 郭盛，王颖，译. 上海：上海世纪出版集团，2008：17.

③ 扎卡利亚. 后美国世界：大国崛起的经济新秩序时代 [M]. 赵广成，林民旺，译. 北京：中信出版社，2009：54.

④ 同②：14.

西方为主导的国际体系，而美国在冷战结束后至新世纪初加紧了对外的文化扩张战略①。中美之间的反恐合作拉近了双方的距离，但是只是暂时掩盖了资本主义文化与社会主义文化的分歧，美国对中国仍然继续进行资本主义文化渗透，执行和平演变政策，比如小布什政府起用大批反共专家和冷战专家组成外交决策班子就说明文化扩张在美国国家安全战略中的地位上升。

　　社会主义阵营的消失使中美关系经历了从紧张到正常的变动过程，但美国对中国的遏制、防范以及文化渗透从未间断。基于美国在世界范围内推行的文化霸权以及中美之间的文化矛盾，中国共产党非常重视国家文化主权问题。1996 年 12 月 16 日，江泽民同志指出，国家独立意味着政治、经济和思想文化上的独立②。这里的"思想文化上的独立"正是"文化主权"。社会主义运动陷入低潮，美国等西方国家加紧了对中国的文化和意识形态渗透，"西化"甚至"分化"中国的图谋不曾减弱，在这种环境下提出维护国家文化主权正是顺应时势的产物。党的十五大报告指出，"决不允许别国把他们的社会制度和意识形态强加于我们。"③保障意识形态安全也是维护国家文化主权的重要举措，江泽民同志在党的十六大上重申，"始终把国家的主权和安全放在第一位"④，主权安全是包括国家文化主权安全在内的综合安全，这一论述实际上再次强调了国家文化主权的重要性。

　　文化冷战结束后，文化冷战思维依然存在，因此中国共产党非常重视国家文化建设问题。江泽民同志提出的"新安全观"国际交往理念为国家文化建设奠定了基础。在旧安全观中，政治和军事处于重要地位，但是极少提到文化建设。冷战结束后，中国共产党审时度势，从文化对国家和社会的长远、深刻影响出发，提出新的应对举措，而新安全观的提出在理论上凸显了文化建设因素的重要性，在实践上为国家文化建设提出了新的指导思想。1999 年 3 月 26 日，在日内瓦裁军谈判会议上，江泽民同志做了"建立适应时代需要的新安全观"的重要讲话，指出新安全观的核心是互

---

　　① 王缉思. 美国霸权的逻辑 [J]. 美国研究，2003 (3)：7-29.

　　② 中共中央文献研究室. 十四大以来重要文献选编（下）[M]. 北京：中央文献出版社，1999：224-225.

　　③ 中共中央文献研究室. 十五大以来重要文献选编（上）[M]. 北京：中央文献出版社，2000：37.

　　④ 同③：36.

利、互信、平等、协作①，为维护我国文化建设提供了坚实广泛的思想基础。新安全观是中国共产党在国际交往中处理文化矛盾的指导思想，2002年唐家璇强调中国对于文化建设问题的认识，主张超越意识形态和社会制度，加强不同文化间的对话交流②，要实现较长时间的安全必须要有制度性的保障，江泽民同志在1999年日内瓦裁军谈判会议上指出，建立国际新秩序保障世界和平③，国际新秩序当然包括国际文化新秩序，经济全球化使得推动建立国际政治经济新秩序的呼声极高，而随着国际文化价值观念的全球传播，国际文化新秩序也应该成为国际新秩序的重要组成部分。江泽民同志在党的十六大报告中重申文化互信④，这是对国际文化新秩序的再一次呼吁。

维护国家文化主权并不意味着排斥其他民族文化，而平等、协作、互信、互利的新安全观在客观上也要求中国共产党尊重世界文化的多样性，这也是中国共产党在这一阶段提出的国际文化交往方针，即坚持"以我为主，为我所用"和"尊重世界文化多样性"。江泽民同志在党的十五大报告中指出，开展多种形式的文化交流，同时也要坚持以我为主、为我所用的原则⑤。"以我为主，为我所用"的对外文化交往原则，就是在国际文化交往中学习借鉴其他国家、民族的文化优势，同时又坚持自己的民族文化特色。单纯强调本民族文化的优越性而排斥甚至企图将本民族文化的价值观念强加给其他民族，只会造成异质文化的冲突，在经济全球化时代要实现不同文化之间的和谐共生必须在坚持"以我为主"的同时，承认世界文化的多样性，在平等的基础上实现和平对话和交流，尊重其他民族文化，化解不同文化矛盾，实现文化利益的互惠互利。国家文化主权概念的首次提出和新安全观的建立都是这一时期中国共产党在对外交往中坚持国家文化建设的重要体现。在国际文化交流中秉承"以我为主"和"尊重世界文化多样性"的原则是中国共产党由单一文化理念走向成熟的重要转变，从单纯秉持国家文化利益至上而转向世界文化利益互信互利互荣的国家文化建设观念是中国共产党国家文化建设思想进步的标志。

---

① 江泽民. 江泽民文选：第2卷 [M]. 北京：人民出版社，2006：313.
② 曹泽林. 国家文化建设论 [M]. 北京：军事科学出版社，2006：344.
③ 同①.
④ 中共中央文献研究室. 十六大以来重要文献选编（上）[M]. 北京：中央文献出版社，2004：36.
⑤ 同③：32.

### 5.3.4　坚持马克思主义意识形态的先进性

意识形态建设是国家文化建设的核心内容，"先进文化论"则是这一时期中国共产党意识形态建设的指导思想，只有不断坚持马克思主义意识形态的先进性，才能实现国家文化建设的持久性。在中国，愚昧、庸俗、落后的封建思想残余仍然存在，只有坚持马克思主义意识形态的先进性和创新性才能抵制腐朽落后思想对人们精神的侵蚀。坚持马克思主义意识形态的先进性是意识形态建设的关键，只有不断实现马克思主义意识形态的与时俱进才能更好地开展意识形态建设。

"先进文化论"是这一时期中国共产党国家文化建设的指导思想。只有不断地保持本国文化的先进性才能更好地进行国家文化建设。任何一种文化形态的形成和发展都深深根植于其所在的社会经济基础，不可避免地受到民族文化传统和外来思想文化的影响，不管是外来文化还是本土文化都不同程度存在先进因素和落后因素，因此社会主义文化建设既要防止腐朽落后的封建思想残余，又要警惕西方文化的糟粕因素。当然，正如不能"因噎废食"一样，我们也不能因为外来文化会对中国国家文化建设造成威胁而选择封闭性地进行单纯的文化保护，这种"闭关自守"式的国家文化建设做法不可能真正发展国家文化，只有不断地吸收世界先进文化因素，保持自身文化的先进性才能做到真正的文化建设，固步自封、僵化停滞最终带来的不是文化建设而是僵化灭亡。当然，在学习借鉴国外先进文明成果时要注意区分先进和落后，盲目崇拜照搬西方的价值观念只会亦步亦趋，沦为他人的附庸[①]。"先进文化论"就是指不断追求先进文化从而促进文化建设。在促进我国文化建设的过程中，我们要在全球范围内科学地分析、借鉴、吸收人类社会先进文化的结晶，将其根植于人民群众的根本利益当中，不断保持先进文化的强大生命力，从而获得可持续的文化发展。从文化生态学的角度来看，由于自身的融汇性、整合性等特质，先进文化必然会战胜落后文化。

意识形态建设要求中国共产党不断保持马克思主义意识形态的强大生命力，坚持马克思主义意识形态的先进性是意识形态建设的关键，而实现意识形态理论的创新是坚持其先进性的前提和基础。改革开放以来，中国

---

① 中共中央文献研究室. 十四大以来重要文献选编（下）［M］. 北京：中央文献出版社，1999：224.

共产党根据新的文化环境创造性地保持马克思主义的先进性，从邓小平理论到"三个代表"重要思想，中国共产党实现了指导思想的创新，以先进的意识形态指导国家文化建设的实践进程，这是马克思主义意识形态的理论创新，更是意识形态建设的最新指导思想。理论创新是实践创新的动力基础，而实践创新又是理论创新的生长点，坚持群众路线，从人民群众中吸取营养，不断以马克思主义理论创新指导新的国家文化建设实践活动。从根本上讲，坚持意识形态先进性必须实现马克思主义理论内容的创新，重视理论传播模式的与时俱进，大力改革传统意识形态传播模式，重塑主导意识形态的外在形象和亲和力。坚持马克思主义意识形态的先进性要注意，创新不是割断历史的创新。马克思主义意识形态的理论创新从来都是在继承与发展中实现的，继承古今中外优秀的精神文化，在解决新的问题的过程中又不断建构起新的思想体系。先进性既是马克思主义作为社会主义主导意识形态的生存之本，也是我国在新形势下与西方国家进行文化博弈的战略力量，更是我国进行意识形态建设和国家文化建设的必然要求。

任何理论都随着时代的变化在实践中不断产生新的问题，从新的实践中不断吸收养分，在解决问题的过程中保持意识形态生命力。创新是马克思主义持久生命力的重要保障，也是马克思主义在意识形态领域屹立不倒的根源。从诞生之日起，马克思主义理论的创新发展就植根于深厚的实践活动中，理论是对实践的经验总结，而理论的创造主体——人，是具有主观能动性的，因此从逻辑上讲，理论可能会滞后于也可能超前于实践活动，因为人所具有的主观能动性可以在实践活动后对其进行总结，也可以进行前瞻的理论创造。意识形态只有具备先进性、前瞻性，才能指导实践[1]。马克思和恩格斯就是在批判资本主义思想和资本主义社会的基础上科学地创立了马克思主义意识形态，不断实现创新发展是其保持先进性的重要前提。不断保持旺盛的生命力需要及时关注、深刻剖析现实社会问题，这就要求马克思主义要与时俱进地进行理论创新，解决当前社会实践活动中所遇到的问题。马克思主义的中国化过程就是一个在解决实际问题中不断实现理论创新，不断保持内在先进性的过程。

---

① 戴焰军，李英田. 党的执政能力建设与意识形态工作 [M]. 北京：党建读物出版社，2005：128.

### 5.3.5 坚持巩固多元一体的中华民族文化

我国是一个统一的多民族国家，大杂居小聚居的分布格局决定了各民族文化既有自己民族特色又具有共同的特性，各民族文化之间的相互交流塑造了多元一体的中华民族文化。中华民族文化的多元一体决定了少数民族文化和汉族文化之间是不可分割的关系。多元一体的中华民族文化推动了各民族生产力的发展和社会的进步，在农业、文艺、建筑等方面造就了多姿多彩的中华民族文化瑰宝。世纪之交，风云突变，苏联解体，新的民族主义浪潮汹涌而至。中国共产党看到了这一时期中华民族文化认同所面临的问题，从综合国力的高度来认识民族文化认同，增强中华民族文化的凝聚力，弘扬中华民族传统文化，加强民族团结，巩固多元一体的中华民族文化格局。

第一，从综合国力的高度重视中华民族文化认同。综合国力是一个国家生存和发展的全部实力的总和，主要是由经济力、政治力、文化力和科技力等组成。20世纪90年代，约瑟夫·奈的软实力理论充分说明了中华民族文化认同的吸引力和凝聚力对综合国力的重要作用，正如江泽民同志所指出，当今各国特别是大国之间的关系集中表现为包括民族凝聚力在内的综合国力的竞争，这种竞争在21世纪将持续很长一段时间[①]。民族凝聚力的基础来源是中华民族文化认同，面对综合国力竞争中指标的变化，中国共产党从综合国力的高度重视中华民族文化认同。中华民族文化认同是民族凝聚力和民族精神的重要体现，它所具有的精神力量可以直接转化为物质力量，凝聚汇合中华民族全体人民的力量，成为国家发展和社会稳定的重要精神力量。中华民族文化认同的超强凝聚力来源于高度自觉和理智自强的中华民族精神，在中华民族共识的基础上衍生出制度文化、精神文化和物质文化，共同促进社会的发展进步。在我国加入世界贸易组织以后，中华文化与世界文化之间的交流融合更加频繁，吸收借鉴与保护特色是并行不悖的，因此在继承借鉴资本主义社会先进文化因子的基础上，要树立正确的民族文化建设观，增强民族文化认同。

第二，增强中华民族凝聚力，巩固多元一体的中华民族文化。中华民族凝聚力的形成是各民族在相互交融的基础上形成的整体观念，各民族共

---

① 江泽民. 论党的建设 [M]. 北京：中央文献出版社，2001：418.

同缔造了中华灿烂文化史，中华民族文化的趋同性和整体性共同推动了中华民族凝聚力的形成，"血浓于水"的中华民族凝聚力使中华民族具有区别于其他民族的独特文化特性，而这一文化特性是以爱国主义为核心的民族团结、国家统一的精神，是民族文化建设的保障力量。中华民族凝聚力作为一种观念，蕴藏于中华民族之中，是民族心理的统一体现和中华民族的生命力，也是长期以来历代王朝多次分裂后仍然能够走向统一的民族精神，是身在国外仍然心系祖国的千万华侨华人的爱国情怀，是中国共产党团结广大人民粉碎敌对势力图谋的精神力量。正如江泽民同志所指出的，暂时的分裂不能阻挡民族团结统一的步伐，民族统一团结意识是中国发展进步的重要保障。爱国主义传统是中华民族凝聚力的核心，是中国人民抵抗外族入侵，维护国家统一的重要精神力量。"三个代表"重要思想是增强中华民族凝聚力的重要理论创新，中国共产党代表中国先进文化的前进方向，从思想上精神上抵制腐朽文化和落后文化，最大程度地凝聚了全国各民族、各阶层的爱国精神，极大地激励了广大人民群众的民族文化认同。党的十六大报告把"坚持团结一切可以团结的力量，不断增强中华民族的凝聚力"作为中国共产党宝贵的实践经验，强调民族精神是国家的灵魂和支柱①，缺乏民族精神无法立于世界民族之林②。

第三，弘扬中华优秀传统文化。中国共产党多次在重要场合提到中华民族优秀文化，表明了中国共产党对待民族优秀传统文化的新态度、新立场和新定位。1997 年 11 月 1 日，江泽民同志在美国哈佛大学的演讲中提出，中国的文明传统是影响中国人思维方式、价值理念以及精神追求的重要影响因素。党的十六大报告明确指出，要把弘扬中华文化纳入国民教育全过程，将其作为精神文明的内容。中国共产党对于中华优秀传统文化的弘扬是对传统文化的新定位，是维护民族文化建设的重要内容和基本手段。

---

① 江泽民. 江泽民论有中国特色社会主义（专题摘编）[M]. 北京：中央文献出版社，2002：395.

② 同①：397.

## 5.4 主动走出去型国家文化建设

从党的十六大到党的十八大，即 2002—2012 年，中国的国家文化建设面临严峻挑战。随着文化在综合国力中占据着越来越关键的位置，资本主义文化体系在全球文化体系中处于优势地位，大肆向社会主义文化体系进行思想文化渗透和价值观念传播。美国以"文化先进"者自居，在冷战后以政治经济霸权为起点开启文化霸权的全球化历程，一意孤行地向其他国家，特别是它认为的"文化落后"国家推销美国的价值观念和意识形态，对其他国家的文化主权以及民族文化认同造成严重威胁，由此产生了以文化侵略与反侵略、文化渗透与反渗透为表现形式的文化冲突和矛盾。这一时期，中国共产党就文化问题单独做出说明，提出要"确保国家的文化建设和社会稳定"[①]。同时，党中央以中央文件的形式明确国家文化建设的主体是中国共产党。2004 年召开的党的十六届四中全会上，胡锦涛同志从加强党的执政能力建设的高度提出国家文化建设，把促进国家文化建设作为党执政能力建设的重要方面，对"维护国家文化建设的主体是谁"这个问题做了明确的说明。因此，这一时期中国共产党的国家文化建设思想相比前一时期更加丰富。

中国共产党在加强内在文化软实力的基础上选择主动走出去，因而这一时期中国共产党国家文化建设思想是"主动走出去型国家文化建设"。这一时期，中国共产党的国家文化建设思想主要包括：坚持实施"文化走出去"战略，维护国家文化利益；构建和谐文化，反对新文化殖民主义，维护国家文化主权；坚持社会主义核心价值体系，加强意识形态建设；促进中华民族文化繁荣发展，加强民族文化建设。

### 5.4.1 坚持实施"文化走出去"战略，维护国家文化利益

在社会主义市场经济体制基本建立之后，我们的市场经济逐渐发展完善，在经济全球化的带动下，我国文化交流与传播也逐渐突破单一的民族国家限制。在经历"内在建设型国家文化建设"阶段后，中国共产党积极

---

① 胡锦涛. 始终坚持先进文化的前进方向大力发展文化事业和文化产业 [N]. 人民日报, 2003-8-13 (01).

主动谋求自身的文化建设，采取"文化走出去"战略，"以攻代守"，积极出击扩大国际文化影响力。不同文化之间的交流可以使不同的民族文化相互学习借鉴，变得更加丰富多彩，进一步推动世界文化的繁荣发展，超越以往的制度不同、道路之争的窠臼，使世界更好地了解中国的发展道路、文化传统和治国理念。"文化走出去"战略维护了国家文化利益安全，对中国的海外利益起到了积极的维护作用。积极实施"文化走出去"战略，可以扩大社会主义先进文化的影响力，向国际社会和世界人民展示具有中国特色的社会主义文化，增强国际文化认同，维护国家文化利益。

改革开放以来，我国的"文化走出去"战略经历了一个发展过程。党的十六届四中全会指出，要"积极开展对外文化交流"①；党的十六届五中全会指出，"要加快实施文化产品走出去战略"②，强调"推动中华文化走向世界"③；2006年颁布的国家"十一五"规划对文化走出去做了具体规划。国务院出台的《国家"十一五"时期文化发展规划纲要》指出，未来实施的五大发展战略之一是"中华文化走出去战略"④。党的十七大报告明确指出"增强中华文化国际影响力"⑤。党的十七届六中全会进一步指出："坚持发展多层次、宽领域对外文化交流格局……实施文化走出去战略，不断增强中华文化国际影响力。"⑥

"走出去"作为经济领域的重要概念，近年来逐渐被引入到文化领域。约瑟夫·奈将文化、政治价值观和外交政策作为文化软实力的三个来源，因此，将本国文化向世界传播会扩大本国文化的影响力，提高国际社会对本国意识形态和社会制度的认同，促进国家文化建设，维护整体文化利益。胡惠林指出，国家文化建设系数是由影响力、吸引力和贡献力所决定的，文化建设状态与国家文化在世界上的影响力和吸引力成正相关关系⑦。

---

① 中共中央文献研究室. 十六大以来重要文献选编（中）[M]. 北京：中央文献出版社，2006：289.

② 同①：1033.

③ 同①：1081.

④ 杨利英. 文化走出去战略与文化大繁荣 [J]. 中共山西省委党校学报，2012（12）：105-108.

⑤ 中共中央文献研究室. 十七大以来重要文献选编（上）[M]. 北京：中央文献出版社，2009：28.

⑥ 中共中央文献研究室. 十七大以来重要文献选编（下）[M]. 北京：中央文献出版社，2013：559.

⑦ 胡惠林. 中国国家文化建设论 [M]. 上海：上海人民出版社，2011：276.

中国的国家文化建设也与国际社会对本国文化和意识形态的认同度成正相关关系，实施"文化走出去"战略能够有效维护国家文化建设。因此，在全球化的时代背景下，"文化走出去"战略既是我党维护国家文化建设的重要举措，也是顺应全球化时代的发展趋势。实施"文化走出去"战略可以推动不同文化的交流融合，也在一定程度上消减了周边国家对中国的恐惧和疑虑，将潜在的文化冲突降至最低[1]。

在文化走出去战略中，我国一直坚持和谐、平等、包容的基本原则。胡锦涛在 2003 年 5 月 28 日莫斯科国际关系学院的演讲中指出，要尊重和维护世界的多样性，各种文明要在交流互鉴中不断丰富发展[2]。正是在和谐平等包容的基本原则指导下，我国与世界多国建立了双边和多边的文化合作机制，开展了"文化年""文化节"等多种丰富多彩的文化交流活动，同时还开展了学术交流、留学互访等文化合作项目，这些文化交流互动活动加深了各国之间的相互了解。丰富多彩的民间文化交流实现了不同国家之间的民间文化艺术团、文化教育机构的互访，拉近人民距离的同时也实现了文化上的互惠互利[3]。在文化走出去过程中，以"孔子学院"为代表的中华文化走向世界，除此之外，《五朵金花》《阿诗玛》两部民族电影以及具有民族风情的《云南映象》等大型舞蹈的成功塑造都是中国民族文化走向世界的重要成果。坚持文化的和谐、平等、包容原则，是中国对西方资本主义国家文化霸权，狭隘自私的文化排外主义的强有力的反对。文化交流互鉴时代使世界不同文化之间实现了交流融合，客观上也造成了文化的趋同化趋势，但是文化的单一化趋势并不是文化殖民主义的借口，也不是先进文化以居高临下的态度对待弱势文化的理由，只有秉持和谐、平等、包容原则才能在求同存异的基础上进一步传播中华文化，积极建构公平公正合理的国际文化新秩序，让共存共享共建的文化价值观在国际社会传播。当然，在文化走出去的过程中，我们对优秀的文化因素也要不断借鉴吸收，充实丰富中华文化的内在活力，但同时要警惕多元文化价值观念对我国民族文化认同的负面影响，积极进行国家文化建设，维护自身整体

---

① 李姗姗. 习近平"文化走出去"战略思想研究 [J]. 中华文化论坛，2017 (6)：24.

② 中共中央文献研究室. 十六大以来重要文献选编（上）[M]. 北京：中央文献出版社，2004：309.

③ 李姗姗. 习近平"文化走出去"战略思想研究 [J]. 中华文化论坛，2017 (6)：23-28.

文化利益①。

### 5.4.2　构建和谐文化，反对新文化殖民主义，维护国家文化主权

英国曾经对被殖民国家实行文化殖民政策，以英国文化同化殖民地文化，宗主国的文化殖民造成了被殖民国家语言以及文化传统的消亡。虽然新世纪的文化交流互鉴与资本殖民时期的文化殖民有极大的区别，但是利用文化产品以及先进的网络技术将资本主义价值观输送到世界上任何一个角落，占领文化市场以及世界思想空间，却是二者的共性。从这个意义上讲，现今的文化交流互鉴在西方发达国家的主导下仍然具有文化殖民的性质，因为这种文化交流互鉴极大地削弱了国家的文化主权，从发达国家单向输出文化及价值观念的目的是消灭输入国的民族文化，直接威胁文化输入地国家的文化生存权和发展权，损害输入国的文化利益。文化交流互鉴就是非西方文化被西方文化同质化与一体化的过程②。西方文化往往是美国文化的代名词，因此，文化交流互鉴是西方殖民文化的发展延续，弱势民族文化处于被西方强势文化吞噬的危险境地。

文化产品的跨区域、超时空流动削弱了国家文化主权。在中国加入WTO以后，中国的文化市场到处充斥着带有资本主义文化意识形态的商品。文化交流互鉴所形成的世界文化市场并没有平等地带给所有国家发展的机遇，当绝大多数发展中国家在工业化道路上奋力前进时，资本主义发达国家已经在现代文化产业领域积累了丰富的经验，抢占文化市场先机，在文化流通领域制定交易规则。发展中国家为了维持经济的发展不得不牺牲部分文化市场换取国际资本支持，也不得不接受由发达国家制定的各种文化贸易规则。在这一过程中，发展中国家的文化主权不可避免地受到削弱，接受不平等的文化市场贸易规则意味着放弃部分文化利益甚至是以部分文化主权换取经济发展空间，接受WTO的约束以及不平等的规则是发展中国家在文化交流互鉴过程中所付出的代价。如何在保持文化开放的同时维护文化主权，在实现经济增长的同时确保文化利益安全，这是在文化交流互鉴过程中处于非主导地位的发展中国家在文化领域亟须解决的问题。

---

① 李姗姗. 习近平"文化走出去"战略思想研究［J］. 中华文化论坛，2017（6）：23-28.
② 星野昭吉. 全球政治学：全球化进程中的变动、冲突、治理与和平［M］. 刘小林，张胜军，译. 北京：新华出版社，2000：196.

文化交流互鉴时代居于文化主导地位的西方发达资本主义文化对我国形成了新的文化殖民问题，严重威胁了我国的文化主权安全，中国共产党对此非常重视。中国共产党在这一时期提出"和谐文化"思想，旗帜鲜明地反对全球化时代新的文化殖民主义，维护国家文化主权。国家范围内，为了维护国家文化主权，中国共产党非常重视中华民族传统文化。这一时期，中国共产党确立了在世界范围内成立一百所孔子学院的计划，孔子作为中华传统文化的代表人物在其他国家传播了"和谐文化"，扩大了中华传统文化在国际舞台上的影响力和知名度，凝聚了海内外华人的民族精神，为建设社会主义文化国家奠定了世界认同基础。在国际社会，胡锦涛同志提出"和谐世界"这一维护国家文化主权的重要指导思想，建设持久和平的国际环境是构建平等、开放、包容国际文化秩序的基础，也是营造双向流通、彼此包容、相互学习的文化传播环境的基础，是对新世纪新的文化殖民思想的有力回击。世界文化的和平发展是所有主权国家的共同责任，人类文明的进步是所有民族文化丰富多彩的共同努力，中华民族要与世界所有民族一起构建和谐美好的国际文化格局，文化强势国家不搞文化霸权主义，文化弱势国家也受到尊重，所有文化形态在国际文化市场上和谐、平等地沟通交流，文化产品的流通发展以平等交流为目的，所有民族文化在求同存异中获得共同的发展繁荣。

### 5.4.3　坚持社会主义核心价值体系，加强意识形态建设

　　社会主义核心价值体系是中国共产党进行国家文化建设和意识形态建设的重要思想，它鲜明地回答了新的文化格局下中国共产党用怎样的精神旗帜增强人民大众对社会主义意识的认同。社会主义核心价值体系是社会主义意识形态的实质体现。2004—2011年，社会主义核心价值体系从思想道德建设领域扩展到思想政治教育领域，推动社会主义文化繁荣的关键在于核心价值体系建设①。党的十六届六中全会完整提出了社会主义核心价值体系的内容②。胡锦涛同志在党的十七大上指出，"社会主义核心价值体

---

　　① 中共中央文献研究室. 十六大以来重要文献选编（上）［M］. 北京：中央文献出版社，2004：790-805.
　　② 中共中央文献研究室. 十六大以来重要文献选编（下）［M］. 北京：中央文献出版社，2007：661.

系是社会主义意识形态的实质体现。"① 党的十七届六中全会强调了社会主义核心价值体系的实现路径，并将其融入教育、党建以及改革开放的各领域②。

　　坚持社会主义核心价值体系要加强社会主义意识形态建设。第一，马克思主义是社会主义核心价值体系的灵魂。以马克思主义的立场观点方法来分析当前思想意识形态领域的主要矛盾和次要矛盾，认清社会思潮的主流和支流，才能在错综复杂的社会思潮中看清实质和方向，牢牢把握意识形态的前进方向，不被错误思潮左右。马克思主义为抵御错误思潮提供了有力屏障，确保了意识形态安全。第二，社会主义共同理想是核心价值体系的主题。共同理想具有中国特色，反映了广大人民群众的共同愿望。实现最广大人民群众的根本利益和理想是中国共产党始终坚持群众路线的实质要求，也决定了共同理想是核心价值体系的主题。在新世纪的新阶段，建设社会主义和谐社会，实现民族复兴是当前中国人民共同的社会主义理想。当然，党和人民的最高理想是实现共产主义，共同理想为核心价值体系提供了目标和动力。第三，民族精神和时代精神是社会主义核心价值体系的精髓。民族精神作为中华民族在长期生活和实践基础上形成的，为广大成员所接受和认同的价值取向和思想道德，反映了中华民族的心理特征以及思想情感和文化传统情况，它是民族凝聚力的重要精神支柱。创新是社会发展的动力，必须不断抓住时机推动社会各方面的发展创新，不断吸收借鉴世界先进文明及先进成果。2004 年，中共中央、国务院提出"把民族精神教育和以改革创新为核心的时代精神教育结合起来"③。党的十六届六中全会指出，民族精神和时代精神是核心价值体系的内容④。第四，社会主义荣辱观是社会主义核心价值体系的基础。社会主义荣辱观为提高人的全面发展和社会主义市场经济条件下加强思想道德建设提供了重要的思想武器和指导原则，体现了个人、集体和国家荣辱观的内在统一。"荣"与"辱"是一对相反的价值观念和文化心理基础，"荣"是一种受到褒奖

---

　　① 中共中央文献研究室. 十七大以来重要文献选编（上）[M]. 北京：中央文献出版社，2009：26.

　　② 同①：591.

　　③ 中共中央文献研究室. 十六大以来重要文献选编（中）[M]. 北京：中央文献出版社，2006：180.

　　④ 中共中央文献研究室. 十六大以来重要文献选编（下）[M]. 北京：中央文献出版社，2007：661.

而产生愉悦的心理体验，是不断推动提升自身道德修养的内在驱动；而"辱"是因违背公认的道德行为规范而遭到舆论谴责的羞耻感，是将社会规范转换为自我规范的心理底线。社会主义核心价值体系的基础就是思想道德价值观念，而思想道德价值观念的基础就是社会主义荣辱观。因此，坚持社会主义荣辱观才能弘扬社会主义道德，才能增强社会主义意识形态的凝聚力。

社会主义核心价值体系是一个社会主导和倡导的价值体系，其引领着社会各种不同的价值尺度、价值追求以及价值原则向着正确的方向发展。社会主义核心价值观是社会核心价值体系的灵魂，是相对稳定的、根本性的价值准则，是社会中起统领地位和支配地位的价值理念。因此，社会主义核心价值体系与社会主义核心价值观是紧密联系、不可分割的关系。一方面，社会主义核心价值观是核心价值体系的抽象表现，它是核心价值体系的内核，因此它决定了核心价值体系的根本性质、基本方向以及主要特征；另一方面，核心价值体系是社会主义核心价值观形成、发展的前提条件以及存在的基础，核心价值体系是核心价值观必然的逻辑延伸，社会主义核心价值观内蕴于核心价值体系当中，通过核心价值体系表现出来，确立社会主义核心价值观也是建设核心价值体系的根本内容。因此，缺乏社会主义核心价值观，则社会主义核心价值体系失去了灵魂，导致庞杂、分散等问题。社会主义核心价值体系与社会主义核心价值观是相辅相成、有机统一的整体，两者在本质上一致，共同促进了社会主义意识形态建设，同时两者又各有侧重，有所区别。社会主义核心价值体系作为社会主义核心价值观的外围"保护带"，在总体方向上确保意识形态在社会中的主导地位，引领、协调各种价值体系，维护意识形态安全，促进意识形态发展。社会主义核心价值观在具体方向上为意识形态建设提供了同一的价值导向和价值目标，是社会主义意识形态的"主心骨"，在凝聚意识形态共识方面发挥了根本性指导作用。因此，只有将两者统一起来，才能为意识形态建设提供科学、完整的合理性依据①。

### 5.4.4 促进中华民族文化繁荣发展，加强民族文化建设

进入新时代以来，我国的民族文化认同和民族文化工作面临新的挑战

---

① 戴木才. 论社会主义核心价值观与核心价值体系的辩证关系 [J]. 南昌航空大学学报, 2011 (6): 1-8.

和威胁，资本主义文化的渗透对中华民族文化认同造成的消极影响仍然存在，2009年8月25日，胡锦涛同志在新疆维吾尔自治区干部大会上发表重要讲话，强调"四个认同"理论，即对祖国的认同，对中华民族的认同，对中华文化的认同，对社会主义道路的认同。"四个认同"理论有效地维护了国家的统一和民族的团结，有力地促进了民族文化认同，发展繁荣了中华民族文化，促进了中华民族文化建设。中国共产党在这一时期非常重视民族文化建设，维护民族文化利益，融洽民族关系，促进民族共同发展。维护中华民族整体文化利益和融洽各族群的关系为中华民族文化发展繁荣奠定了基础，是增强民族文化认同的重要基石，中华民族文化的发展繁荣反过来促进了民族文化利益的获得，对融洽、和谐各族群之间的关系提供总体指导方向，有效地促进了民族文化建设。

维护民族文化利益，增强中华民族的凝聚力。中华民族的整体利益与各民族的整体利益在本质上是一致的，这种一致性并不能否认不同民族的具体利益有所不同，客观存在的利益差异根源于不同民族之间经济文化发展的不平衡。实现中华民族的伟大复兴需要维护整体民族整体利益，增强民族凝聚力。民族文化建设需要各民族共同努力，民族文化利益的增进以各民族利益的增进为基础，坚决反对民族分裂主义势力，阻止西方分化中国的图谋，维护中华民族的整体利益，在民族文化建设上，一个民族都不能少。中国共产党在这一时期坚持以科学发展观指导民族文化工作，实现各民族的共同富裕。面对少数民族地区落后的现状，必须始终坚持以人为本，提高少数民族地区人民的文化素质，坚持以经济建设为中心，坚定不移地走可持续发展道路。正视不同民族之间宗教信仰和文化风俗的不同，维护少数民族地区合理合法的文化利益和宗教利益，充分理解和尊重少数民族在长期历史发展过程中形成的生活习惯，不断缩小不同民族之间的发展差距，维护民族文化利益，自觉将个人利益与民族利益、国家利益紧密相连。

促进各民族文化发展，实现中华民族文化繁荣。各民族的文化发展关乎中华民族整体文化实力，提高少数民族地区的文化发展水平对于中华民族的文化繁荣具有积极促进作用。中国共产党高度重视各民族文化发展问题，提出"两个共同"的发展理念。"两个共同"即共同团结奋斗，共同繁荣发展。"两个共同"为我国民族文化发展工作指明了正确的方向。团结奋斗与共同繁荣是解决民族文化问题的重要指南，二者相辅相成，共同增进了各民族的自豪感和自信心。在坚持科学发展观的道路上，要深刻把握民族文化问题的发展变化规律，坚持团结与繁荣两手抓，共同促进中华民族文化的繁荣昌盛。民族文化是人类文明发展的密码，不同民族文化的积累共同创造了中国的文化历史，民族的文化进步彰显着中华文化的坚实脚印。以先进文化自居的"西方文化"强烈地想要以文化的一元性取代文化的多样性。理论和实践证明，促进各民族文化发展的同时一定要实现中华民族文化的繁荣发展，只有这样，才能更好地开展民族文化建设。

## 5.5　总体建构型国家文化建设

当前，中国国家文化建设面临传统安全威胁因素和非传统安全威胁因素叠加的现实状况。针对当前国家文化建设理论的推进现状，中国共产党高瞻远瞩地从总体国家安全的高度出发，全方位、多领域维护国家文化建设，除了从文化利益、文化主权、意识形态和民族文化四个常规因素入手外，中国共产党在这一阶段还注重从增强文化自信实现"三个文化"传承发展，从高校社会主义办学方向等因素入手，加强国家文化建设。党的十八大以来，中国共产党国家文化建设思想是"总体建构型国家文化建设"。发达资本主义国家利用自身的经济优势，在文化贸易规则、国际文化秩序、对外文化传播秩序等方面牢牢掌控着规则制度的话语权，处于文化弱势的国家不得不遵守已有的不平等规则制度，自身的文化空间受到来自"他者"的冲击和挤压，使国家文化建设面临严重威胁，国家文化主权和文化利益受到损害。自媒体时代的信息舆论的多元化解构和冲击着马克思主义意识形态和民族文化认同。党的十八大以来，面对国内外双重文化威胁的复杂状况，中国共产党多次在公开场合提出加强国家文化建设，坚定推动"一带一路"倡议，构建文化利益共同体，倡导国际文化新秩序为国家文化主权提供制度保障，坚持社会主义核心价值观，凝聚社会主义意识形态共识，从战略高度构建中华民族文化共同体，维护民族文化建设，坚定文化自信，实现中华优秀传统文化、革命文化和社会主义先进文化传承发展，坚持高校社会主义办学方向是加强国家文化建设的关键环节。

### 5.5.1 从总体国家安全的高度认识国家文化建设

在中国共产党重要历史文献中，"安全"一词第一次出现是在 1945 年的中国共产党的七大报告中，但是从新中国成立后直到 1983 年，党的重要历史文献中都没有明确出现"国家安全"。在未使用"国家安全"术语的情况下，中国共产党在实践中对国家安全进行了事实性阐述。"国家安全"一词最早出现在我国官方文件中是在 1983 年的第六届人大一次会议上，此次会议上成立了国家安全部，以加强对国家安全的领导。这次对"国家安全"的使用强化了对"国家安全"概念的论述。20 世纪 90 年代前期，我国对国家安全的认识局限在传统安全观上，1997 年使用"新安全观"，后将其概括为互利、互信、平等和合作。在新世纪的前几年，虽然我国一直在使用"新安全观"，但仍将其置于军事及对外关系领域，国家安全的思维重点以及实践侧重点依然以国防、军事和对外安全为主。因此，在整体的安全观上体现的是从传统安全观向非传统安全观的转变和过渡，但是作为概念性的非传统的整体国家安全观并未形成。2013 年 11 月，中国共产党中央国家安全委员会成立，2014 年习近平同志首次提出"总体国家安全观"的概念，强调要构建综合总体国家安全体系①。2014 年国家安全法立法工作领导小组成立，同年 12 月形成《中华人民共和国国家安全法（草案）》，并于 2015 年 7 月 1 日颁布施行。习近平同志提出"总体国家安全观"，标志着复合型非传统总体安全观概念的诞生②。2015 年 7 月 1 日通过的《中华人民共和国国家安全法》将包含着 11 种安全的国家安全体系写进法律，并明确了国家文化建设对整个国家安全的保障作用。总体国家安全观实现了内外安全、主客观安全、传统与非传统安全等多重安全的统一，因而它是全面系统的高级非传统国家安全观③。对安全问题的全面谋划使总体国家安全观在构成要素、威胁因素及安全保障上实现了传统与非传统的统一，主观诉求安全和客观形势安全的统一。

"在国家安全的各组成部分中，经济安全是基础，政治安全是根本，

---

① 习近平. 坚持总体国家安全观　走中国特色国家安全道路［N］. 人民日报. 2014-4-16（01）.

② 同①.

③ 刘跃进. 非传统的总体国家安全观［J］. 国际安全研究，2014（6）3-25.

军事安全是灵魂，各安全要素相互促进，缺一不可。"① 通过文化手段谋求政治利益是全球化时代重要的外交战略。文化的价值取向决定了经济政策和经济结构，经济发展水平能直接决定经济安全，经济安全进一步决定社会安全和军事安全，经济社会和军事发展水平能提高文化建设的层次②。促进国家文化建设是坚持总体国家安全观的必然要求。国家文化安全是国家文化建设的题中之义，国家文化建设就是要实现文化安全和文化发展。总体国家安全观的提出影响深远，意义重大，是在新的形势下维护国家安全的精髓。总体国家安全观包含了 11 种安全要素，它们相互依存，每一种因素的变动都会引起其他因素的变化，从而对国家安全产生影响，因此要保证国家总体安全需要将 11 种因素合理整合。总体国家安全观的提出标志着党中央将国家安全提到了重要的战略地位，也彰显了文化建设在总体国家安全中无可替代的地位。进入新时代以来，党的历次代表大会和全会多次提及文化建设问题，这标志着中国共产党逐渐把文化建设作为重要安全因素。文化建设与其他安全因素共同维护国家总体安全，它们互相促进，相互支持。经济安全与资源安全共同为文化建设提供物质基础，军事安全等为文化建设提供战略保障，政治安全是文化建设的前提，科技安全和信息安全是文化建设的基础支撑，只有各个要素共同合作，才能保证总体国家安全，文化建设也才能从中获得稳定的系统保障，因此，认识国家文化建设要从综合安全的高度入手。

### 5.5.2 坚持"一带一路"倡议，构建文化利益共同体

2013 年习近平主席首次提出"丝绸之路经济带"倡议。同年，习近平主席在印度尼西亚国会演讲时提出共同建设"21 世纪海上丝绸之路"的倡议，这就是著名的"一带一路"倡议③。"一带一路"沿线约有 65 个国家④，横跨中西，连接欧亚非，是一条促进区域间共同合作的经济纽带。要实现各种经济要素的有效配置和资源流动，共建"一带一路"国家首先要加强区域间的文化交流，促进不同文明、不同信仰国家之间的融合沟

---

① 赵子林. 中国国家文化建设论 [M]. 长沙：湖南大学出版社，2012：3.
② 胡惠林. 中国国家文化建设论 [M]. 上海：上海人民出版社，2005：17.
③ 习近平. 习近平谈治国理政 [M]. 北京：外文出版社，2014：287-295.
④ 王义桅. "一带一路"机遇与挑战 [M]. 北京：人民出版社，2015：8.

通①。因此，实现沿线各国的文化交流与沟通是"一带一路"倡议顺利推进的重要前提，构建"一带一路"合作伙伴文化利益共同体是有效缓解文化冲突和矛盾的重要举措。坚持"一带一路"倡议，构建文化利益共同体，是切实维护"一带一路"合作伙伴文化利益安全的基本保障。文化利益共同体意味着不同国家的文化利益存在通约性和差异性，差异性的存在是不同国家文化利益的常态，不同国家的文化需求不同决定了不同的文化利益，而"一带一路"倡议打造的文化利益共同体则是寻找不同文化利益之间的共同性，在求同存异的基础上形成不同文化利益的"最大公约数"。因此，"一带一路"倡议所构建的文化利益共同体意味着沿线不同国家在共同文化利益基础上的共商、共建和共享，是切实维护各国文化利益安全的基本保障。

坚持"一带一路"倡议，构建文化利益共同体要重视沿线各国文化利益的差异性。在构建文化利益共同体的过程中要高度重视各国文化利益的差异性，尤其是各国文化特性以及宗教信仰的差异。文化价值观以及宗教信仰的不同为各国文化交流交融带来极大的挑战，而这些现实文化问题也迫切要求加快文化利益共同体的构建。大多数"一带一路"合作伙伴的经济发展处于中等收入水平，国家之间差距比较大，多数是资源型国家，经济发展模式比较单一，经济结构转型困难②，并且西亚、北非一带的国家政局不稳，局部战争不断，难民问题难以解决，对区域经济安全合作造成严重阻碍。"一带一路"合作伙伴的宗教文化丰富多彩，宗教信仰各不相同。对"一带一路"合作伙伴的宗教信仰、风俗习惯、宗教政策、宗教禁忌、政教关系的研究成为当前亟须解决的重要文化问题，这些文化问题直接反映了各国文化利益的关注点。因此，构建文化利益共同体要加强与宗教团体之间的沟通，重视不同宗教化解分歧和矛盾的重要作用，重视对宗教研究人才的培养，加强对涉外项目人员宗教知识的培训，了解并尊重当地人的宗教信仰，将宗教因素纳入文化利益共同体构建的范畴。

坚持"一带一路"倡议，构建文化利益共同体要注意寻找各国文化利益的通约性。在构建文化利益共同体过程中要注重从各国不同的文化利益中寻找共同的关注点。不同国家的文明形态各异、地理环境不同，宗教信

---

① 张志刚. 文化建设战略体系完善与国际文化博弈［J］. 吉林广播电视大学学报，2012（3）：86-111.

② 马岩. "一带一路"国家主要特点及发展前景展望［J］. 国际经济合作，2015（5）：28-33.

仰有差异，因此接受外来文化的程度、习惯也有所不同。因此，在构建文化利益共同体的过程中要注重突出文化利益的针对性，以不同国家文化利益的关注点和兴趣点作为切入视角，用对方易于理解的方式进行交流，采用互鉴互通的双向交流方式，提高文化利益共同体的认同感和影响力。在构建文化利益共同体的方式上可以适当应用新媒体的点对点扩散传播功能，使构建文化利益共同体的呼声以各种方式传播出去，充分利用书籍、电视、电影、音乐、艺术、舞蹈等多种文化阵地阐明文化利益共同体对各国文化利益安全的重要保障作用。在构建文化利益共同体过程中，要彰显共商、共建、共享的文化价值观念。所谓"共商"即在文化利益共同体意识的指引下，不同国家文化利益的获取要由各国政府共同商量，将自己文化利益的获得建立在别人文化利益损失的基础上的逻辑是不可行的；"共建"就是充分调动沿线各国的积极性和主动性，各施所长，各尽所能，通力合作，共同应对解决全球化时代的文化矛盾；"共享"就是文化利益的重要成果要惠及各国人民，实现文化利益的双赢和多赢，让参与和推进"一带一路"倡议成为各国的共同意愿。共商、共建、共享是构建文化利益共同体的系统链条，三者共同构成了维护各国文化利益的有机统一体系。

### 5.5.3  国际文化新秩序是维护国家文化主权的制度保障

在国家文化建设问题上不能仅仅关注国内的文化威胁因素，还必须看到造成国际文化建设问题的根源在于不同国家之间文化利益的矛盾，以及由文化利益矛盾产生的文化主权问题[1]。不平等的国际文化利益分配制度导致了民族国家的文化主权受到侵犯，从而产生文化建设问题。国际文化旧秩序建立在经济实力和文化地位之上，单向的国际文化交流传播秩序为美国在世界范围内实施文化霸权主义提供了制度性保障，这种制度性话语霸权又强化了美国的文化扩张战略。冷战结束后，全球化的发展使得国家间利益竞争向文化领域转移，导致国际文化秩序在国际秩序中的地位变得尤为突出，约瑟夫·奈的软实力论，亨廷顿的文明冲突论，弗朗西斯·福山的历史终结论等都是国际文化秩序重要性的体现。

国际社会中不同文化力量的博弈直接造成了不同国家之间的文化利益

---

① 韩源. 国家文化建设论：全球化背景下的中国战略 [M]. 北京：社会科学文献出版社，2013：28-29.

矛盾，而不平等的国际文化旧秩序为强势国家的文化霸权提供了制度便利，导致文化弱国的文化主权受到威胁、意识形态不安全、民族文化认同遭到冲击、文化利益无法得到保障。如果文化博弈是在平等、包容、多元的文化环境中进行，文化强国不称霸不扩张，文化弱国也得到尊重，不同国家间文化利益矛盾也本着求同存异、平等包容等原则解决，那么国家文化建设问题面临的挑战也会得到改善。在平等、包容、多元的国际文化新秩序中，一国文化软实力的增强不会造成其他平等主权国家文化利益的损失，避免了不同国家陷入文化"安全建设困境"，因此，构建国际文化新秩序直接改善了国家文化建设状况。当然，在当前国际文化旧秩序存在的情况下，要促进国家文化建设，必须提高国家文化软实力，筑牢抵御文化霸权和外来民族文化冲击的堤坝，在文化外交中积极塑造中国的良好大国形象，运用多样化的传播模式讲好"中国故事"，打造对外传播新格局，营造良好的国际传播秩序，增强社会主义文化的世界影响力，提高中国文化的国际认同。因此，基于软实力理论视角下的国家文化建设的实质是保护国家文化利益，维护国家文化主权，加强意识形态建设，增强民族文化认同，努力提高文化软实力，积极构建国际文化新秩序，在文化外交中注重塑造良好国家形象，打造对外传播新格局，增强中华文化的国际认同，强化国家文化建设。

国际文化秩序是国际政治秩序和国际经济秩序在国际层面的逻辑延伸，国际文化秩序的发展演变经历了一个历史过程。殖民主义时代由军事扩张形成的文化侵略确立了国际文化秩序，这是西方强国的文化霸权秩序；帝国主义和无产阶级并存的时代，国际文化秩序表现为社会主义文化体系和资本主义文化体系之间的对立和斗争。在当今和平与发展的时代，国际文化秩序表现为美国文化霸权下的多元文化并存局面[①]。国际文化秩序是不同国家为了保护本国的文化主权和文化独立性，实现理想的文化利益分配而达成的共识性的规则规范，国际文化秩序不平等直接造成文化主权不安全，使处于文化弱势的发展中国家不得不遵从已有的制度，出让部分文化主权以获得进入现有文化交流市场的资格。正如不平等的经济秩序会对国家经济主权造成侵蚀一样，不平等的国际文化旧秩序同样会对国家的文化主权造成威胁。国际文化旧秩序默认了文化霸权和文化帝国主义的

---

① 姜秀敏. 全球化时代的国际文化关系研究 [M]. 北京：中央编译出版社，2011：231-232.

存在，而国家文化主权则要求不同文化之间实现平等、独立的交流沟通，因而国际文化旧秩序威胁了国家文化主权安全，二者之间的尖锐矛盾与冲突需要构建新的国际文化秩序才能解决。构建国际文化新秩序是一个循序渐进的过程，旧秩序下形成的既得文化利益集团不会轻易退出舞台，老牌的文化利益既得国家死守已有的文化利益而拒绝对国际文化秩序进行调整甚至改变，而文化软实力逐渐增强的新兴国家因文化利益的分配不均而满腹怨言，因此，要维护国家文化主权，只有循序渐进地改变旧的国际文化秩序。

历史上中国饱受帝国主义文化和殖民主义文化的摧残，正如萨义德所指出的，19 世纪和 20 世纪的传教士认为他们的使命是由他们的上帝和文化所设定的①，因此他们的传教活动深深地打上了帝国主义文化的烙印。在今天，资本主义文化的威胁并未因中国文化主权的获得而消失，而是随着全球化的发展变得更加隐蔽。面对全球化时代中国文化主权受到威胁的现状，以习近平同志为核心的党中央对此给予了极大的关注。首先，积极倡导国际文化新秩序。习近平主席早在 2013 年 3 月金砖国家领导人会晤时就指出推动国际秩序向公正合理发展②，推动国际秩序更加公正合理自然包括推动国际政治、经济和文化秩序的公正合理。当今的国际文化秩序是由西方国家尤其是美国操纵和制定的，美国凭借强大的文化软实力和全球范围内的信息传播系统使得国际文化信息流向呈现单一流向趋势，新闻传播和电视节目生产与制作被美国控制，互联网更是全方位地推行美国的意识形态价值观③。西方发达国家所提供的现代化传播技术在事实上构成了新一轮的文化殖民，严重威胁了发展中国家的文化主权，充斥着意识形态倾向的文化传播侵害了广大发展中国家的文化利益。习近平主席正是在这种背景下适时提出构建国际文化新秩序。其次，提出构建开放、包容、多元的国际文化新秩序。习近平主席认为国家间的文化交流要秉承开放、包容、多元的态度，他在 2014 年 3 月 27 日联合国教科文组织总部演讲时强调："文明因交流而多彩，文明因互鉴而丰富。文明交流互鉴，是推动人类文化进步和世界和平发展的重要动力。"④ 他还以"一花独放不是春，万

---

① 萨义德. 东方学 [M]. 王宇根，译. 北京：生活·读书·新知三联书店，1999：377.
② 习近平. 习近平谈治国理政 [M]. 北京：外文出版社，2014：324.
③ 金民卿. 文化全球化与中国大众文化 [M]. 北京：人民出版社，2004：131.
④ 同②：258.

紫千红春满园"来形容世界文化的美妙多彩。开放、包容、多元是国际文化新秩序的基本内涵和精髓,多元文化力量的发展已经突破了单极文化霸权施行的时代舞台,只有秉持开放、包容和多元的基本原则才能构建国际文化新秩序,更好地维护国家文化主权。最后,以人类命运共同体意识引领国际文化新秩序发展。世界是一个命运共同体,我们要以人类命运共同体意识引领世界文化交流发展。习近平主席在 2014 年联合国教科文组织总部演讲中提出"人类命运共同体"的思想,他在 2015 年 9 月第七十届联合国大会上阐发了人类命运共同体的五点主张,第四点就是要促进和而不同、兼收并蓄的文明交流①,人类命运共同体理念也被写进联合国报告,得到了世界各国人民的认可。习近平主席推进了不同国家之间文化交流发展的世界级文化战略,而习近平主席所倡导的文化开放、包容、多元的文化交流理念和打造人类命运共同体正是对国际文化新秩序的大力倡导和构建。通过构建国际文化新秩序,营造开放、包容、多元的文化交流环境,强者不称霸,弱者受到尊重,国家文化主权也因国际制度保障而得到有效维护。

### 5.5.4　坚持社会主义核心价值观,凝聚意识形态共识

社会主义核心价值观是社会主义核心价值体系的灵魂和内核,是对社会主义核心价值体系的高度概括和最高抽象,决定了核心价值体系的根本性质、基本方向和主要特征,从最深层次上科学回答了"什么是社会主义的价值本质"这一根本问题②。社会主义核心价值观是决定社会主义文化性质和方向的最深层次要素③,因此社会主义核心价值观决定了文化的社会主义性质,同时也是全社会共同认可的核心价值观。社会主义核心价值观有效凝聚社会主义意识形态共识,集中体现政治合法性认同,是社会主义意识形态的实质属性,对文化认同及社会行为规范的判断都有极为重要的意义和价值。社会主义核心价值观具有内聚人心,外树形象的强大力量,习近平总书记强调,培育和践行社会主义核心价值观能有效凝聚社会

---

①　习近平. 在第七十届联合国大会一般性辩论时的讲话 [N]. 人民日报, 2015-9-29 (01).

②　戴木才. 论社会主义核心价值观与核心价值体系的辩证关系 [J]. 南昌航空大学学报, 2011 (6): 1-8.

③　习近平. 习近平谈治国理政 [M]. 北京: 外文出版社, 2014: 163.

意识①，实现社会主义意识形态共识，能促进国家文化建设。

社会主义核心价值观主要包括国家、社会和公民三个层面的价值要求，习近平总书记在北京大学师生座谈会上对其作出三个层面的概括，用顾海良教授的话来说就是"明大德、守公德、严私德"。继承和创新优秀传统文化，推进公民道德建设，体现时代精神，将国家、社会和公民的价值要求融为一体。作为一个崛起中的发展中国家，中国并不认可"国强必霸"的历史逻辑，一个民主富强的社会主义国家是以"和谐"为基础和底色，吸取中华优秀传统文化，创造性地展现传统文化的新时代精神，对新时期公民道德建设提出新的要求的国家。社会主义核心价值观是文化软实力的灵魂、重点及核心。所谓"核心"，也就是指核心价值观在文化软实力中居于统领位置，正如习近平总书记所强调的，它是全社会最持久、深层的精神力量和价值标准②。而一国文化软实力是国家意识形态和价值观念的吸引力、感召力和凝聚力的主要表现，从根本上是基于全体社会成员的价值认同的影响力。文化软实力提升的重点是培育和践行社会主义核心价值观，从而凝聚社会主义意识形态共识。

社会主义核心价值观具有内聚人心，外树形象的强大力量，正如习近平总书记所强调的那样，核心价值观在整合社会意识，维护社会秩序中具有重要作用③。要把核心价值观贯彻到生活各方面，以教育引导、舆论及文化熏陶、制度保障等内化为精神追求，外化为实践行动④。从宏观层面讲，社会主义核心价值观要深入社会生活中，必然要通过加强教育和广泛宣传，坚持正面的舆论导向和政策指引，并以相应的法律制度作为保障，坚持榜样力量和典型示范，并辅之以惩戒警示制度，最终要落入广大人民群众的实践过程中，潜移默化地内化为群众的日常行为和精神追求。从微观层面讲，社会主义核心价值观的培育和践行要分层次、分类别地进行和推进，既要做到全方位覆盖，又要突出重点，区分出具体层次，对不同的教育对象采取不同的教育方式和手段。比如，青年的价值取向和道德实践非常重要。习近平总书记指出青年树立和培育核心价值观的实践之路需要

---

① 习近平. 习近平谈治国理政 [M]. 北京：外文出版社，2014：163.

② 同①：168.

③ 同①：163.

④ 同①：164.

勤学、修德、明辨、笃实①。青年时期需要对社会的变化动荡明辨是非，将困难挫折当作磨炼，知行合一，坚忍不拔。对少年儿童的核心价值观的培养需要"适应少年儿童的年龄和特点……主要是要做到记住要求、心有榜样、从小做起、接受帮助。"② 习近平总书记对于社会主义核心价值观的相关讲话主旨鲜明、哲理精深，高屋建瓴指出现实问题，引起我们的共鸣。

培育和践行社会主义核心价值观的目的是增强社会主义文化认同，凝聚社会主义意识形态认同。社会主义核心价值体系相较于社会主义核心价值观是较为宽泛的概念，前者指导后者，后者体现前者，因此我们要对"三个倡导，二十四个字"做出准确的解读。日常生活领域是以情境为特征的，从微观方面来讲，"三个倡导，二十四个字"是所有不同职业、不同年龄民众的价值理念，从宏观方面来讲，"三个倡导，二十四个字"更是涵盖政治经济文化各个方面，而日常生活中的语言以及习惯都决定了民众对于政治性概括语言和高度抽象性的话语体系的认知缺乏关注，因此消除理论的抽象性与民众的接受能力之间的差异，从而实现双方的良性沟通就是当前需要突破的瓶颈。如曾狄教授根据凝练"社会主义核心价值观"的"价值载体、价值特色、价值基础"的原则，将社会主义核心价值观概括为"自由平等、和谐互助、共同富裕"③。对于社会主义核心价值观与传统文化之间关系，习近平同志强调优秀传统文化是核心价值观的重要思想源泉④。优秀传统文化历经几千年洗礼后仍是我国民族文化的基因，根植于广大人民内心并对民众的行为和思想产生着潜移默化的影响，文化软实力的提升归根到底要从文化基因中提取精神力量，数典忘祖，就等于割断了自身民族文化的精神命脉。社会主义核心价值观的培育和践行也要从优秀的民族文化中汲取，优秀的传统文化是社会主义核心价值观的根基，也是我们在世界多元文化中保持自身独特民族性的重要标识。我们在高度重视优秀传统文化的同时还要对传统文化保持冷静客观的思考，比如尊重传统文化不等于复古尊孔，提倡传统文化也不能简单片面地等同于崇拜孔

---

① 习近平. 习近平谈治国理政 [M]. 北京：外文出版社，2014：172-173.

② 同①：182-183.

③ 曾狄，李忠伟. 关于社会主义核心价值观的三个问题 [J]. 思想政治教育研究，2013（12）：16-20.

④ 习近平. 坚持以人民为中心的创作导向，创作更多无愧于时代的优秀作品 [N]. 人民日报，2014-10-16（01）.

子，更不能以儒家经典取代马克思主义。资本主义价值观认同的成功之处在于将其本国的核心价值理念渗透进社会生活各个方面，从而成为人们日常生活的"无意识"行为，这样核心价值观念就悄无声息地以一种隐蔽的方式深入大众生活。因而社会主义核心价值观要保持与时俱进的理论发展，同时要将其价值系统和逻辑论证深入人民大众的社会主义信仰深层，落实到有效的社会制度设计及运行中，这样才能真正促进国家文化建设。

### 5.5.5 坚持构建中华民族文化共同体，维护民族文化建设

民族文化建设是国家安全的题中之义。作为世界上最大的发展中国家和多民族国家，中华民族文化建设直接关系到国家稳定和社会发展。反之，民族文化建设对于中国统筹国内外大局，应对内外文化威胁具有战略意义。简言之，中国共产党建设民族文化是抵制西方资本主义文化霸权，维护中华民族整体利益的现实需要，是反对后冷战时代民族分裂主义和宗教极端主义的侵蚀，增强中华民族文化凝聚力的战略抉择，同时也是回应国际社会期待，塑造文化强国身份的必然要求。党的十八大以来，以习近平同志为核心的党中央从治国理政的总体布局出发，高屋建瓴，审时度势，提出了一系列关于中华民族文化建设的新思想、新论断、新主张。从2012 年 11 月 29 日习近平同志提出实现中华民族伟大复兴的中国梦，到2017 年 1 月 25 日中国共产党中央办公厅、国务院办公厅对实施中华优秀传统文化传承发展做出战略部署，再到 2014 年 9 月的中央民族工作会议上，习近平同志对中华民族多元一体格局的阐述、中华民族共同体意识的培养以及中华民族文化认同的增强，再到 2017 年 10 月 18 日中国共产党的十九大报告中，习近平同志再次强调要加强民族团结，铸牢中华民族共同体意识。总体来看，以习近平同志为核心的党中央坚持构建中华民族文化共同体，积极维护民族文化建设。本书研究的民族文化建设指中华民族层面上的民族文化建设。党的十八大以来中国共产党积极构建中华民族文化共同体，加强民族文化建设，具体从以下四个方面着手。

第一，实现中华民族伟大复兴的中国梦，促进中华民族文化的大发展大繁荣。外交是内政的延伸，中国共产党民族文化建设的目标始终与国内中华民族伟大复兴的中国梦密切相关。2012 年习近平同志开宗明义地强调，中国梦体现了中华民族的整体利益，中华民族伟大复兴的中国梦是近代以来中华儿女的集体诉求，也是新时代中国领导人治国理政的根本指

向。中华民族伟大复兴的中国梦的实现除了依靠中国内部持续深化改革和不懈奋斗外，离不开各民族的中华民族文化认同。只有当中华民族文化处于发展繁荣的阶段，建设文化强国的目标才能如期实现，因此民族文化建设是实现新时代中华民族伟大复兴和"两个一百年"奋斗目标的基本前提。从这个意义上讲，中国共产党民族文化建设并非仅仅是对西方国家文化霸权的被动回应，也并非是为了维护短期内中华民族文化利益的权宜之计，而是基于文化强国的战略需要。

第二，坚持倡导中华民族共同体意识，强化民族文化认同。民族文化建设需要先进理念的引领。2014 年 9 月召开的中央民族工作会议上，习近平同志强调民族团结的根本是加强文化认同，构建中华民族共同体意识。"中华民族共同体意识"的提出既与中华传统文化中的"和合主义"一脉相承，同时也反映了各族群在文化上的相互依赖共存共荣的社会现实。从传统文化来看，和谐共生包容差异是东方文化区别于西方文化的优越之处，这对于破解当前地方性民族认同张扬的难题具有重要启示意义。从现实来看，多元一体格局是中华民族共同体形成和存在的逻辑前提和历史前提。在这种情况下，结构化而非均质化的多元一体格局需要中华民族文化认同的支撑，中华民族共同体意识的培育和倡导实质上是对多元一体结构历史文化上的提炼和总结。从这个层面上来讲，中华民族文化共同体与中华民族文化认同是一体两面。中华民族文化认同的形成是中华民族这个共同体千百年来在同一文化空间里形成的对文化心理、民族心态、价值观念等的认同。当然，中华民族文化共同体的倡议并不否定各个族群对本民族文化的认同，但是各民族平等的文化政策无法取代中华民族文化认同，也并不能强化民族文化认同，因此在核心理念上建构中华民族文化共同体的同时强化各民族对中华民族的认同意识，才能真正构筑民族文化建设的坚固堡垒。

第三，坚持民族文化的主体性，实现中华优秀传统文化的传承发展和现代化转换。民族文化建设是一个具有丰富内涵的概念体系，涉及民族文化认同、民族文化共同体、传统文化传承等具体议题。由于文化软实力的强弱和战略优先考虑的不同，每个国家对民族文化建设的关注重心存在不同的认知，因此决定了不同的资源投入方向和政策选择空间。民族文化建设之所以存在源于两个方面，一是国家内部民族文化的主体性缺失，文化主权缺失衍生出民族文化利益问题，加剧了民族文化的不安全因素；二是世界各国文化发展长期不平衡，尤其是西方发达国家利用不平等的国际文化旧秩序挤压发展中国家的文化发展空间，导致民族文化传播从发达国家单方面流向发展中国家，造成了文化主权、民族文化安全、意识形态渗透等问题。只有提升民族文化的主体性，增强内在文化软实力，民族文化建设受到严重威胁的国家才能重新摆脱本民族文化被边缘化的危险，从而改变当前国际社会的文化霸权现状。中国是一个具有悠久历史文化的大国，保持中华民族的主体性，传承发展中华优秀传统文化是中国共产党民族文化建设的关注重点。在党的重要文献中多次出现中华民族传统文化，中央办公厅在2017年1月25日对实施中华优秀传统文化传承发展做出全面战略部署，习近平总书记在党的十九大报告中强调中国特色社会主义文化来源于中华优秀传统文化，中华优秀传统文化对保持民族文化主体性的重要程度可见一斑。保持中华优秀传统文化持久生命力和现实解释力的关键在于实现中华优秀传统文化的现代化转换，使优秀的文化精髓转化为现代性的合理内容。

第四，坚持扩大中华民族文化的国际影响力，依托"一带一路"倡议实现中华民族文化走向世界。"一带一路"倡议是中华民族文化走出去的重要路径，深化了中华民族文化的国际认同。"一带一路"倡议的实施促进了不同国家之间的民间文化艺术团、文化教育机构进行互访，在拉近人民距离的同时也实现了文化上的互惠互利①。在中华民族文化走出去的过程中，国际社会对中华民族文化的认同会加强，比如《五朵金花》《阿诗玛》两部民族电影以及具有民族风情的《云南映象》等大型舞蹈的成功走向世界正是民族文化走向世界的重要表现。"一带一路"倡议是实现中华民族文化走出去的重要平台，中华民族文化影响力的增强不可避免地与西方国家推行的文化霸权主义发生冲突。长期以来，美国的文化价值观念深刻地影响着亚太地区，因此，"一带一路"合作伙伴存在的西方文化中心主义客观上加大了"一带一路"倡议的实施难度。因此，在"一带一路"倡议的实施过程中需要尊重异质民族文化间的差异，共同维护各国民族文化发展模式的多样性，不干涉他国的民族文化发展政策，正确处理好世界民族文化发展与中华民族文化发展之间的关系。

---

① 李姗姗. 习近平"文化走出去"战略思想研究 [J]. 中华文化论坛，2017（6）：23-28.

### 5.5.6 坚持社会主义文化自信

党的十八大以来，习近平总书记多次提到文化自信。2014 年 2 月 24 日，习近平总书记在中央政治局第十三次集体学习中提出要"增强文化自信"，之后又多次提出道路自信、理论自信、制度自信的实质是建立在五千多年文明传承基础上的文化自信。2016 年 5 月 17 日在哲学社会科学工作座谈会上，习近平总书记指出文化自信是更基本、深沉和持久的力量。在中国共产党的十九大报告中，习近平总书记再次强调中华优秀传统文化、革命文化和社会主义先进文化是中国特色社会主义文化的根源和依据①，因此中国特色社会主义文化自信的三个基本维度分别是中华优秀传统文化、革命文化和社会主义先进文化。习近平总书记在党的二十大报告中再次强调要"推进文化自信自强，铸就社会主义文化新辉煌"。"以社会主义核心价值观为引领，发展社会主义先进文化，弘扬革命文化，传承中华优秀传统文化，满足人民日益增长的精神文化需求。"这就是要求，在进行社会主义文化建设的同时，进一步展示社会主义文化的辉煌成就。文化自信是坚持中国文化特色的前提和基础，中国特色社会主义道路特色、理论特色和制度特色的根源在于其所蕴含的价值观特色，因此，中国特色社会主义文化自信才最具有基础性意义，中国特色社会主义文化自信是实现文化建设的重要基础。中华优秀传统文化是社会主义文化自信的底蕴，革命文化是社会主义文化自信的支柱，先进文化是社会主义文化自信的方向。坚定社会主义文化自信必须弘扬优秀传统文化、传承革命文化、发展社会主义先进文化。

首先，中华优秀传统文化是文化自信的底蕴，弘扬中华优秀传统文化是坚定社会主义文化自信的基础。中华民族文化悠久绵长，历史实践的连续性奠定了中华优秀传统文化的博大精深与传承发展，这是当今任何一个民族不具备的文化优势。当然，构成中国特色社会主义文化的精神因子必然是中国传统文化的精华部分与优秀内容。中华优秀传统文化最基本的特征是以儒家文化为主体、融合儒墨道法各家思想、重视群体利益、注重礼仪人情、讲究尊贤敬长、重义轻利，中国特色社会主义文化也必须以此为本，同时要警惕几千年文化积淀中所残存的糟粕思想，"取其精华，去其

---

① 习近平. 决胜全面建成小康社会 夺取新时代中国特色社会主义伟大胜利 [N]. 人民日报，2017-10-19 (02).

糟粕"，实现中华优秀传统文化的创造性转换，这是历史唯物主义对待中华民族文化的科学态度。中华传统文化是与古代的经济制度和政治制度共同构成一个整体的社会结构，经济制度以发达的农业经济为基础，政治制度以中央集权的郡县制为支撑，在此基础上孕育出封建时代的文化，当然封建时代的文化并非完全是封建主义文化，还包括超越当时时代的文化因子。新时代中国的社会主义文化形态必然要对优秀传统文化形态进行创造性转化与发展，守正创新，中华优秀传统文化是社会主义文化自信的底蕴，中华优秀传统文化是坚持社会主义文化自信的基础。

其次，革命文化是文化自信的支柱，传承革命文化是坚定社会主义文化自信的重要内容。近代以来，为了争取民族独立和民族富强，中华儿女进行了艰难的探索和选择，在十月革命的炮声中，经过五四运动后，中国先进的知识分子在中国创立的中国共产党，以马克思列宁主义为思想武器开始了艰苦的革命斗争，完成了中华民族的自立和自强。在漫长的革命时期，中国共产党领导中国人民创造了优秀的革命文化。从宏观上来讲，革命文化指的是对帝国主义和封建主义的反对，主张民主、科学、理想和自由等新思想，以马克思主义为指导思想，具有坚定的共产主义理想信念和坚强的革命意志等内容。在革命文化精神的鼓舞下，中国人民重塑了民族精神，赢得了革命的胜利。从理论上来讲，革命文化是马克思文化理论在中国的诠释与再译。从实践上来讲，革命文化是中国共产党在争取民族独立和民族解放的过程中形成的革命精神和革命情怀，是激励现代中国人民不断前行的动力。革命文化是坚定中国特色社会主义文化自信的中流砥柱，为实现中国梦提供强大的精神支撑。中国特色的革命道路形成了独特的革命文化，独特的革命文化在历史发展过程中对传统文化和先进文化起着承上启下的作用，它完成了传统文化的时代蜕变，同时为先进文化的发展提供了重要文化资源。与传统文化相比，革命文化更具有爱国主义因素，以人民为中心，时代特色也更为明显。革命文化在继承中华民族传统文化的优秀文化因子的同时实现了对传统文化的超越，比如毛泽东要求中高级领导干部好好学习贾谊的《治安策》，要求领导干部继续保持清廉朴素的作风，这就是革命文化在吸收传统文化中的精髓的同时实现对传统文化的超越。革命文化作为先进文化必然是对传统文化的超越，它所蕴含的淳朴、刚健、吃苦耐劳、勇敢无畏、团结一心的精神为社会主义先进文化的形成提供了深厚的精神土壤，为新时代国民精神的重塑提供了强大的精神动力，因此传承革命文化是坚定社会主义文化自信的重要内容。

最后，社会主义先进文化是文化自信的方向，发展社会主义先进文化是坚定文化自信的根本保障。中国共产党领导广大人民群众进行社会主义现代化建设，以马克思主义为指导，着眼于建设民族的、科学的、大众的社会主义文化，是新时代人民日益增长的美好生活需要的迫切要求。发展先进文化占据国家文化建设的制高点，要在确保国家文化建设的基础上进一步繁荣社会主义文化。先进性是社会主义文化的实质要求，同时也是文化自信的根本保障，只有先进才有自信心向世界人民推广本国文化价值观，在面对其他民族文化的渗透和同化时，才能保持坚定的文化信念。社会主义先进文化从中华优秀传统文化和革命文化中吸收了丰富的精神养分，是具有包容性与科学性的新时代文化体系。社会主义先进文化汲取了古今中外的先进文化因子，比如对于资本主义文化中的民主、法制、诚信、敬业等内容都在吸收的基础上进行了超越。因此发展社会主义先进文化是坚定中国特色社会主义文化自信的方向，发展社会主义先进文化是坚定中国特色社会主义文化的根本保障。

### 5.5.7 坚持高校社会主义办学方向，高度重视思想政治理论课

高校是思想文化的汇聚地，是知识分子思想文化和价值观念碰撞的集散地，高校同时也是各种思想文化斗争的前沿阵地，是当前西方资本主义国家实施和平演变的重点目标，是敌对势力对当代青年大学生实施"西化"的重点对象。西方国家借助各种文化交流项目对高校师生进行文化价值观念的渗透，具有极大的隐蔽性和极强的渗透性。高校在意识形态斗争激烈的形势下容易成为西方文化战略的助推者。一个国家的文化建设取决于这个国家的文化竞争力，尤其是这个国家青年一代的文化认同。西方价值观对高校青年学生的意识形态渗透会对中国国家文化建设造成"釜底抽薪"式的威胁，因此，高校只有坚持社会主义办学方向才能有效抵御西方资本主义文化的渗透，确保高校师生的思想观念的正确性，提高青年学生对西方价值观念的辨别力。社会主义性质决定高校社会主义办学方向，一个大学的办学特色与它的文化传统、时代环境、社会制度密不可分。什么样的社会制度和文化土壤孕育什么样的大学，因此，必须坚持社会主义办学方向，体现高等教育的人民性。高校深刻地影响着我们国家青年一代的思想认识和价值取向，高校的文化建设直接关系到未来社会主义接班人的

文化思想安全与否。国家文化建设必须要保证这个国家的接班人对社会主义制度和社会主义意识形态的正确认识，对中华优秀传统文化的传承发展，对民族文化的认同。高校的文化建设直接关系到国家的文化建设，维护国家文化建设的关键环节就在于确保高校师生尤其是当代大学生的思想文化建设。党的十八大以来，习近平总书记多次在公开场合阐述高校坚持社会主义办学方向的重要性。2016 年 12 月 7—8 日在北京召开的全国高校思想政治工作会议上，习近平总书记指出教育在实现中华民族伟大复兴的过程中具有重要的地位和作用，要办具有中国特色的大学，要扎根中国大地办大学，因此高校必须坚持社会主义办学方向。高校坚持社会主义办学方向是维护国家文化建设的关键环节。

党的十八大以来，中国共产党高度重视思想政治理论课，习近平总书记在全国高校思想政治工作会议、全国教育大会等重要场合，就思政课建设多次提出明确要求，思想政治理论课就是落实立德树人根本任务的关键课程。思想政治理论课是铸魂育人的关键课程，首先，思想政治理论课建设必须坚持马克思主义的指导地位，尤其是在当前西方意识形态渗透异常严峻的情况下，思想政治理论课要全面落实、贯彻党的大政方针。高校教师的思想价值观念直接呈现在教学活动及其研究成果中，有些错误思想会直接影响青年学生对主流意识形态的认知，给国家文化建设造成威胁，带来挑战。高校要坚决反对一些别有用心的人通过讲座、课堂、论坛、学术交流等方式传播反党、反社会主义的言论，宣扬西方资本主义价值观。高校要坚持马克思主义在高校中的指导地位，有效粉碎资本主义国家"西化""分化"中国的图谋，始终坚持马克思主义意识形态的指导地位。高校要旗帜鲜明地以马克思主义为指导，坚持党的领导，建设高水平教师队伍。其次，思想政治理论课要不断创新马克思主义意识形态话语体系。任何科学的理论都包括"硬核"，即理论体系的基本范畴的范式，如出发点、基本原理以及价值目标，同时又包括"保护带"，即根据核心观念推出的具体的结论，构成"硬核"的"外围"。理论的时代价值在于不断地调整"保护带"，保护"硬核"不被证伪，调整"保护带"必然需要调整马克思主义意识形态话语体系，不断对新现象进行解释，创造紧跟社会发展的、与时俱进的马克思主义学术概念和学术语言。重构马克思主义话语体系，须在坚持马克思主义理论"硬核"的基础上吸收借鉴西方话语体系的合理因素，兼收并蓄地保持自身话语体系的先进性。最后，思想政治理论课必须不断创新教育模式。思想政治教育是高校坚持社会主义办学方向的重要基础，在新媒体时代要构建党委领导的大学生思想政治教育协同创新机制，将思想政治教育贯穿到学生学习和生活中，形成全方位育人格局，坚持"以人为本"，真正做到为学生服务，解决学生学习、生活中的困难。利用新媒体的优势，搭建网络建设平台，通过"两微一端"，及时掌握学生思想动态，传播正能量，引导青年学生正确处理利益冲突，培养健康积极又理性平和的心态，加强对学生的人文关怀，及时进行心理疏导。用现代信息技术等手段建设智慧课堂是非常值得推广的措施，智慧课堂也是新时代思想政治理论课的发展趋势，利用智慧课堂将社会主义核心价值观贯彻进学生的思想和行动中，坚持不懈地培育和弘扬社会主义核心价值观，增强大学生的国家文化建设意识。

　　坚持高校的社会主义办学方向和高度重视思想政治理论课是维护国家文化建设的关键环节，因此，要坚持高校党性和方向性的统一，高校党委要增强底线意识，做到"守土有责"。高校是思想文化荟萃之地，但是任何人都不能以学术研究为借口，在任何场合散布诋毁党的领导，质疑社会主义制度的言论，高校教师更不能在课堂上为了博取"抬头率"发表与党的路线方针政策相左的思想言论。高校必须加强阵地意识，有效开展国家文化建设。

# 6  基于软实力理论视角下的国家文化建设基本内容

基于软实力理论视角下的国家文化建设基本内容主要包括新中国成立以来国家文化建设的基本规律、新中国成立以来国家文化建设的基本经验、新中国成立以来国家文化建设的基本特征，以及国家文化建设的未来展望。

## 6.1  新中国成立以来国家文化建设的基本规律

通过梳理软实力理论视角下国家文化建设发展脉络，可以归纳出新中国成立以来国家文化建设的基本规律。国家文化建设的发展规律是在国家文化建设概念框架系统的界定下展开的，国家文化建设是一个由"实质—中心—外围"构成的层层递进、紧密相连的框架系统。本书主要分析了处于"超稳定"及"稳定"状态下的文化建设要素，即文化利益建设、文化主权建设、意识形态建设和民族文化建设。因此，本书对国家文化建设基本规律的分析阐述也集中在这四个文化建设要素上，即文化利益建设是国家文化建设的根本、文化主权建设是国家文化建设的起点、意识形态建设是国家文化建设的核心、民族文化建设是国家文化建设的基础。

### 6.1.1  文化利益建设是国家文化建设的根本

利益是人类一切行为的内在动力，阶级利益主要表现为剥削阶级与被剥削阶级之间的斗争。国家利益是一国政治利益、经济利益、文化利益等各种利益的总称，国家利益在国际政治理论及实践中被广泛应用，是制定实施国际战略的起始点、根本目的以及最高原则。国家利益作为一个多重要素的综合概念，象征着民族国家全体人民物质需求与精神需求的综合，其长远性和根本性特性决定了它在任何情况下都丝毫不能妥协。虽然我国学界对国家文化建设的概念从不同角度出发有不同的理解，至今没有达成共识，但是不可否认的是，在谈到国家文化建设问题时不可避免地会涉及国家文化利益问题。国家文化利益是国家文化建设的实质。中国的国家文化利益总体表现为人民精神文化需求总和，反映了中国整体文化生存与发展需求①，它的实践形态具体表现为文化主权建设、意识形态建设、民族文化建设。

文化利益建设是国家文化建设的根本。新中国成立以来，中国共产党对国家文化利益进行了彻底而坚决的维护，坚持国家文化利益不受侵犯是维护国家文化建设的根本。在社会主义革命和建设时期，中国共产党与西方资本主义文化渗透展开积极斗争，与封建思想残余做积极斗争，维护国家文化利益，在这一时期形成了积极斗争型国家文化建设，在文化斗争中赢得文化利益。在改革开放和社会主义现代化建设新时期，面对开放格局下西方资本主义文化渗透给广大人民群众造成的"精神污染"，中国共产党秉持积极防御型国家文化建设思想，采取一系列措施，基本粉碎了西方和平演变的图谋，有效地维护了国家文化利益。同时，在这一时期中国共产党灵活处理各种文化外交事务，改变了以意识形态斗争为主的文化外交模式，在处理文化领域问题时以事件本身的是非曲直和是否维护国家文化利益为衡量标准，有效地维护了国家文化利益。文化冷战的结束并不代表文化冷战思维的停止，在共产主义运动陷入低潮期后，中国共产党提出"新安全观"的国际交往理念，将文化作为冷战后综合国力评估中的重要衡量因素，审时度势提高社会主义文化自身的软实力，提出加强内在的先进文化建设。"新安全观"的提出和文化主权思想的倡导以及社会主义先进文化建设确保了国家文化利益。中国共产党主动出击，抢占国际文化高地，建设社会主义文化强国，积极维护国家文化主权安全和海外文化利益安全。中国特色社会主义新时代，中国共产党从国家安全的战略高度看待国家文化建设，坚持"一带一路"倡议，积极建构文化利益共同体，为维护国家文化利益做出了积极努力与实践。

国家文化建设因文化利益而生而变，实现国家文化利益也是促进国家

---

① 韩源. 国家文化建设论：全球化背景下的中国战略 [M]. 北京：社会科学文献出版社，2013：28.

文化建设的重要目标，而一切国家文化建设问题的总根源都是国家间文化利益的矛盾、冲突、得失、诉求问题①。文化利益一致的国家可以建立相互合作，而文化利益冲突的国家则会存在各种不同程度的文化建设问题。冷战后，文化作为一种"软实力"逐渐成为争取文化利益的新方式，文化利益在国家利益系统中独立地位的凸显为国家文化建设在国家建设体系中地位的凸显奠定了现实基础。世界大国对国家文化利益的角逐和争夺使国家文化建设问题变得尤为突出，而具有相似的文化价值观念和政治体制的国家在文化利益上更具有共性，西方国家在政治体制和意识形态上的"亲和性"更有利于彼此之间结成同盟。塞缪尔·亨廷顿在《文明的冲突与世界秩序的重建》中指出，权力、文化以及意识形态等因素是国家确立自己利益的影响因素，20世纪40年代末西欧国家没有与苏联联手反对美国，是因为欧洲国家看到了来自苏联的意识形态威胁。当然，政治体制和意识形态的相似性只能是共同文化利益的必要而不充分条件，即西方资本主义国家与东方社会主义国家在意识形态上的对抗并不"妨碍"同盟国家内部文化利益的矛盾和冲突。比如20世纪90年代末美国和加拿大之间的贸易争夺战的焦点就是与文化利益有关，加拿大政府为了保护本国的杂志和出版社不受到美国传媒巨头的侵蚀，坚决反对贸易法规在文化领域适用。正如华盛顿战略与国际研究中心加拿大项目主任克里斯托弗·桑德所言，加拿大在这场贸易问题中保护的是本国文化的民族性，看似文化贸易问题却是加拿大文化利益问题②。文化利益的一致和冲突是促使不同国家文化政策以及文化外交发生变化的根本影响因素，文化利益矛盾是文化建设问题根源。中国共产党正是认识到文化利益建设是国家文化建设的实质，因此，在国家文化建设的过程中始终将文化利益建设作为国家文化建设的根本。

### 6.1.2 文化主权建设是国家文化建设的起点

文化主权建设是国家文化建设的起点。文化主权是国家主权在文化领域的逻辑延伸，是民族国家"独立自主地处理自己对内对外事务的最高权

---

① 韩源. 国家文化建设论：全球化背景下的中国战略 [M]. 北京：社会科学文献出版社，2013：23-28.

② 林宏宇. 利益分析：国际问题研究的重要方法 [J]. 国际关系学院学报，2000 (2)：10-15.

力"①，因此，排他性和最高性是国家主权的最显著特征。因而文化主权是民族国家保持和增进本国文化利益而具有的独立自主的最高权力，文化主权是确保文化利益的重要因素，文化主权自身的发展也是最基础的文化利益。国家文化主权具有对内对外的、独立自主的、最高的排他性权力，从国家内部来讲，国家文化主权体现在文化领域治理中具有的至高无上的权力，从国际社会来讲，国家文化主权体现在不同国家之间平等、独立的文化权力。从抽象意义来讲，国家文化主权表现为与国家、民族和社会制度相对应的个性文化建设的维护。从具体层面来讲，国家文化主权表现为意识形态和民族文化生存以及独立自主发展的选择权和决定权，其主体是主权独立的民族国家。因此，国家文化主权生存发展受到威胁的根源，是其他文化主权国家对本国文化主权的侵犯、遏制以及阻碍，主要表现为以美国为首的西方资本主义国家所推行的文化霸权以及文化帝国主义政策，对我国独立自主地处理文化事务造成了威胁和挑战。同时，跨国公司在全球化时代的迅速发展对国家文化主权造成消磨，非政府组织在文化领域的权力增加对国家文化主权带来挑战，互联网时代多元文化思潮跨区域、跨时空流动也给国家文化主权带来冲击。

经济全球化的发展带动了世界经济的发展及其交易方式的革命性变革，同时也必然带来波及全球的文化扩张力，这种无法抗拒的文化扩张力威胁了民族国家的文化主权。经济全球化使文化的传播与交流突破时空的限制，网络技术的发展也使文化形态发生根本性的转型，以文化产品为载体的价值观念和意识形态在经济全球化下开始跨地域、超时空的流动。经济全球化的快速发展带动了价值观念和意识形态以及宗教风俗等的全球化，这些都深刻改变着人们的生活习惯和文化价值导向。经济全球化弱化了民族国家的主权，这一趋势在逐渐增强并带来全球治理的相关问题。文化主权是国家主权在文化领域的延伸，是主权国家自主决定和处理自身文化领域事务、维护国家文化利益的最高的排他性权力。一个具有独立生存权和发展权的国际政治实体，具有完整的政治主权和经济主权，同时还具有完整的包括社会意识形态、物质生活方式以及特定价值观念在内的文化主权。全球化的发展尤其是资本主义强势文化的全球化，有力地冲击了主权国家民族文化的合理性与合法性，对政治实体的文化主权造成威胁。

---

① 周鲠生. 国际法（上册）[M]. 北京：商务印书馆，2010：75.

文化主权是一个民族国家文化生存和发展的前提和基础，中国共产党深刻认识到了文化主权的重要性，因此在改革开放中始终坚持维护国家文化主权。当然在这40余年中，中国共产党对国家文化主权的认识也经历了一个从"自在"到"自觉"的过程。所谓"自在"是指在这一阶段，中国共产党并未明确提出"文化主权"的概念，但是文化主权作为一个客观存在的因素却在无形中发挥着促进文化建设的作用，在这一阶段国家文化主权与国家主权具有理论意义上的同构性。文化主权作为一个"自觉"的认识在与西方资本主义国家文化霸权主义的对抗中形成，在多元文化思潮对国家文化主权削弱的警醒中发展，在这一阶段文化主权具体表现为对个性文化的维护和保障。文化主权的不同层次的不同内容是在实践层面上对国家文化主权的理论回应，同时也是对抽象意义上文化主权建设与国家主权建设同构性的具体回应。在社会主义革命和建设时期，中国共产党对文化主权的认识尚处于"自在"的阶段，虽然没有明确提出"文化主权"的概念，但是文化主权囊括在国家主权内，因为这一时期中国共产党非常重视维护国家主权。在改革开放和社会主义现代化建设新时期，中国共产党在改革开放初期反对资产阶级自由化以及自主决定本国的文化外交模式的行为，正是维护本国独立、自主的文化主权的具体表现。20世纪90年代，中国共产党提出了"文化主权安全"的理念，虽然文化主权安全被放在政治安全和经济安全的层面上提出，但是这一转变已经表明中国共产党开始关注"文化主权"问题。21世纪初，中国共产党更加注重以提高中华民族文化的国际影响力来维护"文化主权"。中国特色社会主义新时代，中国共产党更是以国际文化秩序的构建为契机，主动营造持久、稳定、和谐的国际文化交流环境，为国家文化主权建设提供国际制度保障。新中国成立以来，中国共产党为维护国家文化主权采用了不同的措施，提出了不同的理念，这正是基于文化主权建设是文化建设的底线和起点这一价值基点而形成的与时俱进的思想观念。

### 6.1.3 意识形态建设是国家文化建设的核心

在国家文化建设中，拥有独立自主选择、维护本国意识形态的权利是文化主权的重要衡量标准，因此意识形态是一个国家政权合法性的文化价值基点。在国家文化建设中，意识形态建设处于核心地位。意识形态是国家政权合法性的文化根基，马克思主义意识形态主导地位不稳固将直接导致国家政权危机，马克思主义意识形态决定了我国是社会主义国家而不是资本主义国家。中国共产党在国家文化建设的过程中始终以马克思主义意识形态为指导、为旗帜、为方向。

中国共产党始终将马克思主义意识形态建设作为国家文化建设的核心。新中国成立以来，中国共产党始终把坚持马克思主义作为国家文化建设与否的最重要原则。在社会主义革命和建设时期，毛泽东同志面对封建思想残余的存在和资本主义文化渗透的文化威胁，积极开展文化斗争，清除人民头脑中的错误文化思潮，同时牢牢把握马克思主义意识形态在国家文化建设中的指导地位，开展大规模的扫盲运动，用马克思主义意识形态武装人民群众的头脑。在改革开放和社会主义现代化建设新时期，邓小平同志面对"百废待兴"的局面，首先是在思想文化领域开启"拨乱反正"的新局面，"真理标准问题讨论"就是在意识形态领域重新树立马克思主义意识形态的重要标志。在面对新自由主义思潮时，邓小平同志提出坚持四项基本原则的根本要求，在国际共产主义陷入低潮时，邓小平同志强调马克思主义是科学因而赞成马克思主义的人会多起来①。江泽民同志也非常重视马克思主义在意识形态领域的指导地位。如果动摇了马克思主义的指导地位，就会造成社会动乱，因此我们要坚持马克思主义在思想文化领域的指导地位，这事关中国特色社会主义文化的性质和方向，也是国家文化建设的关键。党的十六大以来，西方敌对势力对我国实施西化、分化的图谋并未降低，意识形态领域的斗争在长期范围内仍然极为艰巨和复杂②。在中国特色社会主义新时代，习近平总书记面对党的十八大以来意识形态领域新的局势和出现的新问题，多次在公开场合强调马克思主义意识形态的重要性。新中国成立至今，中国共产党始终将坚持马克思主义意识形态的指导地位作为中国国家文化建设的核心任务，不同时期的领导者对维护国家文化建设都极为重视，在不同的历史时期面对不同的国家文化建设问题采取了不同的措施，但是意识形态建设作为核心内容从未改变。

当下，我国意识形态领域面临的形势极其严峻复杂。在国际交往中我们也不以意识形态和社会制度作为文化外交的衡量标准。中国共产党在解决意识形态分歧上并不搞折中主义，但是当前各种"非意识形态化"思潮

① 邓小平. 邓小平文选：第3卷 [M]. 北京：人民出版社，1993：382.
② 中共中央文献研究室. 十六大以来重要文献选编（下）[M]. 北京：中央文献出版社，2008：799.

与西方价值观的渗透，削弱甚至威胁了马克思主义意识形态的指导地位①。经济关系的变动和利益格局的调整，导致人们的思想观念呈现出多样性，价值选择出现自由化，这在一定程度上消解了马克思主义意识形态的基础，逐步瓦解了我国社会主义意识形态的阵地，对国家文化建设造成严重威胁。只有坚持马克思主义意识形态才能在各种纷繁复杂的文化思潮中坚守自己的精神支柱。多样化的社会文化思潮在一定程度上具有盲目性、无序性和逆反性，只有坚持指导思想一元化，对各种社会思潮进行引领和疏导，把握正确的舆论方向，才能维护社会稳定，有力回击西化分化图谋。二战结束后，美国第一个将文化外交作为外交关系的重要组成部分，美国利用富布莱特项目输出美式民主、自由等文化价值观念，对他国的政治进程产生了重大影响，比如对戈尔巴乔夫"改革新思维"和苏联外交政策产生重要影响的苏联学者亚历山大·雅科夫列夫，他就是在美国富布莱特项目资助下进行系统学习研究，他的思想对苏联高层产生了重要影响②。苏联解体的经验和教训告诉我们，是否坚持马克思主义的指导地位是关系国家存亡的大问题，而美国的资本主义文化渗透战略主要意图就是颠覆社会主义国家政权。因此，防止西方"和平演变"最有效的方法就是毫不动摇地坚持马克思主义指导思想的一元化，确保国家文化建设的方向。坚持马克思主义贵在坚持其立场、观点和方法③，在制定和实施国家文化建设策略的过程中，根据世界文化格局和国内文化思潮的变化，以"马克思主义的态度"对国家文化建设思想进行相应的调整。

### 6.1.4　民族文化建设是国家文化建设的基础

民族文化建设是国家文化建设的基础。本书中的民族文化建设指的是"中华民族文化建设"，下文中提到的民族文化如无特别说明均是指中华民族文化。从理论上讲，"民族"这个概念是个舶来品，它自形成之初就具有非常突出的国家含义。正如黑格尔所揭示的"民族不是为了产生国家而存在的，民族是由国家创造的"④，民族国家不仅是民族凸显的历史前提和

---

① 侯惠勤. 马克思的意识形态批判与当代中国 [M]. 北京：中国社会科学出版社，2010：604.
② 胡键. 强国策：中国和平崛起进程中的软实力建设方略 [M]. 北京：新华出版社，2013：37.
③ 习近平. 在哲学社会科学座谈会上的讲话 [N]. 人民日报，2016-5-18 (01).
④ 王缉思. 民族与民族主义 [J]. 欧洲，1993 (5)：14-19

逻辑前提，也是民族得以构成的理论预设和逻辑基础。随着民族国家数量的增多，一个以民族国家为基本元素的世界体系开始出现，这种示范效应以及由此而产生的影响导致了许多并不是由单一民族构成的国家也纷纷整合国内各个历史文化群体，通过政治性和文化性的整合和认同，这个族群以国家的形式成为国家民族，即国族。虽然组成国族的各个历史文化群体仍具有本民族文化的独立性，但是并不妨碍国族作为各个文化群体的共同体所具有的政治内涵和文化内涵。

中国是统一的多民族国家，中华民族是中国的国族，民族文化建设是民族国家完整性的文化基础，它是决定我们是中华民族而不是其他的民族的重要标志，民族文化认同是民族国家的"合法性"来源①。新中国成立以来，中国共产党非常重视民族文化建设。在社会主义革命和建设时期，中国共产党就少数民族处于受压迫受剥削的地位的问题，提出民族平等是解决民族问题的前提和基础。因此，毛泽东同志不断强调要充分尊重各少数民族，打破历史上由于民族压迫制度造成的民族隔阂，加强同少数民族的联系，广泛宣传中国共产党和人民政府的民族政策，促进各民族之间的了解、信任、团结，建立友好和睦的新型民族关系。为此，党中央派中央访问团到民族地区，同时，邀请各民族参观团到各个地方参观，极大地促进了民族团结，也繁荣、发展了民族文化。此举在加深各民族的国家认同的基础上，也强化了中华民族的文化认同。在改革开放和社会主义现代化建设新时期，中国共产党着重恢复、重建民族文化认同，以此维护民族文化建设。20世纪90年代，中国共产党巩固多元一体中华民族文化，维护民族文化建设。在新世纪初，中国共产党注重满足各民族的文化利益诉求，积极融洽民族关系，从而促进中华民族文化繁荣发展。在中国特色社会主义新时代，中国共产党从战略高度维护民族文化建设，注重构建中华民族文化共同体。中国共产党深刻认识到民族文化建设是国家文化建设的基础，因而在改革开放中始终坚持维护民族文化的主体性，强化民族文化认同，坚决反对民族分裂主义，提升民族文化的创新力。

第一，高度重视民族文化认同问题。中国是统一的多民族国家，各民族的识别工作从新中国成立之初开始进行，中国共产党高度重视民族工作，以民族源流、民族特征和民族意愿等先后识别认定56个民族，使各民

---

① 盖尔纳. 民族与民族主义 [M]. 韩红，译. 北京：中央编译出版社，2002：183.

族对本民族的文化生活和历史渊源都有强烈的认同意识。中华民族作为中国的国族，是多个历史文化群体的政治代表形式，各民族的文化与中华民族文化之间存在差异性和通约性，中华民族文化认同的淡化会直接造成中华民族凝聚力的弱化。改革开放之初，中国共产党恢复重建各民族对整体性的中华民族认同；20世纪末，中国共产党重视中华民族多元一体的格局；21世纪初，中国共产党面对新的文化格局对文化认同工作做进一步调整；中国特色社会主义新时代，中国共产党提出构建和培育中华民族共同体意识，这些举措都是针对民族文化认同问题的解决而提出的深刻具体的意见。各个民族作为人类社会的原生态民族，中华民族作为次生形态的复合民族，虽然中华民族与各民族之间的关系处于和而未化的阶段，但是二者之间仍是一体两面的相互依存关系。中华民族文化结构是所有人民在长期的历史文化发展过程中形成的，以中华民族文化为象征的中国文化发展史造就了各族人民共同的文化心理素质，共同的历史文化、共同的民族文化记忆以及共同的民族文化利益是中华民族整体文化认同的价值根基，强化民族文化认同，凝练民族文化精神，构建培育中华民族文化共同体意识是中国共产党确保民族文化建设，解决地方民族文化认同与中华民族文化整体性认同相一致的重要制度架构和政策路径。

第二，坚持我国民族文化的主体性。新中国成立以来中国共产党对民族文化建设的维护就是在维护我国民族文化的主体性，我国民族文化主体性不断遭受着来自西方强势文化的冲击。全球文化贸易呈现"一边倒"的倾向，美国、日本、西欧等国家的跨国公司的文化贸易占据了全球文化贸易的绝大部分，对世界文化产业发展具有强大的影响力。资本主义发达国家"一边倒"地向发展中国家进行文化输出，对发展中国家的民族文化主体性造成冲击，挑战地方文化认同①，全球文化贸易严重不平等，国际思想中心和世界文化产业输出中心牢牢把控在西方发达资本主义国家手中。当今时代，不同国家和民族之间文化交流的日益频繁是时代趋势，具有普遍性的优秀文化精神和文化理念被不同的文化吸收、学习、效仿，当然，世界文化在某些方面是具有共同特征的，但是这种具有普遍意义的、具有分享性的文化是指具有非竞争性和非排他性的文化类型，政治价值观不包括在内。因此，文化的趋同性并不意味着文化霸权和文化殖民主义，西方

---

① 王逸舟. 全球化时代的国际安全 [M]. 上海：上海人民出版社，1999：18.

发达资本主义国家在政治、经济、文化方面占据优势地位，因此在世界文化流向中呈现从强势民族文化国家向弱势民族文化国家的单向流动，甚至是以文化产品、文化贸易等方式渗透其意识形态。全球化增加了文化趋同化和单一化的风险，但西方强势文化的存在也引发了各国对本国民族文化主体性的关注。在全球化时代即便存在世界各国共同遵循的价值观念，比如民主、自由等，但是保持自身民族文化的主体性依然是主流趋势。

第三，坚决反对民族分裂主义。民族分裂主义的出现是民族文化认同淡化导致的政治认同弱化现象。民族有文化属性和政治属性，民族的文化属性取决于共同的历史血缘以及风俗；民族的政治属性取决于后天集体身份的塑造。所谓的民族分裂主义，准确地讲，其主体应该是文化民族①，文化民族指的是国家内部以种族、语言、宗教信仰等不同背景相区分的人类集团②。民族分裂主义借助文化民族的理论逻辑将民族主义的理论基础和思想嫁接到自己身上，将自己打扮成民族主义者，从而披上民族主义的理论与现实的合法外衣，与所在国家展开政治经济文化利益的争夺。中国共产党坚决反对民族分裂主义，毛泽东同志多次强调要放弃民族偏见、大汉族主义以及地方民族主义等错误思想。邓小平同志非常重视民族平等团结问题，强调要尊重少数民族的文化风俗习惯，帮助少数民族发展经济，将实现各个民族的繁荣发展作为民族工作的重要任务。苏联解体后，在"帝国后遗症"影响下各种形式的民族分裂主义和宗教极端势力纷纷抬头，第三次民族主义浪潮在世界范围内兴起，民族分离主义运动在多民族国家内部的兴起导致国家裂变、政权瓦解，因此江泽民同志从综合国力的高度强化民族文化认同，增强中华民族的凝聚力。胡锦涛同志强调"四个认同"，即各族群众的国家认同、中华民族认同、中华文化认同以及中国特色社会主义道路认同，以"四个认同"理论维护国家统一，反对民族分裂主义势力。习近平同志倡导构建中华民族文化共同体，强化中华民族文化认同，反对超越历史阶段的所谓"民族融合"呼声。

苏联无视民族问题的复杂性和长期性而以政治移民的方式来跨阶段完成民族融合，从而造成民族之间的失信、隔阂以及偏见和歧视。消除民族分裂主义势力要靠民族融合，歧视、不平等以及不信任都会造成民族分裂主义的滋生和增长。只有尊重民族发展规律，坚持走具有中国特色的解决

---

① 王联. 论民族主义与分裂主义 [J]. 国际政治研究, 2010 (3): 29-38.
② 王联. 关于民族和民族主义的理论 [J]. 世界民族, 1999 (1): 1-11.

民族问题的道路，才能促进民族交往交流交融的深化和发展。

第四，提升民族文化创新力。创新力是民族文化建设的内在持久动力，创新力的弱化会导致民族文化的停滞和僵化，从内部瓦解、腐蚀民族文化建设的坚固堡垒，因而民族文化创新力的弱化直接威胁我国民族文化建设。中华民族文化历史悠久、底蕴深厚，长期的历史文化积淀铸就了中华民族文化的厚重与深度，但是在中华民族文化的传承创新方面仍然面临诸多问题，民族文化创新力的弱化导致我们的民族文化缺乏活力与持久力，国际社会在提到中华民族文化的象征时仍然停留在古老的传统文化层面。瓷器、茶叶、旗袍、书法等都是中华民族文化的符号象征，但是中华民族文化不仅仅是中华优秀传统文化，改革开放至今，中华民族文化早已形成了中华民族文化的新形态，尤其是西方中心主义文化对当今世界问题解释力缺乏的状况下，中华民族文化因其所具有的创新力和生长点而被推到世界舞台的前端，担负起治理、化解全球文化问题的重要任务。要实现中华民族文化创新，就要处理好三对相互依存的范畴关系，一是批判性继承。民族文化要以马克思主义的思想观点和方法对中华传统文化实现批判性继承，传统文化中的一些糟粕性至今仍对我们价值观念和生活方式产生消极影响，传承中华优秀传统文化因子，要在批判性继承的基础上促进优秀传统文化的现代转型。二是借鉴性融合。民族文化创新的实现要不断与时俱进地吸收借鉴世界其他先进文化因子，当前我国仍然处于社会主义初级阶段，民族文化的创新者要以积极开放的胸怀对所有先进文化实现借鉴性融合，将其他文化的先进的、积极的文化因素创造性融会贯通为中华民族文化的因素，抵制落后的、糟粕的、腐朽的消极文化的侵蚀。三是回应性超越。改革开放以来，开放包容的国内外环境要求我们不断超越过去，以新时代的发展作为新要求，对外来文化和本国传统文化实现回应性超越，尤其是在学习西方先进文化的同时，我们不能简单地"照搬"过来，要结合国情与实践经验对其进行创造性超越，譬如在人文社科领域不能简单地做西方学术思想的"传播者"和"搬运者"，在学习进入西方学术话语体系的同时要跳出西方思维的圈子，文化原创能力的深层弱化使中国民族文化失去了原创动力，造成新的思想僵化①。面对西方学术话语的各种所谓的"新概念"，要有自身的思考，通过构建中国特色的学术话语体系，

---

① 胡惠林. 文化产业发展与国家文化建设：全球化背景下中国文化产业发展问题思考 [J].上海社会科学院学术季刊，2000（2）：114-122.

回应来自西方社会对中国的各种理论假设和现实诘难，实现对西方话语体系的超越与重构。

## 6.2  新中国成立以来国家文化建设的基本经验

新中国成立以来国家文化建设的基本经验主要包括四个方面，即坚持中国共产党的领导，强化国家文化建设的政治保障；发展社会主义经济，夯实国家文化建设的物质基础；建设社会主义文化强国，占领国家文化建设的制高点；重视网络文化建设，坚守国家文化建设的舆论阵地。

### 6.2.1  坚持中国共产党的领导，强化国家文化建设的政治保障

中国共产党是中国的政治、经济和文化的领导核心，党对我国的政治领导和经济领导为文化领导奠定了基础，而党对思想文化的领导又为经济领导和政治领导指明了方向，并且党的政治领导和经济领导的全过程始终贯穿党的文化领导。中国共产党一直都非常重视文化建设问题，坚持党的领导一直是国家文化建设的根本保障。文化建设关系到党的执政生命和国家的前途命运。王亚南指出，任何一个阶级社会中，掌握着物质生产手段的阶级必定要占有、支配精神生产手段，掌握精神生产手段会使不合理的物质生产手段取得合理的依据，维护或继续制造出占有的动力，缓和同一阶级内部的分裂力量，因此对于精神生产手段的掌握和运用直接关系到历史命运的长短①，这段话虽然是对中国封建社会的深刻阐述，但是掌握精神文化生产手段直接关系到中国共产党的执政能力。新中国成立以来，中国共产党面对国家文化建设领域的各种新问题，采取了各种不同的方法以及战略举措。中国共产党始终以马克思主义理论为指导，坚持国家文化建设的正确方向，始终站在时代的最前沿，不断探索国家文化建设的客观规律，构建与我国经济、政治相适应的，符合最广大人民群众文化利益的国家文化建设战略，因此，坚持中国共产党的领导是强化国家文化建设的根本保障。新中国成立以来，中国国家文化建设的历程从总体上来讲也是坚持中国共产党的领导，强化国家文化建设根本保障的过程。

---

①  王亚南. 中国官僚政治研究 [M]. 北京：商务印书馆，2010：62.

在新中国成立初期，中国共产党为了抵御西方资产阶级的和平演变，始终坚持党在思想文化领域的领导地位。这一时期对于中国共产党来讲，国家文化建设的重要标志就是意识形态工作的领导权是否掌握在党的手中，因此在这一时期中国共产党紧抓意识形态领导权不放松。20世纪60年代，国际文化局势和国内文化环境风云突变，党的文化建设工作逐渐出现偏差，这一问题在改革开放初期被逐渐纠正过来。改革开放初期，中国共产党在文化领域实行拨乱反正，为国家文化建设奠定了思想基础，但是部分人放松了对意识形态的领导，使很多青年学生在缺乏是非辨别的基础上受到西方资产阶级自由化思潮的影响，造成思想文化领域的"精神污染"。邓小平及时举起马克思主义的批判武器，强调"应该说，从中央到地方，在思想理论战线上是软弱的，丧失了阵地。"① 邓小平明确指出问题的根源在于对于思想政治工作的忽视和教育，因此我们要"加强党对思想战线的领导，克服软弱涣散的状态"②。思想政治工作直接关系到党的意识形态领导权问题，而意识形态领导权问题则是这一时期国家文化建设成果的重要标志。苏联解体的事实也从反面论证了坚持中国共产党在文化领域的指导地位对国家文化建设的保障作用，正是因为苏联共产党主动放弃了在思想文化领域的领导权才最终酿成解体。

在冷战结束后，中国共产党面对世界共产主义运动遭受的巨大挫折，与威胁国家文化建设的错误思潮进行了坚决的斗争。坚持先进文化的前进方向，积极培育公民道德，扭转经济转轨对民众精神文化的冲击，维护社会主义文化建设的正确方向。江泽民同志第一次在国际范围内提出"文化主权"思想，丰富了国家文化建设理论。国家文化建设的领导权掌握在谁手中是事关文化建设的大事，尤其是在我国这样一个人口与资源发展不平衡的国家，"必须有中国共产党的坚强领导"③。坚持党对国家文化建设的领导地位必须不断提高党对不断变化的文化格局的处理能力和应对能力，不断提高党的文化执政能力，完善党的领导方式以及工作方法。

坚持党的领导对国家文化建设具有极其重要的保障作用，中国共产党

---

① 邓小平. 邓小平文选：第3卷 [M]. 北京：人民出版社，1993：194-195.
② 同①：47.
③ 江泽民. 江泽民文选：第3卷 [M]. 北京：人民出版社，2006：223-224.

对此有深刻的认识，要保证社会主义文化建设必须"确保党对文化工作的领导"①。对国家文化建设的领导权是中国共产党执政合法性的重要支撑，思想文化领域的管理一旦松懈就会给敌对势力的思想渗透留下突破口，政权的颠覆从意识形态领域入手②。在当前国际文化格局极为复杂的情况下国家之间的文化利益争夺仍然激烈，强化中国共产党的领导权是国家文化建设的根本原则和重要保障。因此，胡锦涛强调坚持党的领导在任何时候都不能动摇，越是在开放多元的思想文化环境中，越要牢牢把握文化的领导权和话语权。

进入新时代以来，习近平总书记对于坚持党对国家文化建设的理论指导和实践领导有了更为深入的研究，为新时期国家文化建设的维护工作奠定了基础，指明了方向。国际国内文化环境复杂多变，百年未有之大变局带来了更多不确定的风险，在国际文化贸易、文化交流方面仍然存在诸多挑战，文化冷战思维和意识形态偏见的存在对国家文化主权造成消极影响，文化领域存在各种矛盾问题也在一定程度上动摇了人民的社会主义意识形态认同，民族分裂主义势力的不断扩散直接威胁了中华民族的文化认同，因此我们必须毫不动摇地坚持党对国家文化建设的领导权。为此，习近平总书记紧抓文化领导权，维护国家文化利益和文化主权，构建中华民族文化共同体。政党的瓦解往往是从思想文化领域开始的，加强和改进党对国家文化建设的领导直接关系到国家的生死存亡，在舆论宣传工作中要坚持团结稳定鼓劲、正面宣传为主的方针，为国家文化建设营造正面的舆论氛围，尽最大力量凝聚国家文化建设共识，帮助人民群众和领导干部辨别错误思想的渗透，坚守原则底线，划清是非标准，在舆论斗争中增强主动性。

总之，坚持党的领导是强化国家文化建设的根本保障。坚持党对国家文化建设的领导就是要坚持党对国家文化建设领域的政治领导，坚持党在民族文化领域的一系列重要理论思想，以马克思主义的指导思想和科学理论以及党的路线方针政策指导文化动向。坚持党对国家文化建设的领导权就是要坚持党在国家文化建设领域的组织领导，提高各级领导干部的国家

---

① 中共中央文献研究室. 十六大以来重要文献选编（上）[M]. 北京：中央文献出版社，2005：44.

② 中共中央文献研究室. 十六大以来重要文献选编（中）[M]. 北京：中央文献出版社，2006：501.

文化建设意识，不断提高各级领导干部面对新的文化形势和文化任务时的反应能力和执行能力，从而更好地贯彻党的文化建设路线、方针、政策。

### 6.2.2　发展社会主义经济，夯实国家文化建设的物质基础

社会存在决定社会意识，经济发展水平的高低是文化建设的直接决定因素，因而发展社会主义经济可以为文化建设提供更多物质基础和物质保障。国家的强盛是综合国力跃升的结果，综合国力的跃升则是政治、经济和文化各方面协调发展的结果，而其中经济水平的高低是国家生存发展的关键因素，经济基础直接决定了文化建设程度。阶级社会中精神生产手段的运用是否适宜，与历史运命的修短有直接关系，但是在实质上历史命运的修短是与物质生产手段密切相关的①。正如我们在前文分析的马克思和恩格斯关于"物质文明和精神文明之间的辩证关系"时所指出的，"物质生产决定精神生产"，社会主义经济发展水平奠定了国家文化建设的物质基础。首先，因为经济基础对上层建筑中的"文化"具有决定作用，文化及意识形态在经济基础上产生，正如恩格斯所指出，法、艺术及宗教在经济基础上产生②。其次，经济基础的变化决定了上层建筑的变化，因此当经济基础发生变更时会导致新的意识形态取代旧的意识形态，这也是社会主义制度下的市场经济与资本主义市场经济的不同。最后，上层建筑对经济基础具有反作用，文化对经济基础具有反作用，国家文化建设直接影响经济水平。因此，从新中国成立至今，中国共产党始终坚持发展社会主义经济，增强经济实力，夯实国家文化建设的物质基础，只有不断提高自身的经济水平才能不断增强社会主义制度的优越性，彰显社会主义文化的吸引力。

经济全球化是由西方资本主义国家发起并主导的，在经济全球化的过程中资本主义国家制定了一系列对自身发展有利的国际规则，而这种制度性话语霸权根源于西方国家发达的经济实力，西方国家也一再强化这种不平等的事实，这种经济领域的制度性话语霸权扩展到文化领域形成文化话语霸权，因而不平等的国际文化旧秩序就是建立在不平等的国际经济旧秩序的基础上的。当前的文化格局是美国文化霸权主导下的多元文化共同发

---

① 王亚南. 中国官僚政治研究 [M]. 北京：商务印书馆，2010：62.

② 马克思，恩格斯. 马克思恩格斯选集：第3卷 [M]. 中共中央马克思恩格斯列宁斯大林著作编译局，译. 北京：人民出版社，1995：776.

展，美国文化霸权主义的形成得益于强大的经济实力和先进的科学技术，而先进的科学技术也是建立在经济实力的基础上。通过以上分析可知，美国文化霸权的根源是美国强大的经济实力，这种文化霸权实质是在对物质的占有霸权上展现出来的以思想文化为载体的观念形式。因此，由意识形态斗争表现出来的资本主义和社会主义之间的斗争，实质是资本主义生产方式和社会主义生产方式之间的不同。当前，有人缺乏马克思主义信仰，对社会主义制度持怀疑态度，究其原因是因为当前我国的生产力水平与发达的美国还有很大差距，因此有一小部分人对我国社会主义意识形态缺乏有效认同，一些腐朽落后的思想占据了人们的内心，为资本主义意识形态的渗透提供了土壤，给国家文化建设带来隐患，因此在国家文化建设的过程中，中国共产党始终坚持发展社会主义经济，夯实国家文化建设的物质基础，增强人们对社会主义制度和中国共产党执政的信心，有效抵制美国的文化霸权，加强我国国家文化建设。

社会主义市场经济是国家文化建设的重要物质保障，因此坚持以经济建设为中心成为中国共产党开展国家文化建设的重要保障。经济快速发展为我国应对各种风险挑战奠定了坚实的物质基础，"以经济建设为中心"始终是我国国家文化建设的基本经验之一。毛泽东同志非常重视发展经济，在完成社会主义改造后，积极吸收借鉴苏联的经验和教训，重工业和轻工业同等重视，积极开展社会主义经济建设，改善人民生活，与资本主义文化渗透开展积极斗争，为国家文化建设奠定物质基础。邓小平同志虽然没有明确提出过国家文化建设的概念，但是邓小平理论中蕴含着丰富的国家文化建设思想。邓小平提出的"以经济建设为中心"的思想就是为国家文化建设奠定经济基础的重要思想，解放生产力和发展生产力是邓小平实行改革开放的初衷，也是邓小平在改革开放后顺利处理各种国家文化建设问题的重要物质保障。邓小平对我国社会主义经济有着深刻、清醒的认识，在他看来，社会主义优越于资本主义的主要特征应该是生产力高度发展，但是我国的经济发展水平与发达国家相比相差很大，因此在思想领域里首先实现拨乱反正之后，中国共产党逐渐形成了"以经济建设为中心"的基本方针路线，邓小平认为"中国解决所有问题的关键是要靠自己的发展"[1]，他充分认识到经济建设上不去文化思想领域的问题也无法解决，没

---

① 邓小平. 邓小平文选：第 3 卷 [M]. 北京：人民出版社，1993：265.

有经济基础的支持，国家文化建设就是一句空话。资产阶级自由化思潮为什么会泛滥，是因为他们不相信社会主义，苏联解体的根源在于内部经济政治乏力，人民生活困苦，而"最终说服不相信社会主义的人要靠我们的发展"①，正如邓小平所说："只要我们的生产力发展……社会主义精神文明建设就可以搞上去"②。正是在邓小平同志的正确领导下，我国的经济发展水平实现了快速增长，经济文化建设上的强大有效地抵御了西方资本主义国家的和平演变战略。由此可见，"发展才是硬道理"，只有经济发展了才能使人民的生活水平切实提高，才能增加对文化思想领域的投入，提高人文素质，增强民众对非马克思主义思想的辨别能力，逐步消除封建落后思想的生存土壤，培养公平、民主的新思想。江泽民同志坚持了邓小平同志以经济建设为中心的思想，"经济是基础，解决中国的所有问题，归根结底要靠经济的发展。"③ 江泽民认识到国家的强盛归根到底是经济实力的竞争，只有经济发展了才能抵御任何自然风险和社会风浪，顶住任何外在的威胁和压力④。作为观念形态的文化建设与否、发展状况都直接是由经济基础决定的。胡锦涛同志的科学发展观也是对经济建设为中心理念的坚持，他在题为《树立和落实科学发展观》的讲话中指出，经济发展是同政治、文化发展紧密相关的，从根本上说，经济发展决定文化发展⑤。胡锦涛同志积极推动文化产业发展，文化产业兼具经济价值和文化价值双重功效，而文化产业的发达直接关系到我国文化经济力水平的高低。进入新时代以来，习近平同志始终坚持以经济建设为中心，强调社会主义经济发展对于文化建设的重要作用，将经济发展作为党的中心工作，积极推动中国式现代化，实现全体人民共同富裕。

从新中国成立至今，中国共产党始终坚持以经济建设为中心，奠定国家文化建设的物质基础。中国共产党强调物质基础对国家文化建设的重要作用，这一论断建立在马克思主义唯物史观的基础上，基于社会主义制度和我国基本国情。要解决人民日益增长的美好生活需要和不平衡不充分发展之间的矛盾，一切偏离经济建设的方针政策都是不可取的。要解决中国

① 邓小平. 邓小平文选：第 3 卷［M］. 北京：人民出版社，1993：204.
② 同①：379.
③ 江泽民. 江泽民文选：第 1 卷［M］. 北京：人民出版社，2006：514.
④ 同③：594.
⑤ 中共中央文献研究室. 十六大以来重要文献选编（上）［M］. 北京：中央文献出版社，2004：483-484.

的问题包括文化思想领域的问题必须以经济建设为中心，才能保证国家文化建设获得稳定的持续的物质基础。

### 6.2.3 建设社会主义文化强国，占领国家文化建设的制高点

建设社会主义文化强国，占领国家文化建设的制高点，这是中国共产党在国家文化建设的实践过程中达成的共识。在积极斗争型国家文化建设阶段，中国共产党确立了"两为"方针，确保社会主义文化建设的正确方向，同时坚持"双百"方针，在与西方国家开展积极文化斗争的同时促进社会主义文化的大发展大繁荣。在开放防御型国家文化建设阶段，中国共产党虽然并未提出建设社会主义文化强国，但是却为文化强国的建设奠定了良好的经济基础。因此，在开放防御型国家文化建设阶段，中国共产党通过建设经济强国奠定了建设文化强国的物质基础。在内在发展型国家文化建设阶段，中国共产党更是注重"内在"文化软实力的建设，牢牢把握社会主义先进文化的前进方向，增强我国社会主义文化软实力，从而为社会主义文化强国的建设提供了直接的、坚实的文化基础。在主动走出去型国家文化建设阶段，中国共产党高度重视社会主义文化的发展繁荣，党的十七届六中全会提出"建设社会主义文化强国"[①]。在总体建构型国家文化建设阶段，中国共产党多次指出建设社会主义文化强国，增强国家文化软实力。中国共产党多次提到社会主义文化强国建设，正是意识到文化强国对文化建设的重要性，党的重要会议多次强调要建设文化强国，通过建设社会主义文化强国占领文化建设的制高点。建设社会主义文化强国正是中国共产党对世界文化局势的准确把握和积极回应。"落后就要挨打"，面对西方资本主义国家的文化霸权，只有把"文化低地"变为"文化高地"，才能充分提高自身抵御外来文化霸权的能力，解决国内各种文化利益问题，占领文化建设制高点，更好地进行自身的文化建设，积极建设社会主义文化强国，促进文化从安全走向繁荣。

我国目前是一个文化资源大国而非文化强国，我国拥有几千年的历史，拥有丰富的、无与伦比的历史文化资源，但我国又是一个文化软实力不强的大国，这个困境直接导致中国文化缺乏话语权。虽然我国的文化软实力不断增强，但是我国仍然是一个社会主义文化大国而不是文化强国。

---

① 中共中央文献研究室. 十七大以来重要文献选编（下）[M]. 北京：中央文献出版社，2013：562.

因此，面对世界文化格局西强我弱的局面，要保障国家文化建设，必须发展中国特色社会主义文化，建设社会主义文化强国，自身内在实力的强大才能更好地维护国家文化建设，占据文化建设的制高点。社会主义文化强国建设需要从四个方面着手。

第一，毛泽东思想、中国特色社会主义理论体系是建设社会主义文化强国的指导思想。毛泽东思想中包含了丰富深刻的文化强国思想，"双百"方针本身就是在促进社会主义文化的繁荣发展。在中国特色社会主义理论体系中，邓小平理论强调文化强国建设的物质基础——社会主义经济发展；"三个代表"重要思想强调社会主义先进文化的前进方向，为文化强国建设提供了直接基础；科学发展观强调可持续的文化发展观。习近平新时代中国特色社会主义思想是建设社会主义文化强国、实现中华民族伟大复兴的重要理论指南。习近平新时代中国特色社会主义思想是对马列主义、毛泽东思想、邓小平理论等指导思想的继承和发展。坚持习近平新时代中国特色社会主义思想在文化强国建设中的指导地位就意味着坚持党对文化建设的领导地位，坚持文化强国建设的社会主义方向。文化强国建设的目的在于占领文化建设的制高点，初衷在于加强本国文化建设，而非"以强凌弱"，习近平新时代中国特色社会主义思想对文化强国建设的出发点、落脚点、基本内容以及逻辑开展过程起着统领全篇的指导作用。

第二，培养高度的文化自觉和文化自信是建设社会主义文化强国的逻辑起点。从改革开放到 20 世纪末，党的文献中多次提到"文化自觉"，而较少提到"文化自信"。费孝通先生曾指出，文化自觉是在认识自己文化的基础上与其他文化建立共同认可的基本秩序和共处原则[1]。因而了解自身文化在世界多元文化体系中的准确位置，拥有开阔的视野和独特的眼光，才能更准确地定位自己、发展自己。党的十七大报告提出"培养高度的文化自觉和文化自信"[2] 的要求，党的十八大报告再次强调"树立高度的文化自觉和文化自信"[3]。党的二十大报告再次强调文化自信自强。习近平同志多次强调"增强文化自觉和文化自信"。长期以来，我国对自身的

---

① 费孝通. 对文化的历史性和社会性的思考 [J]. 思想战线，2004（2）：1-8.
② 中共中央文献研究室. 十七大以来重要文献选编（下） [M]. 北京：中央文献出版社，2013：562.
③ 中共中央文献研究室. 十八大以来重要文献选编（上） [M]. 北京：中央文献出版社，2014：26.

文化身份地位和文化认知并不清晰，甚至经常处于两个摇摆的极端，19世纪中叶以前我们有着"天朝上国"的文化自负心态，经过百年屈辱文化历史经历后，我们又陷入"西方文化中心"的文化自卑心态，"五四"运动对传统文化的批判以及20世纪80年代对西方文化思潮的热捧一度消磨掉国人的文化自信，认为"蓝色文明"是优秀文化的代表。在这样不断的文化自负与文化自卑的切换中，在全盘西化还是文化复古的争论中，我们对自身的文化认知处于模糊状态。传统文化抑或是社会主义文化都是世界多元文化中的一种文化呈现形式，文化自负心态和自卑心态都不是正确对待异质文化的心态。树立社会主义文化自信，培养文化自觉，定位自身在世界文化版图中的坐标，是扎实推进社会主义文化强国建设的关键。

第三，坚持以人民为中心是建设社会主义文化强国的基本准则。文化起源于人民群众的生产实践活动，社会主义文化强国建设的推进要始终坚持群众路线，从群众中来，到群众中去，以满足广大人民的精神文化需要为出发点和落脚点。习近平同志强调坚持人民主体地位[1]，这就从根本上规定了文化强国建设的群众路线。了解群众深层文化需要，满足群众文化利益，丰富群众精神世界，保障人民群众的基本文化利益，坚持以人民为中心是建设社会主义文化强国的基本准则。

第四，坚持文化的时代性与开放性是建设社会主义文化强国的必然要求。文化建设受到当时历史文化条件下经济、政治以及其他多重复杂因素的影响，因而它带有具体时代的具体特征。与此同时，改革开放以来中国的文化强国建设始终是以开放的姿态存在，不能以维护国家文化建设而拒绝接受、吸纳世界其他民族的优秀文化，这样只会固步自封，加速文化的衰落。因而文化强国建设除了要兼备时代性和开放性，在开放的文化交流中主动吸收借鉴各国优秀文化因子。只有不断坚持开放性才能在动态中加强国家文化建设。因此，文化强国建设必须具有时代性与开放性，彰显时代精神，赋予时代理论特色，凸显时代要求，把握时代脉搏，根据思想文化的变动时刻满足群众精神文化需求的变动。

### 6.2.4 重视网络文化建设，坚守国家文化建设的舆论阵地

进入新时代以来，网络文化建设问题日益凸显。作为国家文化建设的

---

① 习近平. 习近平谈治国理政 [M]. 北京：外文出版社，2014：27.

舆论阵地，网络文化的超国界跨区域特性在一定程度上消解了国家文化主权，同时也增加了潜在的文化建设威胁。西方发达资本主义国家利用网络传播西方价值观念，网络成为意识形态的隐性传播"基地"。网络文化时代海量信息扑面而来，碎片化阅读导致信息接收的快捷性与多变性并存，人们价值取向变得更加多元、多样，传统媒体的点到面的传播方式已经被点到点的传播方式取代，网络的匿名化也使得网络文化暴力成为普遍存在的现象，任何人都可以发表针对他人的虚假的、捏造的信息。一些不法分子利用网络宣传危害国家文化建设的不实言论，消解民族文化认同，利用淫秽色情甚至是封建迷信的文化产品引导受众，网络已成为新时代国家文化建设的重要舆论阵地。中国共产党高度重视网络文化建设，坚决守好国家文化建设的舆论阵地。

高度重视网络文化建设，守好国家文化建设的舆论阵地是中国共产党维护国家文化建设的实践向度的重要内容。网络文化建设可以从三个方面着手，保障网络物质技术，建设网络法律制度，提升网民文化素质。首先，网络物质技术主要指计算机技术和通信技术，美国在出口和转让技术时降低技术的标准和等级，从而左右进口国技术信息及密码。比如美国出口到中国的密钥芯片被秘密预留了一个随时可以启动进行监控和窃听的程序①。发达国家通过制网权而侵入其他国家的核心部门网络，窃取信息或者利用病毒销毁信息。因此，要进行网络文化建设首先需要掌握核心技术。其次，重视网络文化法律制度建设。各国从未停止过对网络文化的法律法规制度的探索。我国出台了一系列相关的法律、法规，比如《互联网文化管理暂行规定》《计算机信息网络国际联网安全保护管理办法》等。2016 年《中华人民共和国网络安全法》出台，同年我国首次发布《国家网络空间安全战略》，"一法一战略"的相辅相成为我国网络文化建设提供了法律层面的保障，为我国加强网络文化建设，实现网络强国战略的目标提供了法律依据。最后，提高网民文化素质。虚拟的网络空间给人们道德选择提供了各种可能性，人们的文化身份以及文化形象全部隐形化，因此网络中的语言暴力直接侵犯了他人的合法权益，各种网络伦理道德出现。高素质的网民才能有效加强网络文化建设，网民对于网络中流传的各种不良文化要有辨识能力，用成熟理性的行为支配自身的网络行为。

---

① 马杰. 全球互联网的发展及其对国家安全的影响[J]. 世界经济与政治, 1999 (10): 48-52.

营造良好的社会文化环境，打造清朗的网络文化空间。良好的社会环境是保障网络文化建设的重要条件，暂时性的严打并不能解决问题，建立长效的"标本兼治"的网络文化综合治理机制才是最终的解决之道。营造良好的社会文化环境需要不同法律之间统筹协调施行，需要文化自律与他律的统一并进。就具体问题来讲，比如当前网络文化的立法还存在一些问题，虚拟的网络世界制定的是现实世界的法，没有国界的网络世界制定的是有国界的法，青少年居多的网络世界制定的是成年人的法。我国出台的关于网络文化的管理规定基本上都是简单的、暂时的和应急性的规定，缺乏横向、纵向的协调统筹考虑，导致网络监管环节上既出现部门职能交叉的局面，又存在无人监管的局面，因此，结束不同部门的"分治"局面，实现相互之间的协调统一非常必要。公共文化环境的净化需要广大群众的文化自律与他律的齐头并进，文化自律要求提高广大人民群众的文化素养，提升对庸俗文化的免疫力；文化他律指的是社会法律法规的约束、家庭教育和监督，以及学校单位的思想政治教育。加强文化自律才能抵制公共文化的庸俗化，从源头上净化社会文化环境。文化自律的形成除了自身文化素质的提升，还需要外在的学校、单位的思想政治教育，以及他人的监督。文化他律能有效地引导人民群众的文化生活，自觉抵制封建、色情、腐朽的不良文化侵蚀，增强网民对低俗文化的辨识能力。

以社会主义核心价值观作为网络文化建设的指导思想，守好舆论安全阵地。在市场经济条件下，网络文化的逐利性、碎片化泯灭了文化场域中原有的艺术气质和文化精神，导致一些文化产品在思想上缺乏深刻性，在内容上消解了崇高，在形式上哗众取宠，出现"低俗、庸俗、媚俗"的倾向。因而网络文化建设需要社会主义核心价值观作为引导，社会主义核心价值观具有文化上的先进性，从指导方向上对网络有统摄功能。社会主义核心价值观对网络文化的引领并非是生硬的理论灌输，而是通过内在的理论魅力展现其科学性，展现文化的包容性和开放性。

## 6.3 新中国成立以来国家文化建设的基本特征

基于软实力理论视角下的国家文化建设的基本特征主要包括五个方面，即继承性与创新性的统一，阶段性与总体性的统一，绝对性与相对性的统一，独立性与交融性的统一，动态性与稳定性的统一。

### 6.3.1 继承性与创新性的统一

继承性与创新性的统一是新中国成立以来国家文化建设的基本特征。继承性，是指国家文化建设在不同时期的具体策略、时代主题、文化环境都有所差异，但是总体而言，后一时期的国家文化建设是在继承前一时期国家文化建设的基础上形成的。创新性，是指后一时期的国家文化建设基本实现了对前一时期国家文化建设的创新和发展。从新中国成立到改革开放这一时期，威胁国家文化建设的因素主要包括国际和国内两个方面，国际社会中有来自西方发达资本主义国家的"和平演变"和文化渗透，以及中国与苏联之间的意识形态分歧，这些因素导致我们对中国文化建设的总体趋势产生了错误的判断；国内社会中的文化建设威胁因素主要是新中国成立初期多元文化思潮对马克思主义意识形态的冲击。党的十一届三中全会到党的十四大，造成国家文化建设受到威胁的国内因素是我们集中于物质文明建设而对精神文明建设有所忽略，因此国家文化建设从单纯的"意识形态建设"上升到物质文明建设和精神文明建设一起抓的"两位一体"的高度。党的十四大到党的十六大，面对国内外新的文化环境和文化问题，江泽民同志在继承邓小平同志"两位一体"文化建设思想的基础上，从政治、经济、文化"三位一体"的总体布局的高度来看待国家文化建设问题。"三位一体"总体布局的划分更为具体，此处的"文化"指精神活动的成果，近似于一种"狭义"的文化概念，更能突出中国共产党对文化建设问题的重视程度。党的十六大到党的十八大，中国共产党多次在公开场合明确提出"国家文化建设"，这一时期的社会主义文化建设的总体布局从"政治、经济、文化"的三位一体布局上升到"政治、经济、文化、社会"的四位一体总体布局的高度，强调多方面因素对文化建设的综合作用结果。党的十八大以来，中国共产党审时度势，高屋建瓴从"总体建构"的高度看待国家文化建设问题，从"经济、政治、文化、社会、生态文明"五位一体总体布局来看待国家文化建设问题，同时高度重视中华优秀传统文化的创造性转化和创新性发展，积极推动文化自信自强。这些变化都能够体现新中国成立以来国家文化建设的继承性与创新性的统一。从前后不同时期的对比可知，这个继承创新的过程呈现出越来越清晰化、全面化、战略化的趋势，后一个时期的国家文化建设在继承前一个时期国家文化建设的基础上形成，但是这四个时期并非简单的继承关系，后一个时期的文化建设在吸收借鉴前一个时期文化建设的基础上实现了创新性发展。

### 6.3.2　阶段性与总体性的统一

阶段性与总体性的统一是新中国成立以来国家文化建设的基本特征。所谓阶段性，是指国家文化建设在新中国成立以来70多年的纵向时间序列中呈现出明显的阶段性。国家文化建设的发展历程中存在从积极斗争向开放防御，后又转向内在发展，进而转向主动走出去，最后转向总体建构的五个阶段。从新中国成立到党的十一届三中全会，中国国家文化建设从积极斗争转向开放防御，既要防范西方资本主义国家的文化渗透，又要向世界先进文化不断学习，同时也要高度重视马克思主义意识形态建设问题，这一时期主要是与西方文化渗透开展积极斗争，因此这一时期处于积极斗争型国家文化建设阶段。党的十一届三中全会到党的十四大，中国国家文化建设从封闭防御转向对外开放，既要消除遗留的各种保守错误思想，又要防御因过于冒进而产生的"全盘西化"思想，因此这一时期中国国家文化建设处于开放防御阶段。党的十四大至党的十六大，面对多元文化并存的局面，中国共产党改变之前的防御型国家文化建设思想，秉承以文化发展促进文化建设，这一时期中国共产党的国家文化建设思想处于注重"内在发展"阶段。党的十六大到党的十八大，面对美国的文化霸权主义，中国共产党积极实施文化走出去战略，从内在的文化建设开始转向外在的文化走出去，因而这一时期中国共产党的国家文化建设思想处于"主动走出去"阶段。党的十八大以来，面对传统和非传统安全威胁因素叠加的现实状况，针对当前国家文化建设理论的推进现状，中国共产党在习近平同志的带领下，高瞻远瞩地从总体国家安全的高度出发，从全方位多领域着手维护国家文化建设，即打造总体建构型国家文化建设。改革开放以来中国共产党国家文化建设思想呈现出的非常典型的五个阶段，即积极斗争型—开放防御型—内在发展型—主动走出去型—总体建构型。

总体性，是指新中国成立以来中国国家文化建设在横向序列上存在总体上的共性和通约性，即在新中国成立以来的70多年中，中国国家文化建设从横向序列来看，所涉及的四个文化建设要素在国家文化建设中的地位从未改变。中国国家文化建设的总体性在于，虽然中国在不同时期面对不同的文化建设主题和文化建设矛盾，但是新中国成立以来70多年中国共产党在维护国家文化建设方面主要集中在对文化利益维护、文化主权维护、意识形态建设和民族文化建设四个文化建设要素的分析上。文化利益是中国国家文化建设的根本，文化主权是中国国家文化建设的前提和起点，意识形态建设是中国国家文化建设的核心，民族文化建设是中国国家文化建设的基础。因此，新中国成立以来中国共产党国家文化建设思想是阶段性与总体性的统一。

### 6.3.3　绝对性与相对性的统一

绝对性与相对性的统一是新中国成立以来中国国家文化建设的基本特征。绝对性，是指国家文化建设的政策、措施在任何时期都不会是一成不变的，我国具有独立自主地开展本国文化建设的绝对权利。文化主权建设是国家文化建设的起点和前提，一个民族国家必须拥有独立自主地决定本国文化建设事务的权利，有独立自主、不受干涉地维护国家文化利益的权利，有独立自主地选择本国社会制度和意识形态的权利，如果没有这种独立自主地的、排他的最高权力就谈不上文化建设的绝对性。文化生存及发展创新都是在本国自主自愿的基础上进行的，不受任何外力的主导。民族个性中的东西是在历史积淀中形成的，它们会在将来的历史发展过程中随着文化自我变迁而逐渐失去功能以至于退化甚至消失，但是，它们只能是一个民族本身自我文化革新的过程，而非外族人基于某种动机而做出的人为"推动"①。因此，国家文化建设的绝对性主要是指我国拥有独立的、自主的、排他地维护本国文化建设的权利。国家文化建设的相对性是指文化本身不存在绝对的安全，国家文化建设是指与国家、民族和社会制度相对应的个性文化处于没有威胁和危险的状态，但是一个国家的个性文化完全不受到任何的国内外威胁是不可能的，追求文化的绝对安全也违背了矛盾是推动事物发展的基本规律，因此国家文化建设是在不断地应对新的文化建设威胁因素的过程中形成的。同时，国家文化建设的相对性的另外一层含义是指国家文化建设的外在环境、时代背景以及安全主体的需要处于不断的发展变化之中，一种文化形态不加以改变，继续保持原有的形态就失去了存在的合理性，当然也失去了安全的合理性。因此从这个意义上讲，

---

① 李鹏程. 当代文化哲学沉思 [M]. 北京：人民出版社，2008：366.

中国共产党是在相对的意义上维护国家文化建设，开展文化建设并不等于维护原有文化形态的纯洁性，也并不是对外来文化采取排斥态度，这种纯洁性都是文化系统固步自封、创新力萎缩的根源。当然，这种变化创新必须是在本国自主自愿的选择基础上进行的。因此，新中国成立以来进行的国家文化建设是绝对性与相对性的统一。

### 6.3.4　独立性与交融性的统一

独立性与交融性的统一是新中国成立以来国家文化建设的基本特征。独立性，是指因为各国文化建设需求的不同，从而导致各国都有自己独特的文化建设战略，中国国家文化建设也是在中国的文化历史环境中形成，因而它相对于其他政党、其他民族国家的文化建设具有独立性，任何国家不得以本国的文化建设方针策略作为衡量他国文化建设的标准。国家文化建设的独立性的另外一层含义是指，党在国家文化建设的过程中始终坚持尊重文化的相对独立性，正确处理文化与政治的关系，改善党对文化建设的领导方式和管理模式，不以行政命令干预文化发展模式，尊重文化发展的规律，保持文化的相对独立性，给文化建设充足的发展空间，真正促进国家文化建设。新中国成立以来，中国共产党始终坚持尊重文化发展的规律和特点，保持文化的相对独立性，不以政治手段规范文化建设的内容和方式，促进文化领域的创新和活力，尊重文化的相对独立性，这是维护国家文化建设的必然要求。

交融性，是指作为一个统一的多民族国家，维护整体性的国家文化建设意味着对各民族群体文化的整合，促进各民族文化交流交融是国家文化建设的重要内容。国家文化建设交融性的另外一层含义是指文化建设问题与经济、政治、军事等问题息息相关，交错杂糅，因而，国家文化建设意味着充分考虑影响国家文化建设的各种交融性因素。相对于赤裸裸的军事侵略，文化能以更加隐蔽的方式渗透于人心，它通过潜移默化的价值观、意识形态影响国民的思想观念，思想观念领域本身就是极其复杂交融的领域，而文化同时与经济、政治等领域联系紧密，进一步增加了国家文化建设的难度，比如我们在引进西方文化产品时不可避免会带来西方的价值观。好莱坞的大片在中国具有极大的市场，当人们陶醉在美国大片的精良制作、有趣的剧情的同时，也在悄悄接受"美国精神"的洗礼。全球化时代，经济交往的过程往往裹挟着文化和意识形态因素，因此国家文化建设是在多种因素的交融中进行的。因此，新中国成立以来国家文化建设是独立性与交融性的统一。

### 6.3.5　动态性与稳定性的统一

动态性与稳定性的统一是新中国成立以来国家文化建设的基本特征。动态性，是指党是在开放、包容、变动的环境中开展国家文化建设，没有一成不变的国家文化建设环境，自然就没有一成不变的国家文化建设策略，因此，国家文化建设也时刻处于动态发展中。国家文化建设是开放性的安全，在变动的发展中达到安全的效果，一味封闭保守只会带来僵化停滞，从而造成国家文化领域的死板、僵化甚至灭亡。苏联短时间内的灭亡与戈尔巴乔夫的"新思维"有莫大关联，但是更为重要的是僵化、保守、封闭的国家文化建设模式和意识形态控制模式早已导致思想文化机制的僵化、落后，这种封闭僵化的国家文化建设模式只能在政权保护的真空中存活，一旦接触到开放的空气就会迅速走向灭亡。因此，中国共产党的文化建设方针和策略根据不同的国家文化建设主题、国家文化建设环境和国家文化建设格局的变化，始终处于不断的发展变动之中。

稳定性，是指中国国家文化建设在一定时期、一定阶段处于相对稳定的状态。在积极斗争型、开放防御型、内在发展型、主动走出去型和总体建构型这五个阶段，国家文化建设一直处于不断的变动发展中，也就是在每一个阶段中所面对的国内外文化建设环境虽然有细微变化，但是相对稳定的文化环境和文化矛盾决定了国家文化建设的相对稳定状态。中国国家文化建设的相对稳定性的另外一层意义是指从抽象层次上看，文化建设是指与国家、民族和社会制度相对应的，带有民族观念、文化心理以及意识形态特征的个性文化处于生存和发展的状态，因此，国家文化建设的稳定性在于，中国共产党始终坚持维护这种个性文化免于内外威胁和危险，同时又促进这种个性文化能够获得良好的发展状态。因此，国家文化建设是动态性与稳定性的统一。

## 6.4　国家文化建设的未来展望

### 6.4.1　国家文化建设的总体规划

随着我国文化软实力的增强和国际文化地位的不断提升，西方文明对全球文化矛盾和文化问题的解释开始变得乏力，中国文化逐渐走进全球文化的舞台中心，中国共产党逐渐探索出一幅安全与开放均衡，兼顾本国文化利益与他者文化利益的文化发展蓝图。新中国成立至今，我国国家文化建设从积极斗争到开放防御，再到注重增强内在文化实力，在增强内在文化实力后将重点转向"外在"，进而形成主动走出去型国家文化建设，最后形成总体建构型国家文化建设，国家文化建设推进到现在，呈现出越来越清晰化、全面性、战略性的趋势。本书主要从以下两个方面入手展望中国国家文化建设的总体发展状况。

#### 6.4.1.1　构建国家文化建设战略，确立国家文化建设纲领指南

战略谋划能够最大限度地调动国家现有的各种文化资源，起到事半功倍的效果，因而要高度重视对国家文化建设战略的谋划①。从新中国成立至今，虽然中国共产党出台了一系列国家文化建设的具体举措，但是在国家层面一直都缺乏一套完整、全面和系统的国家文化建设战略，建构整体性的国家文化建设战略则是从新中国成立至今中国共产党一直搁置的重要问题。构建国家文化建设战略，确立国家文化建设纲领，是中国共产党进行国家文化建设必不可少的重要环节。虽然中国共产党至今并未形成整体的、明晰的国家文化建设战略，但是并不妨碍也无法动摇国家文化建设战略在国家文化建设中的地位。只有制定整体性的国家文化建设战略，确立国家文化建设的纲领指南，才能更好地开展国家文化建设。

1994年，战略史学者威廉森·默里将多位战略史学家的研究编纂成集，出版了《缔造战略：统治者、国家与战争》一书，指出综合影响战略思维的多种重要因素，包括国际环境、国家地理状况、历史经验、意识形态、文化、经济技术要素、政府组织方式、国内大众政治、战略决策体

---

① 韩源.国家文化建设论：全球化背景下的中国战略 [M].北京：社会科学文献出版社，2013：193.

制、战略领导素质等。由此可知，国家文化建设战略的影响因素是多重的，包括外交、经济、政治、领导素质、决策体制等。国家安全战略是"为了达到和巩固国家安全目标而发展、运用和协调国力的各组成部分（包括外交、经济、军事和信息等）的艺术和科学。国家安全战略也称国家战略或大战略。"① 举一反三，国家文化建设战略指的是，为了达到巩固国家文化建设的目标，运用、协调国力的各部分，包括外交、经济、政治、决策体制以及领导素质等的艺术和科学。影响和制约国家战略的基本因素是国家利益的界定、对威胁因素的识别和保障安全手段的选择②，因此，国家文化建设战略的分析框架是文化利益界定—文化威胁识别—战略举措选择。

冷战结束后，美国的国家安全战略侧重于文化领域的战略谋划，美国的文化战略首先表现为政治文化的扩张，相对于发展中国家的"防御"型文化战略，美国的文化战略明显表现为"进攻"型。美国的文化战略试图以美国文化价值观的全球化来"重塑"世界③。因此，现在美国的国家安全战略强调软实力与硬实力的结合，尤其重视文化软实力，这一特点使得美国的国家安全战略可以等同于美国的文化战略。战略的制定对于美国在全球的布局以及对文化霸权的维护具有极其重要的作用。因此，制定具有宏观指导作用的国家文化建设战略对于中国国家文化建设的维护和合理文化利益的获得具有重要的作用。《中华人民共和国国家安全法》于 1993 年颁布，而国家安全战略的制定则是在 2015 年，国家安全法和国家安全战略的内容中都包含了国家文化建设。2004 年 9 月，党的十六届四中全会首次提出要"完善国家安全战略"；2013 年，党的十八届三中全会中明确指出"完善国家安全体制和国家安全战略"。2015 年《国家安全战略纲要》的出台为国家文化建设战略的制定提供了理论借鉴。

国家文化建设问题虽然在国外著作中没有明确提出，但是研究国家文化建设问题的相关理论最早是由西方发达国家的学者提出来的。西方学者在把文化因素引入国家安全研究领域后，理论研究的风气就比较浓厚了。西方学者对基本概念进行了深入的探讨，形成诸如"软实力理论""历史

---

① 军事科学院世界军事研究部. 美国军事基本情况 [M]. 北京：军事科学出版社，2004：56-57.

② 王荣.《美国国家安全战略报告》研究 [M]. 北京：时事出版社，2014：53-56.

③ 王晓德. 关于冷战后美国对外文化战略的思考 [J]. 社会科学战线，2000（1）：148-157.

终结论""文明冲突论"等理论,为西方国家在全球推动文化霸权提供了丰富的理论基础。美国的官方政策与学术研究是紧密结合的,许多大学都是美国思想库的重要组成部分,比如哈佛大学的东亚研究中心,因此美国学者的研究成果大多被官方吸纳接受,美国的思想库是政策研究的专业组织,服务于美国政府,帮助美国政府解决复杂的内政外交问题,提出具体的政策措施,也关注未来的发展趋势,比如布鲁金斯学会在 1948 年所提出的具有跨时代影响力的"马歇尔计划",2006 年约瑟夫·奈所提出将"硬实力"与"软实力"结合形成"巧实力"就是对奥巴马政府"巧实力"外交的理论贡献①。学术领域对于文化问题的重视直接影响了美国的国家文化战略。美国的国家文化战略"无处不在",甚至在冷战结束后美国的国家安全战略中,文化和意识形态发挥的作用更大,所以美国的国家安全战略在一定程度上约等于文化战略。虽然美国没有文化部但是美国的文化政策却渗透在美国的整体国家战略中,在政治、经济、军事、贸易中都能看到文化和意识形态的影子,因此美国的文化政策其实"无处不在"。美国的多份报告以及国土安全局的创立从理论到实践上体现了美国对国家文化建设问题的重视。冷战结束后,美国更加注重文化软实力的作用。1999年出台的《美国国家安全战略报告》第一部分就把"我们价值的力量"专门列出,意在提高民主价值观念作为软实力的作用。美国的国家文化战略注重软硬实力之间的结合运用,当其他手段失效时才会考虑军事力量②。美国的国家文化建设战略是长期性、系统性和隐蔽性的战略,集国内、国外文化建设战略于一体,战略战术协调并举,渗透到政治、经济、外交、军事、情报、宣传各领域,学术研究和官方政策紧密配合。美国的文化战略可以概括为对外推行文化霸权主义,对内实行文化种族主义③。

从战略意识上来看,中国的国家文化建设战略意识相较于美国稍弱一些。从战略目标和战略举措上来看,战略成功的关键在于将目的和手段正确地结合运用④,而中国目前对于国家文化建设战略目标和战略举措之间的合理评估和系统结合还缺乏总体性地筹划和运作。目前我国关于国家文

① 王莉丽. 旋转门:美国思想库研究 [M]. 北京:国家行政学院出版社,2010:51-53.
② 王荣.《美国国家安全战略报告》研究 [M]. 北京:时事出版社,2014:195.
③ 亨廷顿. 我们是谁:美国国家特性面临的挑战 [M]. 程克雄,译. 北京:新华出版社,2005:1-10.
④ 哈特. 战略论 [M]. 中国人民解放军军事科学院,译. 北京:战士出版社,1981:450.

化建设的举措主要包括在全球设立孔子学院、设置来华留学项目、设立海外中国文化中心、与多个国家举行单边或多边的文化合作协定、开展民间文化艺术交流、实施马克思主义理论研究和建设工程、高度重视高校教师和学生的思想政治教育工作、制定实施繁荣哲学社会科学的计划、出台一系列政策文件、发展文化产业、进行文化体制改革等，这些措施都有效地促进了我国的国家文化建设，但是在没有整体性的国家文化建设战略部署下，战略目标和战略手段之间是否能够灵活调整，有效实现两者的平衡是个严峻的问题。美国著名战略学家克里斯托弗·莱恩曾指出，确定重要利益、识别威胁因素、决定保护方式是制定战略的三个步骤①。由此类推，国家文化建设战略分析框架是对文化利益、战略目标以及阻碍因素进行识别，最后根据威胁因素来制定战略举措和具体战略措施，在整体性全局战略谋划的基础上，在空间维度上对不同地域内的各种资源要素进行优化配置，在时间维度上关注历史和现实因素，注重与世界各种不同文化力量的互动，对战略手段和战略措施进行灵活调整，从而实现手段与目标之间的整体平衡。中国共产党对国家文化建设战略的构建，集中体现为对本国历史上不同阶段国家文化建设战略的继承和对其他国家文化建设战略的吸收借鉴，对文化建设现状进行评估，应用国家文化建设理论进行分析。

　　国家文化建设战略构建是一项系统工程，是国家治理能力现代化必不可少的组成部分，也是构建文化强国的题中之义。国家文化建设战略要以提高自身国家文化建设能力为前提，就像只有身体保持健康，拥有足够的免疫力，才能抵抗外部的病毒入侵。因此，国家文化建设战略的构建要在增强社会主义文化建设能力的基础上完善国家文化建设法治建设，以系统的、健全的文化建设法治体系维护人民的文化利益，同时健全国家文化建设智库机构。美国的智库对于美国的文化战略起着至关重要的作用，现今美国智库的影响力已经超出国界蔓延至全球。美国思想库的"旋转门"机制在知识与权力得到有效结合的同时也将影响力直接渗透进美国政治决策的核心②。中国的思想库在数量和影响力上以官方思想库为主，但是官方思想库缺乏专门针对国家文化建设战略的研究，也缺乏研究国家文化建设的人才。中国"文化建设研究思想库中品牌缺失，科研成果的转化程度较

---

① 王荣.《美国国家安全战略报告》研究 [M]. 北京：时事出版社，2014：53-54.
② 王莉丽. 旋转门：美国思想库研究 [M]. 北京：国家行政学院出版社，2010：98.

低，缺乏一份专门从事国家文化建设战略研究的权威刊物。"①

6.4.1.2 完善文化建设法治体系，推动国家文化建设的法治进程

从新中国成立至今，中国共产党一直非常关注"法治"问题。毛泽东同志对新中国法治建设作出了巨大贡献。他在废除国民党伪法统的基础上，领导中国人民开启了新中国法治建设的新纪元，主持起草了一系列法律、法令，提出了一系列重要的法治原则和思想，对新中国成立初期社会主义民主法治建设起到了积极的指导作用。邓小平同志强调"好的制度"对人的积极影响，点明了"法治"对社会主义建设的促进作用。江泽民同志直接提出文化体制改革思想，强调"加强文化法治建设"②，在"文化法制"的基础上强调文化建设。文化体制改革在重建国家文化制度，维护国家文化建设的基础上发挥着不可替代的作用，中国共产党逐渐认识到"法治"的重要意义，强调建设法治社会。进入新时代以来，我国逐渐走上社会主义法治社会，在政治、经济领域有了较为丰富、系统的法律法规，这些都为社会主义文化建设提供了重要的法律支撑。相对于经济领域和政治领域比较完善的法律体系，我国在文化领域的文化立法工作尤其是文化建设立法有所欠缺，这个状况一直从改革开放持续至今，因此完善国家文化建设立法，促进国家文化建设的"法治化"进程是当前亟须解决的重要问题。2014年，习近平同志提出总体国家安全观的概念，2014年12月形成《中华人民共和国国家安全法（草案）》。总体国家安全观的提出为我国文化建设的法治建设提供了理论指导。完善文化建设法治体系，促进文化建设的法治进程，是当前维护国家文化建设的整体举措中的重要组成部分，也是中国共产党维护国家文化建设必须付诸的实际行动。

新中国成立至今，我国在文化领域颁布出台了一系列法律法规，为国家文化建设提供了法律保障，但是迄今为止，我国并没有出台系统化、专门性的国家文化建设法治体系。在当前国家文化建设面临"复杂文化建设"形势下，设计、颁布、实行的一系列国家文化法律制度及文件法规，有助于促进国家文化建设的长期化、稳定化及常态化③，否则国家文化建

① 韩源. 国家文化建设论：全球化背景下的中国战略 [M]. 北京：社会科学文献出版社，2013：196.

② 中共中央文献研究室. 十七大以来重要文献选编（下）[M]. 北京：中央文献出版社，2013：562.

③ 胡惠林. 国家文化建设法制建设：国家政治安全实现的根本保障：关于国家文化建设法制建设若干问题的思考 [J]. 思想战线，2016（5）：96-106.

设的维护就会处于缺乏法理依据的尴尬境地。我国现有的两部文化法是《中华人民共和国文物保护法》和《中华人民共和国非物质文化遗产法》。现有的关于文化的法律规章有两种分类方法，一是按照文化法的种类来分，可以分为文化类、新闻出版类、电影电视类，其中对文物类立法较为完善，文化综合类立法相对缺乏，其他为文化市场、娱乐场所、基础文化活动类。从文化立法的分类情况可以得知，文化遗产保护是其中比较完善、密集和成熟的部分，这反映了两个问题，一方面文化遗产保护是文化事业的重要组成部分，因此反映出从国家到地方对于文化事业比较重视，另一方面从侧面也表现出中国国家文化建设立法的缺乏、滞后。二是从纵向的时间来看，2006年、2009年和2011年是文化法律制定比较多的年份，颁布了一系列法律、法规，比如《国家级非物质文化遗产保护与管理暂行办法》《中华人民共和国非物质文化遗产法》《广播电视广告播出管理办法》《出版物市场管理规定》等一系列法规和规章。2001年国家文化法律颁布的数量高于其他几个年份，对于文化市场规范、文物保护以及新闻出版和互联网等方面的规章制度较多，一方面表明，随着社会主义市场经济的发展，国家文化类规章制度更倾向于对文化市场管理，另一方面也体现出文化立法对社会发展的滞后性，比如2000年以来互联网开始迅猛发展，2011年才逐渐出台关于互联网管理的规则①。通过以上对于我国文化领域的行政规章的梳理可以得知，我国现有的关于文化的法律法规都是在文化行政分工的范围内各个管理部门因工作需要而制定的，因此地方性的文化遗产类法律法规的制定比较完善，国家层面关于文化市场管理、广电类的法律法规比较齐全，但是在整体上中国国家文化建设立法是缺失的，在国家文化建设战略层面的法律设计也是缺失的。

面对美国的文化霸权，许多国家为了维护国家文化安全而制定了一系列法律法规。日本在二战结束后在美军的占领下实行民主化改革，美国文化对日本文化产生了巨大的冲击，日本的民族文化特性面临被同化的危险。为了重拾日本民族文化和弥补国民精神信仰缺失，在冷战结束后，日本加强了国家文化建设，提出了一系列有利于维护日本国家文化建设的政策措施，比如"新的文化艺术立国"战略、"文化外交"战略、"酷日本"

---

① 胡惠林. 国家文化建设法制建设：国家政治安全实现的根本保障：关于国家文化建设法制建设若干问题的思考 [J]. 思想战线，2016（5）：96-106.

战略，并制定一系列的文化立法来保障国家文化建设战略的实施①。苏联解体后，俄罗斯人出现对本民族文化的背离和轻视，各种西方思潮泛滥，人心分离，文化艺术人才大量流失，传统文化价值观念遭到西方"文化殖民"的解构，大部分青年向往西方文化，特别是对美国的生活方式特别推崇，麦当劳、好莱坞电影、迪士尼、可口可乐等象征美国的文化符号成为俄罗斯人的追逐对象。观众对于美国电影、电视节目不分良莠地接受，大街小巷盛行的都是西方的爵士乐以及摇滚舞曲，美国国旗被当作装饰物的首选。许多中东欧国家也在极力摆脱俄罗斯的影响，追求西方文化甚至成为一种政治任务。为了重塑俄罗斯的民族文化，俄罗斯领导人提出了一系列国家文化建设政策，大力弘扬爱国主义传统，重视保护文化遗产和继承传统，重建俄罗斯文化及俄语的影响力，大力推动俄罗斯文化产业发展，提高俄罗斯的文化软实力。俄总统每年发表国情咨文、制定国家安全战略时，都把俄罗斯的国家文化建设放在重要地位②。在全球化时代，美国文化霸权对法国文化也造成了极大的冲击，2006 年法国文化部长指出，美国制作的影片在世界电影市场中占到了 85% 的份额，其中美国电影在欧洲的市场份额为 71%，在法国为 60%，美国唱片占到了法国市场份额的 80% 以上③。法国国家电影中心指出，在 2007 年，法国最畅销的前 15 部音乐专辑中有 4 部是盎格鲁-撒克逊人所作，在 2008 年，美国电影占法国电影票房的 44.5%，法国的两部电影占票房收入的前 2 名，但是前 10 名中的其他 8 部电影均为美国电影。为了有效地维护法国的国家文化建设，抵制美国的文化霸权，法国在美国要去开放欧洲文化产品市场时提出"文化例外"的原则，认为文化产品和文化服务不适用于贸易自由化，之后又将"文化例外"原则修改为"文化多样性"原则，并就保护本国文化提出一系列具体政策，积极推广和传播法语，通过文化外交促进法国文化的对外传播，促进法国文化产业向外发展，重视对外来移民的文化融入等④。这些国家为了维护文化建设而采取的举措，对中国国家文化建设的法治建设具有重要借鉴意义。

---

① 程工. 世界主要国家文化建设政策研究 [M]. 北京：社会科学文献出版社，2014：53-110.

② 同①：111-158.

③ 朱伟明. 法国政府对本国文化的保护和传播 [J]. 当代世界，2007 (6)：52-54.

④ 程工. 世界主要国家文化建设政策研究 [M]. 北京：社会科学文献出版社，2014：204-232.

现今我国文化立法还处于"一事一法"的阶段，对文化立法的研究缺乏从整体思路和战略框架进行研究，更缺乏对立法过程项目实施及具体对策的研究。国家文化建设法律制度与国家的文化管理法治化有密切关系，文化建设立法制度的不健全和文化政策的非稳定性，是造成我国文化建设存在缺陷的重要因素。应通过法律程序将党在文化建设领域的意志转变为国家意志，将党的政策以文化立法的形式确定下来。同时，在文化建设立法的过程中要充分发挥国家立法机关的作用，文化立法工作严格按照规定的法律程序进行，如果在法制程序上出现缺席，将直接动摇国家文化建设法律制度的合法性。完善健全的国家文化建设立法体系是国家文化建设的法治保障。党的十八大以来，国家文化建设成为总体国家安全观的重要组成部分，这些都为我国文化建设立法工作的顺利开展指明了方向。在当前战略机遇与战略挑战并存的时期，坚持统筹兼顾、重点突破、整体推进的原则，使当前较为单一的文化行政规章体系改变为文化法治体系，建立系统的国家文化建设法治体系，才能推动国家文化建设法治化进程。

### 6.4.2　国家文化建设的具体部署

#### 6.4.2.1　创新意识形态理论是意识形态建设的首要任务

进入新时代，意识形态斗争日益变得复杂化，意识形态的斗争形势也变得更为隐蔽化，从文化矛盾激烈交锋到争夺国际文化制度主导权，从传统的经济、政治、文化领域的意识形态之争到互联网领域价值观念渗透，从争取国内民众的认同到国际上的良好形象塑造，意识形态的斗争已经渗透到社会生活的方方面面，只有不断实现意识形态理论创新是才能确保国家文化处于长久持续的安全状态中，才能获得源源不断的发展力量。因此，不断坚持实现马克思主义意识形态理论创新成为中国共产党意识形态建设的首要任务。

实现马克思主义意识形态创新要从三个方面入手，一是实现马克思主义意识形态创新来源的多元化。改革开放前我国一直向苏联学习，苏联式的政治经济文化模式的弊端也在我国社会主义现代化建设过程中有所显现，意识形态创新来源的单一化则是苏联文化模式在新时期的延伸，这种意识形态创新完全依赖于执政党，意识形态创新在完全依附政权的情况下变得极富脆性，因此意识形态创新来源的多元化才能实现马克思主义意识形态创新的稳定化、弹性化和长期化。二是创新马克思主义意识形态话语体系。创新马克思主义意识形态话语体系，需要创造紧跟社会发展的、与时俱进的马克思主义学术概念和学术语言，重构马克思主义话语体系，在坚持马克思主义理论"硬核"的基础上吸收、借鉴西方话语体系的合理因素，兼收并蓄地保持自身话语体系的先进性。三是创新马克思主义意识形态传播方式。牢牢抓住网络化环境下意识形态工作的主动权、话语权、管理权是新媒体时代意识形态工作的重大任务，科学把握运用新兴媒体技术，运用网络传播规律，弘扬主旋律，传播正能量，用马克思主义意识形态一元化引领多元文化思潮。

### 6.4.2.2 实现中华优秀传统文化的创造性转化和创新性发展是民族文化建设的重点内容

中华优秀传统文化为人类文明作出了巨大的贡献，积淀着中华民族的精神追求，是中华民族的精神标志，因此，加强对优秀传统文化的挖掘，使优秀文化基因与现代文化融合协调，使具有永恒魅力的文化精神焕发出新的生命活力，需要我们坚持推动中华优秀传统文化的创造性转化和创新性发展。中华优秀传统文化的创造性转化是构成民族文化创新力的重要来源，而民族文化创新是维护民族文化建设的根本。因此，推动中华优秀传统文化的创造性转化是中国共产党新时代民族文化建设的重要内容。

要实现中华传统文化的创造性转换和创新性发展必须遵循两个基本原则，一是坚持民族文化的主体性。在汲取其他民族文化的精髓和去除传统文化中与现代社会不相适应的糟粕性文化资源的同时，要坚持本民族文化的主体性。实现中华优秀传统文化的创造性转换和创新性发展不是"全盘西化"，也不是依照传统儒化，而是在坚持民族文化主体性的同时，建构体现时代精神的中国特色民族文化体系。二是坚持马克思主义思想的指导地位。实现中华优秀传统文化的创造性转换和创新性发展必须坚持马克思主义思想，提炼中华优秀传统文化与现代精神相契合的"合理内核"，总结归纳社会主义文化的精髓，合理吸纳其他民族文化的精华，实现中国优秀传统文化、西方文化和马克思主义三者之间的融会贯通。

### 6.4.2.3 提高国际文化话语权是维护文化主权的基本保障

提高国际文化话语权才能更好地维护国家文化主权，使国家文化建设诉求能够有效传达到国际社会，使中国作为一个主体以更加积极主动的姿态传播中国声音，讲好"中国故事"。当今时代，单纯依靠物质主义作为逻辑支配国际话语权已被时代所淘汰，但并不意味着否定经济实力是提升国际话语权的重要基础，在世界各国发展过程中，拥有强大文化话语权的国家均在经济领域占有绝对优势。在中国已经是世界第二大经济体的前提下，中国的国际文化话语权仍然很弱，原因应该从经济实力之外的因素中去寻找。

提升国际文化话语权需要从三个方面入手，一是改革、完善国际文化机制。要提高自己的文化话语权，改变被"表达"或被"阐释"的被动局面，积极表达自己的文化主权建设诉求，就要改革完善国际文化机制，成为新的国际文化机制的主导国，从他人的文化立场出发构建世界性的创新性的文化话语体系，以中华文化理念来引导塑造新的全球性国际文化机制。二是强化话语体系的思想理论性。在全球化时代，国际话语权的争夺归根到底取决于这个国家的话语体系所蕴含的思想文化的创新性，当话语体系能够满足不同文化背景、不同文化主体的价值共识和审美需要时，它才能够取得较大的话语权。因此，为国际社会提供具有普遍意义的思想文化理念才能提高国际话语权。三是构建中国特色哲学社会科学学科体系。当前中国的哲学社会科学在对外阐释中国发展历程和文化价值观念时却并未提供相应的理论支撑，而是更多地借助西方话语体系来介绍中国。因此，创造更多具有中国特色、中国风格、中国气派的学术话语、理论表达和概念阐释，构建具有中国特色的哲学社会科学体系是提高中国国际文化话语权的深层动力。

### 6.4.2.4 塑造传播"四个大国"国家形象是维护国家文化利益的基本遵循

国家文化形象是国家文化建设的重要内容，也是实现国家文化利益的现实依据，良好的国家形象无形中减少了文化利益获取的阻力，同时增加了文化的吸引力和认同力。维护国家文化利益，需要积极塑造、传播和谐包容的文明大国形象、政治清明的东方大国形象、公平正义的负责任大国形象和开放亲和的社会主义大国形象。"四个大国"新形象除了展示中国传统文化魅力之外，还展示了一个迅速崛起的中国在改革开放以来所呈现出的开放、包容、负责的国际文化新形象，增强国际社会对中华文化的认同，扩大中华文化的吸引力，更好地表达本国的文化利益诉求。"四个大国"新形象的界定和阐释正是在当前文化利益争夺的背景下提出的，积极塑造传播"四个大国"新形象是实现文化利益的基本遵循。

# 参考文献

**专著类：**

[1] 马克思，恩格斯. 马克思恩格斯选集：第1-4卷 [M]. 中共中央马克思恩格斯列宁斯大林著作编译局，译. 北京：人民出版社，2012.

[2] 马克思，恩格斯. 马克思恩格斯文集：第1-10卷 [M]. 中共中央马克思恩格斯列宁斯大林著作编译局，译. 北京：人民出版社，2009.

[3] 马克思，恩格斯. 马克思恩格斯全集：第3卷 [M]. 中共中央马克思恩格斯列宁斯大林著作编译局，译. 北京：人民出版社，2006.

[4] 马克思，恩格斯. 马克思恩格斯全集：第19卷 [M]. 中共中央马克思恩格斯列宁斯大林著作编译局，译. 北京：人民出版社，2006.

[5] 马克思，恩格斯. 马克思恩格斯全集：第45卷 [M]. 中共中央马克思恩格斯列宁斯大林著作编译局，译. 北京：人民出版社，2006.

[6] 列宁. 列宁选集：第1-4卷 [M]. 中共中央马克思恩格斯列宁斯大林著作编译局，译. 北京：人民出版社，2012.

[7] 列宁. 列宁专题文集：论无产阶级政党 [M]. 中共中央马克思恩格斯列宁斯大林著作编译局，译. 北京：人民出版社，2009.

[8] 毛泽东. 毛泽东选集：第1-4卷 [M]. 北京：人民出版社，1991.

[9] 毛泽东. 毛泽东选集：第5卷 [M]. 北京：人民出版社，1977.

[10] 毛泽东. 毛泽东早期文稿：1912—1920 [M]. 长沙：湖南出版社，1990.

[11] 邓小平. 邓小平思想年谱：一九七五—一九九七 [M]. 北京：中央文献出版社，2004.

[12] 江泽民. 江泽民文选：第1-3卷 [M]. 北京：人民出版社，2006.

［13］习近平. 习近平谈治国理政［M］. 北京：外文出版社，2014.

［14］中共中央文献研究室. 三中全会以来重要文献选编：上下册［M］. 北京：人民出版社，1982.

［15］中共中央文献研究室. 十八大以来重要文献选编［M］. 北京：中央文献出版社，2014.

［16］江泽民. 江泽民论有中国特色社会主义（专题摘编）［M］. 北京：中央文献出版社，2002.

［17］王亚南. 中国官僚政治研究［M］. 北京：商务印书馆，2010.

［18］王晓德. 文化的帝国：20 世纪全球"美国化"研究（上下）［M］. 北京：中国社会科学出版社，2011.

［19］吴建国，陈先奎，刘晓，等. 当代中国意识形态风云录［M］. 北京：警官教育出版社，1993.

［20］王晓德. 美国文化与外交［M］. 北京：世界知识出版社，2000.

［21］门洪华. 构建中国大战略的框架：国家实力、战略观念与国际制度［M］. 北京：北京大学出版社，2005.

［22］孙凯飞. 文化学［M］. 北京：经济管理出版社，1997.

［23］胡乔木. 胡乔木文集：第 2 卷［M］. 北京：人民出版社，1993.

［24］张岱年，程宜山. 中国文化与文化论争［M］. 北京：中国人民大学出版社，2006.

［25］王立新. 意识形态与美国的外交政策：以 20 世纪美国对华政策为个案研究［M］. 北京：北京大学出版社，2007.

［26］韩源. 国家文化建设论：全球化背景下的中国战略［M］. 北京：社会科学文献出版社，2013.

［27］花建. 软权力之争：全球化视野下的文化竞争潮流［M］. 上海：上海社会科学出版社，2001.

［28］于炳贵，郝良华. 中国国家文化建设研究［M］. 济南：山东人民出版社，2007.

［29］胡惠林. 中国国家文化建设论［M］. 上海：上海人民出版社，2011.

［30］刘跃进. 为国家安全立学：国家安全学科的探索历程及若干问题研究［M］. 长春：吉林大学出版社，2014.

［31］胡惠林. 国家文化建设研究导论［M］. 上海：上海人民出版社，

2013.

[32] 周琪. 意识形态与美国外交政策 [M]. 上海：上海人民出版社，2006.

[33] 张小平. 当前中国文化建设问题研究 [M]. 北京：社会科学文献出版社，2012.

[34] 潘一禾. 文化建设 [M]. 杭州：浙江大学出版社，2007.

[35] 赵子林. 中国国家文化建设论：中国共产党人的探索与启示 [M]. 长沙：湖南大学出版社，2012.

[36] 彭继红. 中国共产党意识形态工作研究 1949—2009 [M]. 长沙：湖南大学出版社，2011.

[37] 安详仁. 中国共产党意识形态理论的当代历史发展 [M]. 北京：中国社会科学出版社，2015.

[38] 孙成武. 中国共产党文化建设思想史论 [M]. 北京：人民出版社，2013.

[39] 杨凤城. 中国共产党与当代中国文化发展研究 [M]. 北京：中共党史出版社，2013.

[40] 郑师渠. 中国共产党文化思想史研究 [M]. 北京：中国共产党中央党校出版社，2007.

[41] 张士海. 中国共产党文化领导权建设研究 [M]. 北京：中国社会科学出版社，2014.

[42] 曹泽林. 国家文化建设论 [M]. 北京：军事科学出版社，2006.

[43] 姜秀敏. 全球化时代的国际文化关系研究 [M]. 北京：中央编译出版社，2011.

[44] 金民卿. 文化全球化与中国大众文化 [M]. 北京：人民出版社，2004.

[45] 田改伟. 挑战与应对：邓小平意识形态安全思想研究 [M]. 北京：中国社会科学出版社，2008.

[46] 程工. 世界主要国家文化建设政策研究 [M]. 北京：社会科学文献出版社，2014.

[47] 张骥. 中国文化建设与意识形态战略 [M]. 北京：人民出版社，2010.

[48] 石云霞. 十六大以来意识形态建设研究 [M]. 武汉：武汉大学

出版社，2012.

[49] 张启华，张树军. 中国共产党思想理论发展史［M］. 北京：人民出版社，2011.

[50] 田改伟. 挑战与应对：邓小平意识形态安全思想研究［M］. 北京：中国社会科学出版社，2008.

[51] 王岳川，胡淼森. 文化战略［M］. 上海：复旦大学出版社，2010.

[52] 杨凤城. 20 世纪的中国：走向现代化的历程：思想文化卷 1949—2000［M］. 北京：人民出版社，2010.

[53] 孙晶. 文化霸权理论研究［M］. 北京：社会科学文献出版社，2004.

[54] 何一成. 中国共产党思想政治教育史［M］. 长沙：湖南大学出版社，2011.

[55] 门洪华. 霸权之翼：美国国际制度战略［M］. 北京：北京大学出版社，2005.

[56] 胡键. 角色·责任·成长路径：中国在 21 世纪的基础性战略问题［M］. 上海：上海人民出版社，2010.

[57] 胡键. 强国策：中国和平崛起进程中的软实力建设方略［M］. 北京：新华出版社，2013.

[58] 韦定广. 后革命时代的文化主题：列宁文化思想研究［M］. 北京：人民出版社，2011.

[59] 朱汉国. 当代中国社会思潮研究：社会主义核心价值体系研究［M］. 北京：北京师范大学出版社，2012.

[60] 周建明. 美国国家安全战略的基本逻辑：遏制战略解析［M］. 北京：社会科学文献出版社，2009.

[61] 沈志华. 冷战的再转型：中苏同盟的内在分歧及其结局［M］. 北京：九州出版社，2012.

[62] 王莉丽. 旋转门：美国思想库研究［M］. 北京：国家行政学院出版社，2010.

[63] 玛雅. 美国的逻辑：意识形态与内政外交［M］. 北京：中国经济出版社，2011.

[64] 干春松. 制度化儒家及其解体［M］. 北京：中国人民大学出版

社，2012.

[65] 苏双碧. 中国封建主义批判 [M]. 武汉：湖北人民出版社，1999.

[66] 方克立. 现代新儒学与中国现代化 [M]. 天津：天津人民出版社，1997.

[67] 牛军主编. 冷战时期的美国大战略研究 [M]. 上海：上海人民出版社，2009.

[68] 左凤荣. 知名的错误：苏联对外战略的演变和影响 [M]. 北京：世界知识出版社，2001.

[69] 凌胜利. 分而制胜：冷战时期美国楔子战略研究 [M]. 北京：世界知识出版社，2015.

[70] 钱其琛. 外交十记 [M]. 北京：世界知识出版社，2003.

[71] 费孝通. 全球化与文化自觉 [M]. 北京：外语教学与研究出版社，2013.

[72] 王逸舟. 全球化时代的国际安全 [M]. 上海：上海人民出版社，1999.

[73] 军事科学院世界军事研究部. 美国军事基本情况 [M]. 北京：军事科学出版社，2004.

[74] 王荣.《美国国家安全战略报告》研究 [M]. 北京：时事出版社，2014.

[75] 王莉丽. 旋转门：美国思想库研究 [M]. 北京：国家行政学院出版社，2010.

[76] 张玉国. 国家利益与文化政策 [M]. 广州：广东人民出版社，2005.

[77] 高瑞泉. 民族主义及其他 [M]. 上海：上海古籍出版社，2011.

[78] 贺麟. 文化与人生 [M]. 北京：商务印书馆，1988.

[79] 李正国. 国家形象构建 [M]. 北京：中国传媒大学出版社，2006.

[80] 刘跃进. 国家安全学 [M]. 北京：中国政法大学出版社，2004.

[81] 萧延中. 外国学者评毛泽东：从奠基者到"红太阳" [M]. 北京：中国工人出版社，1997.

[82] 中国共产党中央党史研究室科研局编译处. 国外中国共产党党史

中国革命史研究论点摘编［M］. 北京：中国共产党党史资料出版社，1990.

［83］詹明信. 晚期资本主义的文化逻辑［M］. 张旭东，译. 北京：生活·读书·新知三联书店，2013.

［84］奈. 软力量：世界政坛成功之道［M］. 吴晓辉，钱程，译. 北京：东方出版社，2005.

［85］马尔库塞著. 单向度的人：发达工业社会意识形态研究［M］. 刘继，译. 上海：上海译文出版社，2006.

［86］哈斯. 规制主义：冷战后的美国全球新战略［M］. 陈瑶瑶，荣凌，译. 北京：新华出版社，1999.

［87］拉兹洛. 多种文化的星球：联合国教科文组织国际专家小组的报告.［M］. 戴侃，译. 北京：社会科学文献出版社，2001.

［88］沃尔特. 驯服美国权力：对美国首要地位的全球回应［M］. 郭盛，王颖，译. 上海：上海世纪出版集团，2008.

［89］亨特. 意识形态与美国外交政策［M］. 褚律元，译. 北京：世界知识出版社，1999.

［90］伊肯伯里. 大战胜利之后：制度、战略约束与战后秩序重建［M］. 门洪华，译. 北京：北京大学出版社，2008.

［91］菲斯克. 解读大众文化.［M］. 杨全强，译. 南京：南京大学出版社，2006.

［92］亨廷顿. 我们是谁：美国国家特性面临的挑战［M］. 程克雄，译. 北京：新华出版社，2005.

［93］哈特. 战略论［M］. 中国人民解放军军事科学院，译. 北京：战士出版社，1981.

［94］奈. 硬权力与软权力［M］. 门洪华，译. 北京：北京大学出版社，2005.

［95］崔瑞德. 剑桥中国隋唐史［M］. 中国社会科学院历史研究所，等译. 北京：中国社会科学出版社，1990.

［96］奈. 美国霸权的困惑：为什么美国不能独断专行［M］. 郑志国，等译. 北京：世界知识出版社，2002.

［97］萨义德. 东方学［M］. 王宇根，译. 北京：生活·读书·新知三联书店，1994.

[98] 萨义德. 文化与帝国主义 [M]. 李琨, 译. 北京: 生活·读书·新知三联书店, 2003.

[99] 雷迅马. 作为意识形态的现代化 [M]. 牛可, 译. 北京: 中央编译局出版社, 2003.

[100] 亨廷顿. 文明的冲突与世界秩序的重建 [M]. 周琪, 等译. 北京: 新华出版社, 1998.

[101] 傅高义. 邓小平时代 [M]. 冯克利, 译. 北京: 生活·读书·新知三联书店, 2013.

[102] 麦克莱伦. 马克思以后的马克思主义 [M]. 李智, 译. 北京: 中国人民大学出版社, 2004.

[103] 汤因比. 文明经受着考验 [M]. 沈辉, 等译. 杭州: 浙江人民出版社, 1988 年.

[104] 利西奇金, 谢列平. 第三次世界大战: 信息心理战 [M]. 徐昌翰, 等译. 北京: 社会科学文献出版社, 2003.

[105] 穆尔扎. 论意识操纵 [M]. 徐昌翰, 等译. 北京: 社会科学文献出版社, 2004.

[106] 雅思贝尔斯. 历史的起源与目标 [M]. 魏楚雄, 译. 北京: 华夏出版社, 1989.

[107] 葛兰西. 狱中札记 [M]. 曹雷雨, 姜丽, 张跣, 译. 北京: 中国社会科学出版社, 2000.

[108] 平野健一郎. 国际文化论 [M]. 张启雄, 等译. 北京: 中国大百科全书出版社, 2011.

[109] 弗雷泽. 软实力: 美国电影、流行乐、电视和快餐在全球的统治 [M]. 刘满贵, 等译. 北京: 新华出版社, 2006.

**期刊类:**

[1] 傅莲. 论文化建设 [J]. 国际政治研究, 2000 (4): 115.

[2] 韩源. 国家文化建设引论 [J]. 当代世界与社会主义, 2008 (6): 90-92.

[3] 张骥, 齐长安. 网络时代中国文化建设面临的冲击与对策 [J]. 社会主义研究, 2001 (4): 61-64.

[4] 王晓德. 关于冷战后美国对外文化战略的思考 [J]. 社会科学战

线，2000（1）：148-158.

[5] 宫京成，申莉. 新媒体时代大众传媒对维护国家文化建设的作用与对策 [J]. 新闻研究周刊，2015（6）：11-14.

[6] 石中英. 学校教育与国家文化建设 [J]. 教育理论与实践，2000（11）：11-18.

[7] 刘跃进. 解析国家文化建设的基本内容 [J]. 北方论丛，2004（5）：88-91.

[8] 张安. 对国家文化建设基本问题的思考 [J]. 南华大学学报（社科版），2014（3）：30-34.

[9] 涂成林. 文化建设综合研究的多维视角 [J]. 广西社会科学，2013（6）：67

[10] 韩源. 全球化背景下的中国国家形象战略框架 [J]. 当代世界与社会主义，2006（1）：99-104.

[11] 郭新伟. 论文化建设问题的产生及其特点 [J]. 商业时代，2012（10）：144-145.

[12] 胡惠林. 论20世纪中国国家文化建设问题的形成与演变 [J]. 社会科学，2006（11）：5-18.

[13] 胡键. 文化软实力研究：中国的视角 [J]. 社会科学，2011（5）：4-13.

[14] 朱传荣. 试论面向21世纪的中国文化建设战略 [J]. 江南社会学院学报，1999（1）：9-13.

[15] 韩源. 全球化背景下维护国家文化建设的战略思考 [J]. 毛泽东邓小平理论研究，2004（4）：9-16.

[16] 郝良华. 论全球化背景下中国国家文化建设与文化创新 [J]. 理论学刊，2004（10）：106-109.

[17] 王岳川. 大国文化创新与国家文化建设 [J]. 社会科学战线，2008（2）：214-230.

[18] 胡惠林. 国家文化建设：经济全球化背景下中国文化产业发展策论 [J]. 学术月刊，2000（2）：10-18.

[19] 胡惠林. 关于我国文化产业发展战略研究的思考 [J]. 东岳论丛，2009（2）：5-12.

［20］吴满意等. 中国文化建设面临的挑战及其战略选择［J］. 当代世界与社会主义，2004（3）：118-121.

［21］潘一禾. 当前国家体系中的文化建设问题［J］. 浙江大学学报（人文社会科学版），2005（3）：13-20.

［22］孙宁. 中国共产党国家文化建设战略思想的形成和发展［J］. 教育文化论坛，2013（5）：4-9.

［23］田改伟. 试析建国后毛泽东的意识形态安全思想［J］. 郑州大学学报哲学社会科学版，2008（3）：24-28.

［24］门洪华，甄文东. 中国国际战略理论：渊源、嬗变与突破［J］. 世界经济与政治，2013（12）：60-80.

［25］田改伟. 试论我国意识形态安全［J］. 政治学研究，2005（1）：30.

［26］陈先达. 论坚持马克思主义意识形态的指导地位［J］. 马克思主义与现实，2011（6）：23-29.

［27］周新城. 邓小平关于改革思想的现实意义［J］. 当代中国史研究，2014（1）：23-30.

［28］冷舜安，张安. 论邓小平国家文化建设思想的三个维度［J］. 当代世界与社会主义，2013（2）：68-72.

［29］赵子林. 毛泽东国家文化建设思想研究［J］. 政治学研究，2011（1）：3-12.

［30］黄旭东. 美国文化建设战略及其对我国的启示［J］. 贵州师范大学学报（社会科学版），2009（3）：41-46.

［31］王海霞，崔卫峰. 毛泽东与邓小平国家文化建设观的内在逻辑演进［J］. 淮海工学院学报，2010（1）：1-3.

［32］曾狄，李忠伟. 关于社会主义核心价值观的三个问题［J］. 思想政治教育研究，2013（12）：16-20.

［33］赖祎华. 文化全球化背景下中国国际话语权的提升：以 CCTV-NEWS 外宣语言及策略为例［J］. 江西社会科学，2011（10）：198-204.

［34］王建军. 党的十六大以来维护文化建设的经验［J］. 科学社会主义，2013（3）：74-76.

［35］王永贵. 新中国 60 年意识形态建设的基本经验［J］. 江海学刊，

2009（5）：33-38.

[36] 刘忱. 建国以来中国共产党领导文化建设的历史经验 [J]. 科学社会主义，2009（2）：24-28.

[37] 杨立英. 中国共产党意识形态"高势位"建设的成功经验与当代挑战 [J]. 马克思主义与现实，2011（3）：8-12.

[38] 王永贵. 论新时期我国意识形态建设的基本规律 [J]. 理论探讨，2007（5）：23-25.

[39] 石云霞. 当代中国文化发展中的意识形态安全问题研究 [J]. 中国特色社会主义研究，2012（2）：33-38.

[40] 李美玲. "八大"以来党的意识形态刍议 [J]. 兰州学刊，2007（3）：37-39.

[41] 杨凤城. 从"建设社会主义精神文明"到"建设社会主义文化强国"：改革开放以来中国共产党文化建设思想的与时俱进 [J]. 高校理论战线，2012（3）：18-23.

[42] 潘西华，赵军. 从"政治领导权"到"文化领导权"：列宁与葛兰西无产阶级领导权思想的比较 [J]. 科学社会主义，2009（6）：148-151.

[43] 赵癸萍. 提升中国国际话语权重在话语创新 [J]. 社科纵横，2017（1）：9-15.

[44] 刘春梅. 毛泽东国家文化建设思想提出的背景与得失 [J]. 中央社会主义学院学报，2007（8）：74-77.

[45] 傅梦孜. 如何看待亚投行的影响 [J]. 现代国际关系，2015（5）：1-3.

[46] 田克勤，刘洪森. 探析建国初期中国共产党的文化建设和改造 [J]. 江西师范大学学报（哲学社会科学版），2007（8）：3-8.

[47] 李怡，谢文新. 中国共产党文化发展战略思想的系统构成与研究规范结构探讨 [J]. 社会主义研究，2015（2）：40.

[48] 宋军，李怡的. 中国共产党文化发展战略思想演进逻辑研究 [J]. 华南理工大学学报（社会科学版），2011（8）：61.

[49] 邓显超. 建国以来中国共产党国家文化发展战略的演进与创新 [J]. 长白学刊，2010（1）：149.

［50］周伟. 我国文化立法研究的问题与展望［J］. 中共四川省委省级机关党校学报, 2012（4）：15-17.

［51］邹诗鹏. 三十年来中国社会文化思潮的走向及其历史效应［J］. 马克思主义与现实, 2009（1）：39-49.

［52］许加梅. 论20世纪50年代美国"和平演变"政策的产生［J］. 东北师大学报（哲学社会科学版）, 2008（3）：87-90.

［53］王永贵. 影响我国主流意识形态建设的西方主要意识形态透视［J］. 社会科学研究, 2007（1）：60.

［54］李翔海. 中国文化现代化历程的哲学省思［J］. 中国社会科学, 2002（6）：58-67.

［55］张国涛. 解析影视恶搞现象［J］. 中国青年研究, 2008（6）：16-19.

［56］李舫. 历史虚无主义的文化表征［J］. 文艺理论与批评, 2007（3）：4-14.

［57］朱伟明. 法国政府对本国文化的保护和传播［J］. 当代世界, 2007（6）：52-54.

［58］牛军. 改革开放30年中国国家安全战略再思考［J］. 国际政治研究, 2009（4）：101-103.

［59］金威. 从国际理论的发展看安全观的变化［J］. 国际关系学院学报, 2000（4）：10-14.

［60］蔡拓. 文化的全球化及其对国际关系的影响［J］. 天津社会科学, 2001（5）：61-67.

［61］谢晓娟. 关于文化建设与文化主权问题的思考［J］. 理论前沿, 2003（1）：28-29.

［62］戴晓东. 加拿大的多元文化主义与文化建设［J］. 现代国际关系, 2004（4）：23-29.

［63］王沪宁. 文化扩张与文化主权：对主权观念的挑战［J］. 复旦大学学报, 1994（3）：9-15.

［64］明安香. 略论新世纪的全球传播格局［J］. 现代传播, 2006（6）：20-24.

［65］牛军. 论克林顿政府第一任期对华政策的演变及其特点［J］. 美

国研究，1998（1）：7-24.

[66] 杨洁勉. 大国外交理论与国际秩序建设："三个百年"思考 [J]. 世界知识，2015（15）：26-29.

[67] 胡惠林. 国家文化建设法制建设：国家政治安全实现的根本保障：关于国家文化建设法制建设若干问题的思考 [J]. 思想战线，2016（5）：95-106.

[68] 张志洲. 话语质量：提升国际话语权的关键 [J]. 红旗文稿，2010（14）：22-24.

[69] 赵长峰. 国际政治中的议程设置浅析 [J]. 当代世界与社会主义，2013（6）：122-126.

[70] 韦宗友. 国际议程设置：一种初步分析框架 [J]. 世界经济与政治，2011（10）：38-52.

[71] 王联. 关于民族和民族主义的理论 [J]. 世界民族，1999（1）：1-11.

[72] 费孝通. 对文化的历史性和社会性的思考 [J]. 思想战线，2004（2）：1-6.

[73] 王缉思. 美国霸权的逻辑 [J]. 美国研究，2003（3）：7-29.

[74] 李强. 邓小平与反对资产阶级自由化 [J]. 马克思主义研究，2009（3）：130-136.

[75] 杨友孙. 美国文化外交及其在波兰的运用 [J]. 世界历史，2006（4）：51-59.

[76] 林宏宇. 利益分析：国际问题研究的重要方法 [J]. 国际关系学院学报，2000（2）：10-15.

[77] 刘跃进. 非传统的总体国家安全观 [J]. 国际安全研究，2014（6）：3-25.

[78] 宋云峰. 如何认识社会主义制度下的封建主义现象 [J]. 文史哲，1999（6）：108-112.

[79] 张斌. 当前的国际文化贸易格局之研究 [J]. 学术论坛，2010（4）：77-83.

[80] 阎光才. 话语霸权、强势语言与大学的国际化 [J]. 华东师范大学学报，2004（3）：14-20.

[81] 薛晓源. 全球化与文化战略研究 [J]. 马克思主义与现实, 2003 (4): 32-38.

[82] 尹鸿, 萧志伟. 好莱坞的全球化策略与中国电影的发展 [J]. 当代电影, 2001 (4): 36-49.

[83] 王德胜. 经济全球化与弱势民族的文化困境 [J]. 思想战线, 2001 (1): 104-108.

**学位论文:**

[1] 李洪芳. 邓小平国家文化建设思想研究 [D]. 成都: 西南财经大学, 2012.

[2] 邓显超. 中国文化发展战略研究 [D]. 北京: 中共中央党校, 2007.

[3] 沈洪波. 全球化进程中的国家文化建设问题研究 [D]. 济南: 山东大学, 2005.

[4] 孙宁. 新世纪中国共产党的国家文化建设战略论析 [D]. 北京: 中国社会科学院, 2011.

[5] 许青春. 中国特色社会主义理论体系的传统文化基础研究 [D]. 济南: 山东大学, 2012.

[6] 赵兴伟. 当代中国意识形态安全问题研究 [D]. 沈阳: 辽宁大学, 2012.

[7] 梁涛. 葛兰西文化领导权思想研究 [D]. 济南: 山东大学, 2007.

[8] 王军. 列宁的文化建设思想 [D]. 长沙: 湖南师范大学, 2015.

[9] 凌取智. 马克思主义意识形态领导权思想研究 [D]. 苏州: 苏州大学, 2014.

[10] 缪开金. 中国文化外交研究 [D]. 北京: 中共中央党校, 2006.

[11] 刘勃然. 21世纪初美国网络安全战略探析 [D]. 长春: 吉林大学, 2013.

[12] 凌胜利. 分而制胜: 冷战时期美国楔子战略研究 [D]. 北京: 外交学院, 2014.

[13] 胡银银. 改革开放以来我国意识形态话语权问题研究 [D]. 天

津：南开大学，2014.

　　[14] 杨昕. 中国共产党意识形态话语权研究 [D]. 天津：天津师范大学，2013.

　　[15] 陈桓辉. 文化强省战略研究 [D]. 北京：中共中央党校，2010.

　　[16] 李美玲. 中国共产党意识形态观研究 [D]. 北京：中共中央党校，2008.

　　[17] 曲慧敏. 中国文化走出去战略研究 [D]. 济南：山东师范大学，2012.

　　[18] 张耀元. 建国十七年中国共产党的文化建设研究 [D]. 大连：辽宁师范大学，2014.